权威·前沿·原创

皮书系列为
"十二五""十三五"国家重点图书出版规划项目

金融信息服务蓝皮书

BLUE BOOK OF FINANCIAL
INFORMATION SERVICE

中国金融信息服务发展报告
（2018）

ANNUAL REPORT ON CHINA'S FINANCIAL INFORMATION
SERVICE DEVELOPMENT (2018)

主　编／梁立华　李　平
副主编／瞿会宁　彭绪庶

社会科学文献出版社
SOCIAL SCIENCES ACADEMIC PRESS（CHINA）

图书在版编目（CIP）数据

中国金融信息服务发展报告 . 2018 / 梁立华，李平
主编 . -- 北京：社会科学文献出版社，2018.6
（金融信息服务蓝皮书）
ISBN 978 - 7 - 5201 - 2927 - 5

Ⅰ.①中… Ⅱ.①梁… ②李… Ⅲ.①金融 - 信息服
务业 - 经济发展 - 研究报告 - 中国 - 2018 Ⅳ.①F832
②F49

中国版本图书馆 CIP 数据核字（2018）第 132843 号

金融信息服务蓝皮书

中国金融信息服务发展报告（2018）

主　　编 / 梁立华　李　平
副 主 编 / 瞿会宁　彭绪庶

出 版 人 / 谢寿光
项目统筹 / 周　丽　高　雁
责任编辑 / 高　雁　梁　雁

出　　版 / 社会科学文献出版社·经济与管理分社（010）59367226
　　　　　　地址：北京市北三环中路甲 29 号院华龙大厦　邮编：100029
　　　　　　网址：www. ssap. com. cn
发　　行 / 市场营销中心（010）59367081　59367018
印　　装 / 三河市龙林印务有限公司

规　　格 / 开本：787mm × 1092mm　1/16
　　　　　　印 张：19.75　字 数：288 千字
版　　次 / 2018 年 6 月第 1 版　2018 年 6 月第 1 次印刷
书　　号 / ISBN 978 - 7 - 5201 - 2927 - 5
定　　价 / 89.00 元

皮书序列号 / PSN B - 2017 - 621 - 1/1

金融信息服务蓝皮书
编 委 会

主　　编　　梁立华　李　平

副　主　编　　瞿会宁　彭绪庶

编委会成员　（按姓氏笔画排序）

朱彩飞　衣　鹏　李　平　李文军　李　智

房四海　胡　洁　李润东　高　峰　黄　震

崔　军　彭绪庶

撰　稿　人　（按姓氏笔画排序）

马　韬　左鹏飞　田　杰　衣　鹏　李　平

李子川　李文军　李晓峰　吴　威　张　琪

洪　涤　彭绪庶　董　旭　蒋庆军

主要编撰者简介

梁立华 女，国家互联网信息办公室信息服务管理局局长，负责金融信息服务、互联网金融等相关领域政策制定与设施、统筹协调和管理推进等工作，曾牵头完成多项金融信息服务和互联网金融等重大课题研究工作。

李　平 中国社会科学院数量经济与技术经济研究所所长、研究员、博士生导师，国家"万人计划"哲学社会科学领军人才、文化名家暨"四个一批"人才，兼任中国技术经济学会理事长、中国数量经济学会理事长、中国区域经济学会副会长、中国高技术产业发展促进会副理事长、中国工业环保促进会副会长等，主要研究领域为产业经济、技术经济、经济预测与评价、战略规划、项目评估等。主持过国家社科基金重大项目、国家软科学重大项目、中国社会科学院重大项目等多项国家和部门项目；先后参与多项国家重大咨询研究和宏观经济预测，以及国家五年计划的论证工作，参与"三峡工程""南水北调工程""京沪高速铁路工程"等国家重大工程的可行性研究和审查，以及多项建设项目评价；参与《中国制造2025》、国家《"十三五"节能减排综合性工作方案》等多项国家、部门、地区和企业的战略规划咨询项目。

摘　要

　　创新是引领发展的第一动力。在当前新一轮全球科技革命和产业变革的关键时刻，创新是推动产业转型升级、实现高质量发展的关键要素。近年来，金融信息服务业快速发展，对推动供给侧结构性改革、促进金融业快速发展发挥了重要作用。以互联网为代表的新一代信息通信技术创新和我国以"互联网＋政策"为代表的制度创新成为两个关键性的驱动因子。一方面，传统金融机构开启面向金融信息服务的转型过程，例如银行和证券业都在把金融信息服务作为业务增值的着力点，尤其是银行 APP 和证券 APP 成为传统金融机构转型的重要载体；另一方面，大量新兴互联网企业注册成立，为金融信息服务业发展注入了新活力，也是推动行业发展的主要力量。

　　从创新与行业发展现状来看，当前金融信息服务行业整体仍以中小微企业为主，呈现出典型的创新型新兴产业特征。例如，问卷调查发现，企业普遍重视研发投入，有72％的企业研发支出超过5％，行业创新投入水平总体较高。企业具有强烈的创新主体意识，但科技创新能力和产出水平相对较低，超过一半（54.5％）的企业创新重点在于商业模式，企业发明专利拥有量普遍较低。由于多数企业成立时间短，企业创新信息源主要是竞争对手或其他外部市场，借力外部渠道和产学研合作是金融信息服务企业推动科技创新的主要途径。与此同时，从企业和产业的角度来看，企业更加重视管理创新和科技创新在提升整体创新能力中的作用，创新环境和制度创新对企业创新能力和创新产出水平的影响日益重要，尤其是宽带网络环境、数据中心等现代信息技术发展和应用的基础设施建设仍存在明显短板，对金融信息服务创新的影响不可忽视。

　　展望未来，由于我国金融信息服务行业主要集中在北京、上海、杭州和

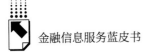

深圳四大城市，而这些城市的创新要素和金融要素密集，二者结合将进一步推动形成金融信息服务产业创新集聚区，并成为我国金融信息服务发展的策源地。具体到信息技术的应用而言，行业内普遍重视大数据、人工智能、区块链等金融科技发展对金融信息服务的应用和影响，创新链条和产业链条不断延长，这也推动原先以金融资讯和信息终端为主的金融信息服务业态逐步让位于多样化的商业模式。尤其是金融科技创新的应用与商业模式创新相结合，使得金融服务与金融信息服务的边界日趋模糊，不仅拓宽了金融信息服务的外延和边界，也对监管提出了新挑战。

本书对未来完善金融信息服务监管提出了若干建议。第一，鉴于金融信息服务仍然是新兴行业，仍存在发展不充分、不协调的问题，需要正确处理产业促进与行业监管之间的关系。第二，金融信息服务创新具有双重效应，既可以推动金融产品和市场创新，也有可能误导市场，加剧市场波动，放大风险。监管应着眼于规范金融秩序，底线是防范和化解金融风险，其他则应交给企业和市场解决。第三，金融科技正在改变金融信息服务的内涵、边界和产业生态，与此同时，金融科技创新也在快速发展中，政策和监管重心应适应金融科技发展和应用趋势，及时调整金融信息服务创新重点。第四，信息通信技术的应用对监管方式和手段变革也产生了重要影响。监管机构应主动发展和应用监管科技，以监管科技创新探索金融信息服务的行为监管模式。第五，金融信息服务发展和创新涉及多个部门，应加强监管统筹联动和协调，发挥合力作用。第六，提升知识产权在金融信息服务创新发展中的作用，既需要国家层面完善知识产权相关法律法规，也需要强化企业知识产权意识和能力。

关键词：金融信息服务　金融科技　金融创新　金融监管

目　录

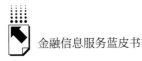

Ⅳ　专题篇

Ⅴ　附录

皮书数据库阅读**使用指南**

总 报 告

General Report

B.1

金融信息服务产业创新状况调查分析报告

彭绪庶*

摘　要：　创新驱动发展作为国家重大发展战略，是指导金融信息服务产业提升竞争力和企业实现差异化经营的关键。本报告基于对重点企业的问卷抽样和重点调查结果的分析，从创新的视角论述了金融信息服务行业的发展特征。目前金融信息服务产业创新投入处于高水平，但产出水平亟待提高，制度环境、产学研合作等因素是创新活动的重要影响因素。本报告最后指出金融信息服务产业在产业结构、商业模式等方面的发展趋势。

关键词：　金融信息服务　产业创新　调查报告

---

* 彭绪庶，博士后，副研究员，硕士生导师，中国社会科学院数量经济与技术经济研究所产业研究室副主任。

一　背景与目的

　　从人类社会经济与科技双向互动演进的历史长周期视角来观察，近现代以来每一次产业革命都是由重大技术革命推动的。当前我们正处在以互联网为代表的新一代信息通信技术革命的大规模扩散过程中，包括金融业在内，几乎所有产业都曾受到或正在遭遇"破坏性"或"颠覆性"影响，产业生态和运行发展模式都在发生深刻变革。数字经济迎来了"风口"，互联网＋金融相互融合，金融信息服务行业出现突飞猛进的发展，对引领金融业创新发展、推进供给侧结构性改革发挥了重要作用。

　　但是，不可否认，随着我国工业化整体开始进入中后期，金融产业化成为现实，金融作为现代经济的血脉对经济发展的影响日益加深，甚至在某些金融领域出现了过度发展现象。金融与实体经济存在一定程度的脱离，"互联网＋"驱动金融创新缺少有效引导和规范，导致金融诈骗和非法集资等金融乱象丛生，扰乱了金融秩序，加剧了金融市场波动和金融风险。现代金融活动离不开金融信息数据的信号指引，金融可持续健康发展与金融信息服务发展息息相关。从金融信息服务行业内来看，侵权诉讼时有发生，资讯等信息内容同质化较为严重。显然，无论是从当前金融领域存在的种种问题还是从金融信息服务行业内部的低水平竞争来看，金融信息服务行业在"热热闹闹"的背后仍存在发展不充分、不均衡、不协调的问题。本报告关于金融信息服务产业创新调查的讨论正是基于这一技术和宏观背景。

　　创新驱动是新时期国家的重大发展战略。金融信息服务创新既是金融创新必不可少的一部分，也是在新时期深化实施创新驱动发展战略的重要内容。同时，创新也是实现企业差异化发展、提高金融信息服务产业竞争力的关键。本次调查的目的是，依托金融信息服务企业组织规模和结构，从创新投入、创新产出、创新环境和创新政策支撑体系等几个方面设计具体调查问题，通过问卷抽样和重点企业调研，了解金融信息服务行业创新水平和创新能力的基本现状，创新驱动发展环境和创新面临的问题；从创新的视角分析金融信息服务行业发展不充分、不平衡、不协调的原因；结合当前新一代信息技术和金融科技创新，把握金融信息服务行业的创新特征和发展趋势；同时，借助问卷调查进一步了解企业对监管的看法和建议，为未来完善监管政策提供第一手资料。

二 基本定义和调查对象界定

（一）创新及其类型

与社会大众和媒体理解的创新不同，经典的创新理论[①]认为，创新是把一种过去没有的关于生产要素和生产条件的新组合引进到生产体系中形成新的组合，从而获得最大限度的超额利润，简单来说就是通过生产要素的重新组合建立一种新的生产函数。具体来说，创新主要有五种情况：（1）开发出新产品，或开发新的产品特性；（2）开发新生产方法；（3）开辟新市场；（4）开发出新的原材料或半制成品供应渠道；（5）形成新的产业组织形式。

在不同的理论和语境下，人们对创新有不同的理解或表述。最常见的两种表述是技术创新和科技创新。一般认为，技术创新是新技术、工艺及其商业化的全过程，包括新产品、新过程、新系统或新服务的首次商业化。也有观点认为，技术创新是经济学和管理学概念，是指生产函数意义上生产要素组合的变化，与具体技术或产品变革无关。科技创新更加强调科学研究和技术开发，是指研制出新技术、新工艺、新设备、新装备或开发出新产品，提高生产效率，降低生产成本或提高产品质量。

在本报告中，如果不加特殊说明，不区分创新、技术创新或科技创新，创新泛指企业通过新技术、新产品、新流程、新服务、新事业等方式将创意转变成价值的过程。从产业和微观角度来看，研究开发和应用新技术，开发新产品、新设备、新装备、新服务始终都是企业创新的核心诉求。科技

---

① 〔美〕约瑟夫·熊彼特：《经济发展理论》，何畏、易家详译，商务印书馆，1990。

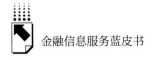

创新可以理解为与科技研发和具体技术相关联的硬技术创新，也是创新的核心内容。

《中共中央国务院关于深化体制机制改革加快实施创新驱动发展战略的若干意见》提出，全面创新包括科技创新、管理创新、品牌创新、组织创新和商业模式创新五种类型。具体到金融和金融信息服务领域，由于行业的服务性质，除新兴互联网类公司的硬技术创新和应用外，泛指新技术应用和各种变革。因此，本报告中的创新主要包括科技创新、管理创新和商业模式创新三种类型。

（二）金融信息服务的定义和基本范畴

国务院新闻办公室、商务部和国家工商行政管理总局颁布的《外国机构在中国境内提供金融信息服务管理规定》提出，金融信息服务是指向从事金融分析、金融交易、金融决策或者其他金融活动的用户提供可能影响金融市场的信息和/或金融数据的服务。考虑到不同管理部门对金融信息服务有不同的理解，尤其是在技术的快速发展中，管理政策与基层企业实践存在不一致之处，本报告对金融信息服务采用一种较为宽泛的定义，即金融信息服务是指对与金融相关信息内容和资源进行生产或收集、加工处理、存储利用，提供给用户和/或社会，或直接提供信息工具服务，以促进金融活动，直接或间接影响金融市场的服务性经济活动，包括金融资讯、信息门户、信息集成平台/终端、信用管理、金融社交、金融教育、金融大数据服务和财务投资管理服务等多种不同形式。

（三）调查对象和调查方法

本调查对象主要为金融信息服务类企业，具体访问对象为高层管理者或信息科技部门负责人。在具体实践中，由于越来越多的企业是在新技术帮助下利用金融信息和/或金融数据开展金融服务活动，新技术应用和信息服务成为金融服务密不可分的一部分。最典型的情况是传统金融机构利用互联网提供金融信息服务，以及新兴互联网企业的金融信息服务活动与某些互联网金融活动的界限较为模糊等。因此，在调查问卷发放过程中，适当扩大到传统金融机构的信息科技部门和新兴互联网金融企业。

调查方法主要是首先选择商业企业数据库，根据金融信息服务行业特征值筛选出候选企业，进一步分层随机抽样选择对象企业，发送调查问卷。回收调查问卷后，检查问卷的疑问或漏答问题，通过电话访问补充调查。

三 从创新视角看金融信息服务行业发展特征

（一）制度创新和科技创新双轮驱动金融信息服务行业快速发展

简单直观地看，金融信息服务行业发展迅速，本次调查也反映了这一特点。查询工商企业数据库可以发现，以北京市为例，当前广义金融信息服务企业约为958家，其中约740家为1~5年注册成立，大约占77%。从问卷调查反馈情况来看（见图1），13.64%的被调查企业成立于2006~2010年，绝大部分（73.64%）成立于2011年（含）以后。少数成立于2000年以前的企业（占7.27%）主要是传统金融机构，实际上也是在近年传统金融业向金融

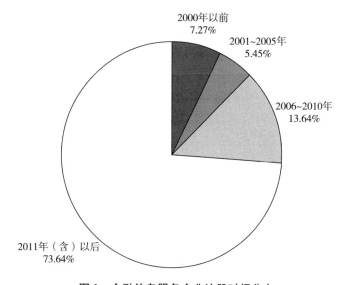

图1 金融信息服务企业注册时间分布

信息服务转型过程中才开始从事金融信息服务业务活动。

从时间上来看，大约从 2010 年后，我国创新驱动战略开始成形，创新政策力度明显加大。例如，国务院先后印发《关于加快培育和发展战略性新兴产业的决定》和《"十二五"国家战略性新兴产业发展规划》，包括新兴信息服务产业等在内的新一代信息技术产业成为重点培育对象。2012 年底，党的十八大正式提出要实施创新驱动发展战略，一系列有利于创新的制度设计先后被推出。同一时期，以互联网为代表的信息通信技术基础设施日趋完善，创新扩散加快，互联网得到普及，互联网信息资源快速增长。据统计①，1997~2009 年，互联网基础设施建设投资达 4.3 万亿元。2009~2017 年，以网页数计算的互联网信息资源增长了近 7 倍（见图 2）。到 2009 年，第三代移动通信（3G）牌照开始发放，标志着我国开始进入移动互联网时代。据 CNNIC 最新调查统计②，截至 2017 年底，我国网民规模达到 7.72 亿，手机网民高达 7.53 亿，互联网普及率达到 55.8%。互联网应用模式创新极为活

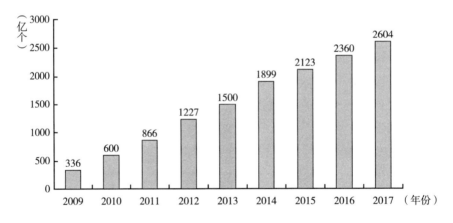

图 2　以网页数计算的互联网资源量变化

资料来源：CNNIC：第 41 次《中国互联网络发展状况统计报告》，http://www.cac.gov.cn/2018 - 01/31/c_ 1122347026. htm。

---

① 国务院新闻办：《中国互联网状况白皮书》，2014 年 2 月 26 日。
② CNNIC：第 41 次《中国互联网络发展状况统计报告》，http://www.cac.gov.cn/2018 - 01/31/c_ 1122347026. htm。

跃，市场上检测到的移动应用程序（APP）在架数量接近 400 万款。以网上支付、网络银行、互联网理财、网上证券交易等为代表的互联网金融类应用程序大量涌现，用户增长迅速，使用率稳步增长，既培养了大批习惯和依赖互联网信息数据驱动的金融用户，也普及推广了互联网金融知识，促进了金融信息数据的生产和应用环境的完善。因此，正是在国家创新驱动政策的制度创新激励，以及以互联网为代表的信息通信技术创新的双重作用下，近年来金融信息服务行业快速发展。这也是未来一段时期金融信息服务行业发展的关键驱动要素。

（二）金融信息服务行业企业以中小微企业①为主，具有典型新兴行业特征

从问卷调查反馈情况来看，按从业人员计，超过半数企业（51.82%）是中型企业，从业人员数不足 50 人的微型企业和人员超过 1000 人的大型企业占比均为 10.91%，从业人员数 50～200 人的小型企业占比约为 26.36%（见图 3）。显然，由于多数企业注册成立时间短，行业组织结构整体上以中小微企业为主。但相较于其他服务型企业而言，按照成立 1～5 年计，这一从业人员规模成长性仍然是相当可观的。

按照主营业务收入计，年收入 500 万元以下企业占比只有 10%，约一半企业年主营业务收入超过 1 亿元，其中约 15% 的企业年收入超过 10 亿元（见图 4）。虽然被调查企业注册成立时间短，从业人员规模较小，但年收入规模仍远超一般服务业同等寿命企业和同等人员规模企业，在某种程度上，这也体现出金融信息服务行业具有典型的金融业特性和创新型新兴行业属性。

能够体现金融信息服务行业的创新型特征的是研发机构设立情况。调查发现，只有 2.7% 左右的企业尚没有设立研发机构，接近一半（47%）的企

---

① 企业规模结构对中小微企业并没有严格定义，各国（地区）一般是根据国家（地区）经济发展动态变化情况分别从行业属性、企业组织形式、雇员规模、资产规模和收入规模等角度进行界定。这里主要是参考 2011 年工业和信息化部、国家统计局、国家发展和改革委员会、财政部等发布的《关于印发中小企业划型标准规定的通知》。

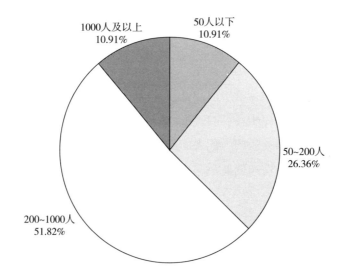

图3 按从业人员计的企业规模结构

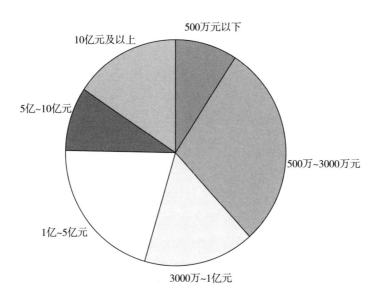

图4 按主营业务收入计的企业规模结构

业设立独立研发机构或研发部门,其他则与高等院校、科研院所等合作设立研发机构。

四　金融信息服务产业创新现状分析

（一）企业普遍重视研发，行业创新投入水平总体较高

金融信息服务是典型的信息通信技术驱动的创新型新兴产业。研发机构设立和研发投入是科技创新活动的基本保障，调查反馈的研发机构设立情况也反映出金融信息服务企业普遍较为重视研发活动，所有企业都有不同程度的创新研发活动。从创业投入情况来看，金融信息服务企业创新投入水平具有典型中小企业和典型创新型产业特征。例如，约27.3%的企业研发支出占人员费比重低于5%，大约一半（49.1%）的企业研发支出占人员费比重介于5%~15%。与此同时，占比超过15%的企业研发支出占人员费比重也高达23.6%，其中，约5.5%的企业研发支出占人员费比重超过30%。

2012年9月中共中央、国务院颁布的《关于深化科技体制改革加快国家创新体系建设的意见》明确提出，到2015年我国大中型工业企业研发经费占主营业务收入的比例要提高到1.5%。如果单纯从研发支出占主营业务收入比重来看，金融信息服务行业创新研发投入水平整体较高，其创新性特征更加明显。如图5所示，只有6.36%的企业研发支出占主营业务收入比重在2%以下，这一比例略高于以中小企业和新兴企业为主的一般服务型产业。接近一半（45.45%）的企业研发支出占主营业务收入比重超过6%，这基本上相当于Facebook、谷歌、华为和微软等企业的创新投入水平。如果按照我国高新技术企业认定的研发费用条件①，超过一半的金融信息服务企业可以归属于高新技术企业之列。企业对研发投入

---

① 根据财政部、国家税务总局、科学技术部关于修订印发的《高新技术企业认定管理办法》（国科发火〔2016〕32号）第十一条第五款，认定为高新技术企业条件之一是，对于最近一年销售收入小于5000万元（含）的企业，研发费用占同期销售收入比重不低于5%。

的重视和高比例投入，充分显示出金融信息服务行业科技创新潜力较大，创新后劲较为充足。

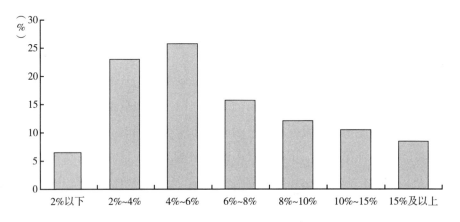

图5　研发支出占主营业务收入比重分布

（二）科技创新主体意识较强，但科技创新能力和产出水平亟待提高

企业对研发机构设立、研发投入的重视，反映出企业普遍具有较强的科技创新意识。对京沪杭部分企业的调研可以发现，被调研金融信息服务企业普遍对大数据、人工智能、移动互联网等信息通信技术的进展和应用较为关注，也是投入研发力量较多的领域。但是，问卷调查反馈发现，超过一半（54.5%）的被调查企业承认目前其创新重点在于商业模式创新，12.7%的企业认为其创新重点在于管理创新，只有约32.7%的企业认为其当前的创新重点在于科技创新。与此同时，对自身创新不满意的企业占比只有4.5%，高达63.6%的企业对自身创新基本满意。这也是从直观上看，相当一部分企业商业模式大同小异、行业低水平竞争的重要原因。

以知识产权为例，问卷反馈被调查企业中约91%的企业拥有注册商标，更有约81%的企业拥有独立品牌，反映出企业普遍重视知识产权。但从新闻报道来看，行业内侵权事件时有发生。具体到发明专利，问卷反馈企业中（见图6），大约8.2%的企业没有任何发明专利，50%的企业拥有1~5项发明专利，拥有 10 项及以上发明专利的企业只有 14.5%。显然，这说明并非企业科技创新意识或知识产权意识淡薄，根本原因在于行业整体的科技创新能力和创新水平不高。

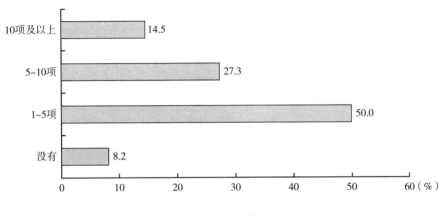

图 6　企业发明专利数量分布

（三）借力外部渠道和产学研合作成为推动科技创新的重要途径

对金融信息服务企业技术获取途径和创新信息来源的调查发现，自主研发（80%）、引进人才和培训（68%）和技术入股（33%）成为企业获取技术的三种主要方式，几乎没有企业采用购买专利或技术成果的方式获取技术，企业并购（16%）的方式也很少。这可能是由于多数金融信息服务企业成立时间短，企业规模小，不擅长利用专利购买或并购方式，而是更加倾向于自主开发、人才引进和技术入股。另外，超过 80% 的企业认为其创新信息来源于竞争对手或其他外部市场/商业源，选择来自企业或企业集团内部源的比例不足 30%。这也是当前金融信息服务行业低水平竞争的一个重要例证。

由于企业自身创新能力不足，与外部机构合作也成为企业快速提高创新能力的重要选择。根据问卷调查反馈情况，50% 的企业设立了合作研发机构。结合对京沪杭企业的调研发现，万得资讯、东方财富、华尔街见闻、算

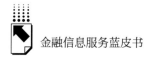

法征信、同花顺、大智慧、挖财网、百融金服等有一定规模和影响的企业除建立了自己的研发团队或机构外，还有选择地设立研究机构、研究平台、研究课题及引进人才团、人才顾问等，与高校开展不同形式的研发合作。集聚创新资源，以产学研合作推进自主创新的发展模式初步形成。

（四）产业科技创新重点突出，但信息通信技术基础设施建设短板明显

在关于未来影响金融信息服务最重要的技术或技术领域的选择（问卷调查选择回答不超过3项）中，企业选择最多的三个技术领域分别是大数据、人工智能和移动互联网。当下较为流行的区块链、人脸识别等技术领域虽然也被提及，但并不突出。除此之外，物联网、云存储、支付（网上和移动）技术也分别被不同的企业关注。这不仅体现了未来金融信息服务对信息通信技术和行业发展技术的依赖，而且充分体现了金融信息服务行业是以信息和数据收集、加工处理为主的行业特性。

值得注意的是，有多家企业提到通信网络环境，尤其是多家企业反映数据中心（机房）建设，包括扩容、备电等问题较为突出。显然，信息通信技术基础设施建设的短板问题应引起足够重视。

（五）管理创新和科技创新有机联动成为提升创新能力的重要选择

管理创新是规划创新目标，优化配置资源，激发创新活力，克服创新障碍必不可少的组织、制度和管理变革。在调查中，虽然只有12.7%的企业认为其创新重点在于管理创新，但对企业创新特色的简要描述中，有更多企业认为其特色在于管理方面，包括管理意识超前，重视人才引进和人力资源管理，管理执行力强和重视细节管理，创新分班制管理，在企业内部建立信任和诚信文化，网络宣传推广能力强，等等。在对企业创新特色的回答描述中，与管理创新相关的描述和与科技创新相关的描述在数量上几乎一致，显示出企业对管理创新和科技创新同等重视。

调研走访的一些企业，虽然多数是未公开上市企业，但股票期权、合伙

人制等创新性的制度设计，人性化和重视员工健康福利等以人为本的企业文化建设等，都已成为推动科技创新和提升企业创新能力的重要助力。从某种意义上说，在金融信息服务这样的新兴和交叉性的行业中，管理创新和科技创新的有机联动已成为提升创新能力的独特选择。

（六）创新环境和制度创新是影响企业创新能力和创新水平的重要因素

企业创新能力和创新产出是企业创新水平的体现，同时又不可避免地受到政策环境的影响，尤其是对于金融信息服务这样与金融密切相关的行业，金融信息服务中的征信、投资咨询、金融新闻资讯等直接由相关部门实行进入许可管理。在受调查的企业中，只有不足2%的企业反映基本不了解国家和所在地的创新扶持政策，超过一半（53.6%）的企业认为比较了解。与此同时，认为行政管制和政策对创新基本无影响的只有5.5%，有大约24.5%的企业认为对创新影响很大，70%的企业认为有一定影响（见图7）。在被问到是否有必要根据企业技术能力和技术水平对金融信息服务行业企业进行分级管理时，只有大约3.6%的企业认为完全没有必要，而有大约36.4%的企业认为完全有必要，认为需要配套政策的企业则有60%（见图8）。这表明，绝大多数企业认可国家创新政策和行业管理政策在金融信息服务产业创新中发挥重要作用，且大多数企业希望能建立与企业技术能力和技术水平相匹配的政策管理体系。

五　金融信息服务业创新发展趋势

（一）产业集聚区加快向产业创新集聚区转型

无论是根据对工商企业数据库的检索情况，还是根据调查问卷反馈情况来看，金融信息服务企业目前主要集中在北京、上海、杭州和深圳四大城市，其中在北京的中关村和望京地区、上海的陆家嘴地区、杭州的西溪和黄

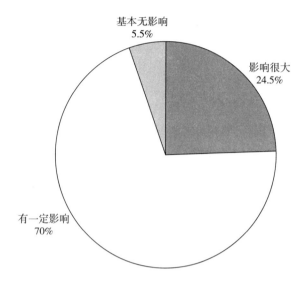

图7 行政管制和政策对创新的影响

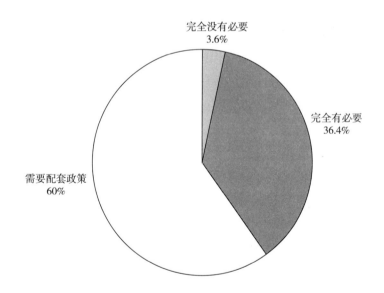

图8 基于技术能力实施分级管理的认可度

龙等地区，又分别形成了具有特色的产业集聚区。这一方面与北京、上海和
深圳等城市金融业的高度发达密切相关；另一方面与这些城市以互联网为代

表的信息通信技术产业聚集密不可分。例如，在杭州的调研发现，多位企业创始人均有来自蚂蚁金服及其前身支付宝的工作经历。在当前国家实施创新驱动战略的大背景下，在金融科技热潮的带动下，这些城市既有金融要素，又有创新资源，金融业、互联网产业和创新资源有效结合，加上地方政府有意识地进行规划和推动，不仅加速了京沪杭深四大城市金融信息服务产业集群的形成，而且有利于加快现有产业集聚区向创新集聚区的转型。例如，杭州市明确提出打造金融科技创新中心即是一个典型例证。

（二）以资讯和终端为主的金融信息服务业态将逐步让位于多样化的商业模式

在信息通信技术驱动下，用户参与金融活动更加便捷，金融场景更加丰富多样，推动原有以金融信息服务终端、金融资讯、金融征信、证券指数服务等为主的服务业态进一步分化，金融信息服务商业模式创新更加活跃。这可能是高达54.5%的企业认为其创新重点在于商业模式创新的部分原因。另外，从问卷反馈情况来看，被调查企业对其主要业务（产品或服务）及创新特色的描述，金融资讯、信息终端等仅占了较小比例，其他企业广泛涉及以信息和数据为基础的金融投资理财工具、金融信息、数据服务管理外包、数据处理、风险分析与评估、移动支付数据应用等。金融信息服务行业的属性决定了行业内有大量中小企业，行业组织规模特性则决定了创新将继续推动金融信息服务商业模式多样化发展，产业生态将更加完善。

（三）创新驱动专业化分工，创新链条不断延长

专业化分工是创新的基础，反过来创新又是专业化分工的重要源泉。从科技创新的视角看，金融信息服务呈现商业模式多样化趋势，实际上是信息通信技术创新推动形成专业化分工，促进创新链条和产业链条不断延长的结果。最典型的如信用服务，在传统金融生态模式下，征信公司收集银行等主要金融机构借贷数据，按一定算法对数据进行加工处理，为金融机构或消费金融公司提供对象的信用分数或信用报告。在这一链条中，只有三类主体，

即提供原始借贷数据的银行等金融机构、征信公司以及利用征信分数或征信报告进行风险评估的机构。在移动互联条件下，不同类型公司从金融机构和各种互联网活动场景中采集数据。在数据加工处理和汇总分析过程中，可由专业大数据解决方案公司提供数据分析和算法服务。加工后的数据不仅可以以类征信的信用形式提供给金融机构，还可以为金融机构或其他机构提供信用验证、风险评估与控制、反欺诈等服务。信息数据来源的多渠道化、信息数据加工的复杂化、信息数据应用场景的多样化，使任何一个环节都可以形成专业化的应用和服务，推动创新链条和产业链条不断延长。

（四）创新驱动下金融服务[①]与金融信息服务的边界日益模糊

随着移动互联网的普及和国家"互联网＋政策"的推动，大量新进入者在信息通信技术应用创新和商业模式创新的双重驱动下，或者从金融信息服务的角度切入金融服务，或者将传统金融信息服务与金融服务融合在一起，提供创新性的信息服务。前者典型如东方财富信息技术股份有限公司（统称东方财富或东方财富网），其发展路径是从金融信息服务切入基金销售业，进而转型为证券经纪公司。在当前东方财富的收入结构中，金融信息服务的收入占比不到2%。但与其他传统证券公司或基金销售公司不同，在东方财富的业务模式中，金融信息服务仍发挥着不可或缺的作用。后者典型如一部分企业创建的金融超市、智能投顾、智能理财等业务模式，互联网金融企业是活跃者。在这些新的业务模式下，金融信息服务多数是与互联网金融业务甚至金融服务业务捆绑在一起，主要发挥获客、引流和提升服务价值的作用，本身不直接创造经济效益。不仅如此，除这些依托互联网发展起来的新兴企业外，传统金融企业也在加速向金融信息服务转型，比较典型的是证券公司。例如，华泰证券在其终端平台上为客户提供越来越多的信息增值服务，以强化其客户服务，提升竞争力。在这种情境下，金融信息服务和金

---

① 金融信息服务也是广义金融服务的一部分，这里的金融服务是狭义意义上围绕货币流通、资金融通、信用等经济活动开展的储蓄、信贷、支付、结算、证券买卖、保险买卖和投资理财等服务。

融服务成为不可分割的一个整体。

现代金融本质上是由信息和数据驱动的服务，在互联网条件下，金融服务与金融信息服务的融合将更加紧密。换言之，在特定的互联网业务环境下，金融服务与金融信息服务的边界也将日益模糊。

六　提升金融信息服务业创新能力的政策建议

（一）正确处理产业促进和行业监管之间的关系

无论是从企业注册时间，还是从企业收入规模来看，金融信息服务行业都是典型的新兴行业。金融信息服务业在发展中会出现一些问题，甚至可能影响金融秩序，加剧金融风险，这都属于新兴行业发展过程和创新中的正常现象。因此，既需要加强行业监管，降低对金融治理和金融风险防范的负面影响，同时也需要思考新兴产业的创新特点，把握好促进产业创新和进行行业监管的平衡。

从企业的角度来看，在被调查企业提出的政策建议中，反映最多的依次是创新人才引进、财政补贴、税收减免、研发投入支持等政府扶持政策，以及放松监管、完善法规、建立明确可预期的监管政策，完善配套政策，简化许可程序等。显然，由于绝大多数企业认为政策对创新有重要影响，其建议也侧重于如何促进行业发展。这实际上也是《中国金融信息服务发展报告（2017）》提出以扶持和促进为主、监管为辅的基本原则。

（二）重视金融信息服务创新的双重效应

从金融的角度看，金融信息服务创新与金融产品创新和金融市场创新之间互相影响，其本质是广义金融创新的一部分。一方面，金融信息服务创新有利于促进金融业发展，培育新的金融创新增长点；另一方面，金融创新天然具有高风险特征，金融信息服务创新也不例外。

当前，在金融信息服务中体现创新双重效应比较典型的是信用领域。包

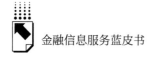

括蚂蚁金服、腾讯财付通、算话征信、百融金服等开展金融相关业务的互联网企业，以及滴滴、京东、小米等其他企业，都在基于网民行为大数据和金融活动提供各种形式的信用评分，形成了巨大的社会热点效应，弥补了传统金融征信服务不足，能够帮助金融机构和消费信贷公司降低金融风险。与此同时，各种信用分数的出现，也引起社会对征信和信用的一些误解，比如有些领域出现对信用分数的滥用。此外，信用评价还引起人们对公民隐私和金融数据安全的担忧。习近平总书记在2017年全国金融工作会议上强调，"要加强社会信用体系建设，健全符合我国国情的金融法制体系"。显然，基于互联网的信用服务对金融信息服务行业监管和我国金融法治体系建设都提出了新的课题，需要慎重对待。

（三）政策重心应适应创新重点与时俱进

当前信息通信技术的创新仍处于快速扩散过程，金融科技创新方兴未艾。在技术和政策双重驱动下，金融信息服务的内涵、边界和产业生态都正在被重构，以资讯、信息、数据集成为主要内容的终端形态正在逐步让位于越来越多样化的商业模式。即使在金融信息服务终端领域，除传统为机构用户服务的金融信息服务终端产业外，越来越多的传统金融机构和互联网企业开始顺应移动互联网的普及趋势提供金融信息终端服务，并在终端集成金融业务功能。与此同时，如用户隐私和金融信息（数据）安全等一些新的问题逐步显现出来。因此，行业管理和监管的重点也应紧跟信息通信技术应用趋势和金融信息服务创新重点，及时调整。

（四）加强金融信息服务行业监管统筹和金融监管协同

当前，国家网信办、中国人民银行和中国证监会负责监管金融信息服务行业。在互联网条件下，信息收集、加工和发布的成本越来越低，也越来越便利，监管难度随之越来越大。问卷调查中企业反馈也证实，金融相关许可不仅由不同金融管理部门颁发实施，地方政府也涉及一些创新业务许可管理。显然，分头监管体制导致监管短板、监管真空，某些领域、某些地区滋生金融乱象，金融秩序混乱。在信息通信技术创新驱动下，金融服务边界与金融信息服务边界越来越模糊，需要不同部门加强监管统筹，实现协同监管。例如，在既有许可管理领域和机构行为监管方面，不同部门要加强沟通协调。这也是落实习近平总书记在 2017 年全国金融工作会议中提出的"加强金融基础设施的统筹监管和互联互通，推进金融业综合统计和监管信息共享"的重要体现。

（五）加强重点地区金融信息服务监管

调查发现，金融信息服务发展呈现出明显的产业集聚特征，针对金融信息服务集聚地和容易发生问题的地区，有必要建立国家网信部门与地方网信部门及相关金融部门的联动协作机制，强化监管。

在推动出台金融信息服务许可制时，可以根据不同地区金融信息服务发展和集聚情况，先行开展试点，待试行后总结经验，再在全国推广。

（六）加快监管创新、科技创新，探索金融信息服务行为监管有效模式

虽然多数被调查企业认为有必要加强和完善金融信息服务监管，但从企业对是否有必要按照企业技术水平和技术能力分级监管的回答中可以看出，多数被调查企业对许可仍持观望态度，寄希望于在推出许可制时出台配套政策。从促进创新的角度看，由于行业中中小企业占多数，许可管理可能使部分企业更加不愿意去申请，从而处于一种游离在外的灰色状态。在此情况下，有必要充分利用信息科技优势，加快构建相应的监管系统，重点监管企业金融信息服务活动，及时发现问题并进行指导和监管，探索有效的金融信息服务行为监管模式。

（七）强化知识产权意识和能力

当前金融信息服务行业中存在的低水平竞争和时有发生的侵权诉讼事件表明，提升金融信息服务产业创新能力，一方面要鼓励和支持企业科技创新

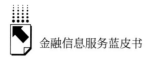
和商业模式创新；另一方面离不开知识产权保护，要强化对创新者的激励和对侵权者的处罚。加强知识产权保护，既需要国家层面完善知识产权相关法律法规，例如，完善和强化对计算机软件系统、信息系统用户界面等的保护，完善关于商业模式的专利许可制度等，同时在企业层面也需要企业树立知识产权意识，提升知识产权保护和运用能力。

理 论 篇

Theory Reports

B.2
创新理论视角下的金融
创新和金融科技分析

彭绪庶*

摘　要：　理论研究中的创新和技术创新是经济学的概念。考虑到实践
和语境的不同，创新、技术创新和科技创新既有联系又存在
一定区别。研究提出，狭义的金融创新主要是指金融产品创
新和金融工具创新，但从创新角度来看，金融创新是一个适
应外部技术、监管等环境变化，创造更高效运营方式和运营
管理体系的过程，涉及产品、服务、工具、市场、组织、技
术、管理和监管等多层面的变革。金融创新与科技创新互为
供需也互相影响，其中科技创新不仅为金融创新提供技术支

---

* 彭绪庶，博士后，副研究员，硕士生导师，中国社会科学院数量经济与技术经济研究所产业
研究室副主任。

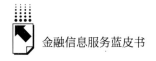
撑，更是金融创新的重要驱动器。

近年来，金融科技蓬勃发展，吸引了大规模风险投资，也推进传统金融机构和新兴互联网企业投入其中，引起了多国金融决策层的高度重视。研究认为，从创新理论的角度来看，不同时期金融科技创新形式不同，当前的金融科技本质上是以新一代信息通信和互联网技术为代表的信息科技创新扩散应用于金融服务业形成的金融技术创新，是科技创新与金融创新相互结合的典范。

关键词： 创新理论　科技创新　技术创新　金融创新　金融科技

一　创新理论与技术创新和科技创新

近年来，创新问题引起社会广泛关注，成了一个名副其实的"网红"，被广泛应用在各个领域和语境。但什么是创新，学术理论意义上的理解与社会大众的理解存在较大差异。在汉语中关于创新的理解是指创立或创造新的东西，也就是一般意义上的发生改变，是相对于"守旧、不求改进和无意开拓创新"的保守而言的。理论上，创新进入研究视野首先源于奥地利籍经济学家熊彼特的创新理论[①]，他认为创新是把一种过去没有的关于生产要素和生产条件的新组合引进生产体系中形成新的组合，从而获得最大限度的超额利润，简单来说就是通过生产要素的重新组合建立一种新的生产函数。具体来说，创新主要有五种情况：（1）开发出新产品，或开发新的产品特性；（2）开发新生产方法；（3）开辟新市场；（4）开发出新的原材料或半制成品供应渠道；（5）形成新的产业组织形式。随着另一位奥地利裔管理学家德鲁克在管理学领域的开创性研究工作，创新作为组织基本功能和管理

① 〔美〕约瑟夫·熊彼特：《经济发展理论》，何畏、易家详译，商务印书馆，1990。

者职责的观点开始逐渐被接受。

熊彼特及其追随者的创新理论，总结了资本主义经济周期和创新扩散的发生，通常认为资本主义经济发展至少经历了三个创新推动的经济周期：（1）早期蒸汽机动力创新推动的工业革命，标志是纺织机械化、煤炭和钢铁产业的大发展，推动人类社会进入工业经济时代；（2）电力发明和化石能源技术推动的工业革命，标志是电力、汽车、化学产业的大发展；（3）电子计算机及其应用推动的信息革命，标志是电子计算机的普及和广泛应用，从 20 世纪 80 年代开始人类社会逐步进入信息化时代。先行工业化国家逐步完成工业化，现代服务业逐步替代工业成为主导产业。信息技术渗透进入其他产业，形成新的知识经济型服务业，成为各国经济新的增长点。当前，由信息通信和网络技术融合推动的互联网革命既是信息化革命的深化，也是新一轮经济周期和创新浪潮形成的标志。这种推动产业更替、产业革命甚至人类文明进步的新技术的发明及其应用，也正是熊彼特所说的"破坏性"创新。从更微观的角度，克里斯坦森也将类似具有重大影响的技术发明称为颠覆性技术创新[1]。显然，如果从人类产业与科技双向互动演进的历史长周期视角来考察，当前我们正处于互联网创新大规模扩散的过程中，包括金融业在内，几乎所有产业都曾受到或正在遭遇"破坏性"或"颠覆性"影响。本报告关于创新的讨论正是基于这一技术背景。

在创新研究早期，尤其是在熊彼特之后，诺贝尔经济学奖得主索洛对技术进步进行了开创性研究，理论上的创新更多地被认为是技术进步，在生产函数中通常可以表示为除资本和劳动之外对经济增长的贡献。在罗斯托等人的相关研究中，也被称为技术创新。尽管随着创新经济学的兴起，创新再次回归熊彼特的初始研究，但关于创新与技术创新之间的界限日益模糊。例如，美国国家科学基金会的科学记分牌将创新定义为"技术创新是将新的或改进的产品、过程或服务引入市场"，对创新研究有重要影响的弗里曼认

---

[1] 〔美〕克莱顿·克里斯坦森：《创新者的窘境》，胡建桥译，中信出版社，2010。

为，技术创新就是新技术、工艺及其商业化的全过程，包括新产品、新过程、新系统和新服务的首次商业化。由于在创新和技术创新研究中量化和实证方法的盛行，因此至少在经济学和多数管理学研究中，创新通常就是指技术创新，或指新技术和新产品等的开发和商业化变革，而技术创新指在经济学研究中生产函数意义上生产要素组合的变化，是经济学和管理学概念，与具体技术或产品变革无关。在某种意义上，这也是大众与学术界对创新存在不同认识的根源。

与此同时，随着新技术革命的发展，科学研究与技术开发之间的界限日益模糊，尤其是新技术对经济社会发展的影响日益增强，科学科技界也在重新思考创新问题。受经济学、管理学学科影响和实践的启发，科学界也认识到创新不应是单纯的研究开发，而是一个科技、经济一体化的过程，由此产生了科技创新的概念。清华大学的傅家冀教授即认为，科技创新概念来源于技术创新概念，其区别在于科技创新更加强调和重视科学研究与科学发现，也有研究认为科技创新包括科学创新与技术创新。当然，科技界更多地认为，创新就是指科技创新，除技术创新外还包括知识创新、管理创新、组织创新等。尽管学界对科技创新的概念和内涵仍存在不同认识，但通常可以认为，科技创新是指研究开发出新技术、新工艺、新设备、新装备，或开发出新产品，从而提高生产效率、降低生产成本，提高产品质量。

显然，在不同学科甚至在不同语境下，创新、技术创新、科技创新既存在高度吻合、重叠的部分，也有各自不同的内涵和外延。从产业和微观角度来看，研究开发和应用新技术，开发新产品、新设备、新装备、新服务始终是企业创新的核心诉求，科技创新可以理解为是与科技研发和具体技术相关联的硬技术创新，也是创新的核心内容。《中共中央国务院关于深化体制机制改革加快实施创新驱动发展战略的若干意见》中提出全面创新包括科技创新、管理创新、品牌创新、组织创新和商业模式创新。具体到金融和金融信息服务领域，由于行业的服务性质，除新兴互联网类公司的硬技术创新和应用外，更主要的是对新技术应用和各种变革的泛指。因此，本报告所指的创新主要是应用新技术的科技创新、管理创新和商业模式创新。

二 金融创新的内涵与类型

（一）金融创新的概念与内涵

金融是现代经济社会运行的血脉。实施创新驱动发展战略，不仅要增强金融创新对技术创新的助推作用，同时要意识到金融创新、金融信息服务创新是国家创新体系建设的重要组成部分，金融创新和金融信息服务创新不仅对金融的稳健、可持续运行，甚至对国民经济的稳定运行都有着不可忽视的重要影响。

尽管金融创新一词广为流行，但国内外无论是理论界还是金融业界对金融创新的概念仍缺乏共识或统一的解释。国际清算银行在《近期国际银行业的创新》（1986）中提出，金融创新是按照一定方向改变金融资产特性，如收益、风险、期限、流动性组合的过程。但事实上，国际清算银行的金融创新概念仅仅是对20世纪七八十年代银行业务创新的概括，尤其是对70年代后顺应金融管制放松出现大量金融衍生产品创新现象的反映。尽管金融机构出于盈利目的，始终在推动金融工具创新和金融产品创新，并且在形式上成为金融创新的主流和主体，但至少从金融业发展实践来看，这无疑使金融创新的外延和边界大大窄化。这实际上是一种狭义上的金融创新，也可以认为狭义的金融创新主要指金融产品创新和金融工具创新。

国内学者借鉴熊彼特的创新理论，提出金融创新就是为了追求利润，重新组合各金融要素，在金融领域内建立"新的生产函数"而进行的市场变革①。在此意义上，金融体系和金融市场上的任何新事物，包括金融工具

---

① 陈岱孙、厉以宁：《国际金融学说史》，中国金融出版社，1991。

创新、支付手段创新、金融市场创新甚至新的金融组织形式和管理手段都属于金融创新的范畴。显然，与国际清算银行的定义相比，这是指一般意义上的金融创新，也是理论化的金融创新。此外，很多研究都认为从不同视角考察，对金融创新的内涵也存在不同理解。例如，在宏观层面，金融创新实际上是金融史上的重大发展和突破，包括技术、市场、服务、产品、组织和管理等变革。在微观层面，金融创新通常可以理解为与信用、风险、流动性、股权管理等相关的金融工具创新。显然，由于宏观层面和微观层面的理解或者过于宽泛，或者过于窄化，因此在中观层面，金融创新通常可以理解为在20世纪60年代后，适应监管和外部环境变化，金融机构和金融监管机构改变金融中介功能以创造更高效率资金运营方式或运营管理体系的过程。这也是当前有关金融创新的主流观点。

（二）金融创新与科技创新的关系

从表面上看，金融创新与科技创新是两类孤立的创新活动，或者是科技创新更多地需要金融创新提供金融支持。但实际上，成功的金融创新与科技创新既互为供需，也互相影响。从科技创新的角度看，金融创新为其提供金融支持，满足其融资需求、风险管理需求和资本激励需求，包括财务、投资、并购、风险投资、科技担保、保险和资本市场等服务需求[①]。不同形式的金融创新发挥不同的功能，可以满足科技创新资金和资本需求，支持科技创新发展（见表1），其中我国科技部门高度重视的科技金融最为典型。科技金融虽然是强调针对符合科技创新活动规律和需求，为科技研发、成果转化和科技型企业经营发展提供创新性的金融产品和金融服务，但其实质是以金融为手段，强调利用现代金融要素为科技创新服务，引导和促进科技创新发展，同时也带动新型金融部门和金融业务的发展。

---

① 童藤：《金融创新与科技创新的耦合研究》，武汉理工大学博士学位论文，2013。

表 1　金融创新与科技创新的功能耦合

金融创新类型	金融功能	科技创新	金融－科技创新
金融安排创新	筹融资	资金瓶颈	资金支持
	资源配置	需要资源集聚及整合	优化配置
	资本监控	逆向选择与道德风险	技术创新监控
金融工具创新	信息提示及传递	信息不对称	信息提示
	价格发现	难以定价	技术定价
金融机构创新	提供流动性	缺乏流动性	提高技术创新资产流动性
	项目选择	缺乏择优机制	择优选择项目
	资本增值	盈利机制不完善	盈利机制
金融制度创新	风险管理	风险较大	风险管理
	降低交易成本	交易成本高	降低技术创新交易成本

资料来源：童藤：《金融创新与科技创新的耦合研究》，武汉理工大学博士学位论文，2013。

　　从金融创新的角度看，科技创新主要是为现代金融运行和创新提供技术支撑。甚至有研究认为，科技创新是金融创新的动因。关于金融创新的动因，有不同的理论总结。例如需求理论认为，利率、汇率和通货膨胀率波动迫使金融机构为应对不稳定环境推出新的金融产品。约束诱导理论认为，金融机构为规避金融监管约束，寻求最大限度金融创新以实现利润最大化。当然也有理论认为，根据创新动机，技术推动型金融创新是金融创新的一种主要类型。例如，银行卡和自动存取款机就是大众普遍接触的两种。事实上，金融创新是多方面因素共同作用的结果，其中之一就是科技创新推动新技术、新设备在金融业的应用，典型的是现代信息通信技术的大规模应用，为金融创新提供了物质和技术上的保证。Hannon 和 McDowell 通过对美国 20 世纪 70 年代银行业新技术应用情况的研究[①]发现，银行业对自动存取款机、电脑等新设备的应用直接影响了其市场结构的变化，新技术应用成为金融创新的主要因素。由于计算机通信技术大大提高了信息处理速度，缩短了金融交易时空，拓宽了金融服务范围，降低了交易成

---

① Hannon, T. H., and McDowell, J. M., 1984, "Market Concentration and Diffusion of New Technology in the Banking Industry", *Review of Economics and Statistics*, Vol. 11: 89 – 97.

本，如银行卡、证券交易电子化、实时指数服务等金融工具创新和金融服务创新都成为可能。

（三）金融创新主要类型及内在联系

结合理论与实践来看，金融创新不仅是金融企业为追求更高风险收益和更高利润重新组合金融要素创新金融产品和金融工具，还包括支撑、支持甚至是推动金融产品和金融工具创新的金融技术、金融方式、金融机构、金融组织、金融市场，甚至是金融体制、金融监管等的创新及变革。综合各方面研究和实践，大致可以归为如下几种类型。

（1）金融制度创新，主要包括金融监管、监控组织制度和管理制度等，如汇率等国际金融管理制度安排，国家金融管理体制、信用制度、金融产权制度等，也包括金融管理政策，如风险、资金、从业许可和资格管理等。

（2）金融产品创新，主要包括为满足用户和市场需求、风险管理需求等开创的各种金融工具、金融产品和金融衍生品等。

（3）金融服务创新，主要是金融交易方式、服务方式、服务手段和载体设备等创新。

（4）金融组织创新，包括金融机构创新、金融业结构创新和金融机构内部与组织结构相关的各种变革，如总分行制、金融控股公司制等。

（5）金融市场创新，主要指适应不同金融产品交易等设立的各种交易市场，如不同形式、跨不同地域的证券市场、债券市场、黄金市场、保险市场、票据市场、期货市场等。

（6）金融科技创新，主要是为提高金融服务速度、效率，满足规模、安全性、及时性等各种需求，将各种先进技术和设备应用于金融领域。

不同类型金融创新之间的关系如图1所示。金融产品创新（含金融工具创新）是当前金融创新的主要表现形式，其他任何类型的金融创新都将对其产生影响，反过来，金融产品创新也会影响金融组织、市场、服务、制度和科技创新。金融组织创新和金融市场创新是隐藏在金融产品创新背后，支撑金融产品创新的平台和载体，金融服务创新则是其重要的表现形式。金

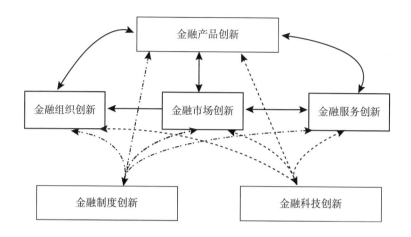

图1　不同类型金融创新之间的关系

融科技创新如同金融制度创新一样，是金融运行的基础，对所有其他各种形式金融创新都有着不同程度的影响。从金融的角度看，金融信息服务创新与金融产品创新和金融市场创新之间互相影响。例如，证券价格指数服务主要来源于证券和证券市场，反过来根据股票价格指数对股票市场价格趋势的反映，将其设计成股票价格指数期货，又形成新的金融产品。由于金融信息服务体现出不同的属性和价值，其部分体现为金融服务创新，如资讯服务、顾问服务、信用管理等，也有部分属于金融产品创新，如股票价格指数和信用评价服务等。

三　从创新的视角看金融科技的本质

（一）金融科技的兴起与蓬勃发展

讨论金融科技创新就不得不提到当前颇为流行的金融科技（FinTech）。金融科技的理念最早可上溯至1993年成立的金融服务技术联盟（Financial Services Technology Consortium，FSTC），其宗旨是让全球领先的金融机构与为其提供技术和服务的机构合作，关注影响金融服务产业的信息安全、消费者认证等技术议题。近年来，随着金融机构不断将业务向互联网迁移，新兴互联网公司不断涉足金融业务，金融发展与科技创新之间的融合日益密切，尤其是随着移动支付技术、P2P、网络众筹等的迅速发展，金融科技的概念也随之大热。据波士顿集团统计①，2005 年全球金融科技公司约为 1600 家，融资总额约为 70 亿美元，主要集中于数据分析、支付和安全领域。到 2010 年，金融科技公司总数约为 3000 家，差不多增长了一倍，但融资总额达 181 亿美元，增长了 2 倍多。截至 2016 年 7 月，金融科技企业总数增长到 8000 家，融资总额高达 839 亿美元，除支付业务强劲增长外，众筹和网络借贷平台也开始成为投资热点。

据国际咨询公司麦肯锡的统计②发现金融科技发展更为迅速，其 Panorama FinTech 数据库记录了利用科技替代传统金融服务的金融科技领域企业创立情况，从 2015 年 4 月到 2016 年 5 月，金融科技企业从只有 800 家增长到突破 2000 家，吸引的风险投资额从 2008 年的 12 亿美元增长到 2015 年的 191 亿美元，在 2012 年后几乎是井喷式增长（见图 2）。麦肯锡由此也认为，在巨额强势资本支持下，充分利用云计算、大数据和移动互联网等新一代信息通信技术，金融科技企业大肆蚕食银行的中间业务收入，对银行业发展形成了全面冲击，甚至正在颠覆银行业。英国《金融时报》的调研③也证实了这一点。2017 年，其研究服务部门"投资参考"通过对中国 1000 名城市消费者的调查发现，股票和房地产已不再是中国人投资的唯一选择，未来 6 个月，消费者将把更多的资金投入阿里巴巴和陆金所的投资产品。虽然银行仍持有大量存款，平均占有消费者流动资产的 38.8%，但同一时间，存放在余额宝和微信支付商城的资产也分别占了 10.7% 和 5.9%。显然，由于金融科技企业提供的投资产品可以比银行存款有更高的收益率，其创新服务正在撼动银行体系。

---

① 波士顿集团：《全球金融科技的发展趋势》，2017 年 1 月 16 日。
② 麦肯锡研究院：《中国银行业白皮书：金融科技全面冲击银行业及银行的应对策略》，2016 年 5 月。
③ 《调查：中国存款资金流向金融科技产品》，《金融时报》2017 年 11 月 24 日，参见 http://www.ftchinese.com/story/001075202#adchannelID = 5000。

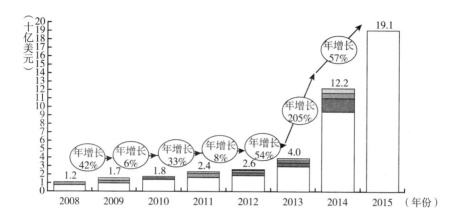

图 2　金融科技企业吸引风险投资额变化

资料来源：麦肯锡 Panorama 金融科技企业数据库。

与此同时，调查还发现，传统金融企业一方面在积极转型，另一方面在积极参与对金融科技企业的风险投资。根据 2015 年第 3 季度至 2016 年第 3 季度的统计，花旗银行（Citi Bank）、西班牙国家银行（Banco Santander）都投资了 8 家企业，高盛（Goldman Sachs）也投资了 7 家企业。即使被认为相对保守的日本金融企业，如三菱日联金融集团（Mitsubishi UFJ Financial Group）和住友三井金融集团（Sumitomo Mitsui Financial Group）也分别投资了 5 家和 3 家企业。

据市场和消费者数据公司 Statista 调查估计，全球金融科技领域管理的资产和交易价值（Transaction Value）增长迅速，2018 年美国金融科技公司交易价值大约为 1280.44 亿美元，未来 5 年（2018~2022）年均增长率将达到 13.9%，2022 年将达到 2.15 万亿美元①（见图 3）。中国金融科技发展更为迅速，2018 年中国金融科技公司交易价值达 1.56 亿美元，超过美国居世界第一。未来 5 年交易价值增长率预期可达到 22.7%。中国、美国、英国、日本和德国已成长为全球领先的国家。近年毕马威发布的"金融科技百强"（FinTech 100）中，蚂蚁金服连续多年居世界第一位，前 10 名始终有多家中国企业。不仅中国人民银行已

---

① Statista, Digital Economy Compass, April 2017, https：//www. statista. com/outlook/.

成立金融科技委员会，英国甚至提出将金融科技作为国家发展战略，打造全球的金融创新中心，并借此支撑伦敦的国际金融中心地位①。

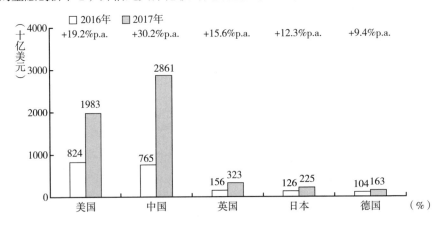

图 3　2016～2021 年主要国家金融科技（公司）交易价值

资料来源：Statista，Digital Market Outlook，http：//www.statista.com。

（二）有关金融科技的主流观点

尽管金融科技的热潮引起了金融监管层、金融机构和科技界的广泛关注，但对于金融科技的概念并未形成共识。综观国内外对金融科技的解释，主要有三种类型。

第一种认为金融科技就是金融，是新技术条件下金融的一种类型，或者认为它属于产业金融的范畴。一些从事互联网金融的企业现在宣传其是金融科技企业。

第二种认为金融科技是一种新产业，包括但不限于金融服务业。例如，维基百科②综合众多对金融科技的研究后将金融科技定义为应用新技术改善金融活动的新型金融产业，包括金融服务业的新应用、新产品和新商业模

①　EY and HM Treasury, UK FinTech: On Cutting Edge, 24, February 2016, https://www.gov.uk/government/publications/uk – fintech – on – the – cutting – edge.

②　https://en.wikipedia.org/wiki/Financial_technology.

式。互动百科认为，狭义的金融科技是指非金融机构运用移动互联网、云计算、大数据等各项技术重塑传统金融产品、服务于创业的创新金融活动。相反，受英国贸易投资部委托，安永公司（EY）发布的报告则将金融科技企业定义为利用创新性商业模式和技术为金融服务赋能和革新的高增长组织，不仅包括初创组织，也包括规模组织、成熟企业，甚至非金融公司，如电信服务提供商等。显然，英国贸易投资部和安永公司认为金融科技是包括但不限于金融服务的新型产业。

第三种认为金融科技是指以新技术应用为核心的技术创新。例如，互动百科认为金融科技是技术创新在金融业务领域的应用。美国《金融科技监管框架》更明确指出金融科技是涉及支付、投资管理、融资、存贷款、保险和监管等的技术创新活动。国际金融稳定理事会（FSB）认为，金融科技指技术带来的金融创新，创造新的模式、业务、流程与产品，从而对金融市场、金融机构或金融服务方式产生重大影响。

（三）金融科技发展的创新解释

1. 从内容上看，金融科技就是典型的金融技术创新

从对金融科技的定义开始，各方对金融科技涵盖的领域或涉及的主要内容均存在一定分歧。例如，巴塞尔银行监督委员会将金融科技分为四种类型：一是支付结算，如支付宝、微信等互联网支付应用；二是存贷款和资本筹措，包括P2P网络借贷和众筹等；三是投资管理，包括货币、证券、债券和保险等在线交易，最典型的是智能投顾；四是市场设施，主要是云计算、大数据、数字认证和区块链等金融行业的技术基础设施。在英国贸易投资部与安永公司联合发布的报告中，金融科技主要包括四种类型：（1）支付，包括在线支付和线下支付设备制造；（2）金融数据与分析服务，包括征信、资本市场和保险数据分析等；（3）金融软件服务，包括风险管理软件、支付软件、银行保险资产管理软件和资本市场软件；（4）新型金融平台，包括P2P借贷平台、个人财富管理平台和聚合平台等。波士顿咨询集团认为，在讨论金融科技时首先应关注的是人工智能、大数据、互联

技术（移动互联和物联网）、分布式技术（云计算和区块链）和安全（生物识别和加密）等技术。国内通常认为，金融科技涉及支付手段（移动支付和互联网支付）、投融资方式（众筹、P2P）、互联网金融服务、智能金融理财服务、大数据风控和征信、人工智能、云计算、大数据和区块链等。

显然，各方对金融科技主要领域或内容的界定虽然存在差异，但基本上可以分为金融技术手段和金融服务模式两类，前者主要包括云计算、大数据、人工智能、区块链和安全技术等，以及信息技术应用构建的金融数据基础设施；后者则是上述技术应用带来的支付模式、资金筹集、使用、管理等金融资产交易模式的创新。这些模式创新有些与传统金融密切相关，有些则形成新的金融交易模式，成为新的经济活动，具有新产业特征。但由于涵盖新技术应用及其带来的新模式、新产品和新产业，金融科技既不是传统意义上的金融，也不是单纯意义上的新兴产业。从创新的角度看，金融科技就是信息科技创新应用于金融服务业形成的金融技术创新，首先是金融科技创新，其次形成金融服务创新。技术手段和金融服务模式体现的就是金融科技创新和金融服务创新。因此，金融科技就是典型的新技术＋新模式带来的技术创新。

2. 从历史上看，金融科技就是当代的金融科技创新

从中国最古老的算盘用于辅助财务记账，到 17 世纪欧洲发明计算尺，再到 IBM 发明的计算机率先被大量应用到银行部门，金融与科技似乎具有先天的亲缘关系。因此，回顾金融科技创新的历史可以发现，金融科技既是当下的"网红"，也属于历史现象，只不过总是结合最新科技创新以不同形式呈现而已。香港大学 Arner 教授等研究将金融科技的发展历史划分为三个时代[1]。

（1）金融科技 1.0（1866～1967）：从模拟到数字。从 19 世纪末到一战

---

[1] Arner, D., Barberis, J., and Buckley, R., "The Evolution of Fintech: A New Post-crisis Paradigm?", Research Paper No. 2015/047, University of Hong Kong Faculty of Law.

前，电话、电路等技术应用于金融信息、交易和支付，第一次使金融全球化进入人类视野。一战后随着信息通信技术的快速发展，IBM 的列表机和德州仪器公司的手持金融计算器等都被应用到金融业务中。不得不提的是，推动几家公司合并成立 IBM 的关键人物 Charles Flint 即是金融家，正是他意识到信息处理技术在金融部门应用的远大前景的远见，成就了 IBM。随后信用卡出现，电报网络和传真机成为当时金融部门交易通信的必备。直到 1967 年，英国巴克莱银行率先应用 ATM，金融信息的交换从传统纸张记录开始向数据记录过渡，为金融科技 1.0 时代画上了一个圆满句号。

也有研究①认为，金融科技 1.0 时代发端于计算机应用推动金融信息化，主要是以银行为代表的金融机构开始利用 IT 软硬件逐步推动实现业务电子化和自动化。随着信贷、清算等业务系统采用 IT 升级改造大幅提高金融服务效率，金融科技 1.0 也可以称为金融 IT 阶段。

（2）金融科技 2.0（1967～2008）：传统数字金融服务的发展。这一时期是从支付和清算系统的数字化与全球化开始的，包括 1968 年英国开始成立的计算机署（the Inter-Computer Bureau），及随后美国的银行间支付清算系统（Clearing House Interbank Payments System，CHIPS）和全球同业银行金融电信协会（Society of Worldwide Interbank Financial Telecommunications，SWIFT）。一个标志性的事件是 1971 年美国 NASDAQ 的成立。这是世界上第一个面向全球且完全进行电子交易的证券市场，不仅标志着传统证券交易向电子证券交易的转变，也大大推动了金融部门的信息化进程。电子银行应运而生。到 20 世纪 80 年代，金融机构内部绝大多数业务和风险管理基本上实现了 IT 化。

不仅如此，应用信息技术处理金融信息和数据的第三方金融信息服务业走向产业化。1981 年，彭博的创新市场解决方案（Innovation Market Solutions，IMS）的出现是一个重要标志，彭博终端受到金融机构欢迎，逐

① 刘澜飚、范小云、马婷婷：《金融科技发展综述》，载《中国金融科技发展报告（2017）》，社会科学文献出版社，2017。

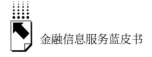

步成为标配。

由于金融机构利用先进的信息技术已成为很自然的事情，因此到20世纪末互联网诞生时，金融机构纷纷将业务布局于互联网也就成了顺理成章的事情，完全不需要物理分支机构的纯互联网金融机构如互联网银行、互联网保险等的出现，也成了意料之中的事情。不仅金融机构业务实现了数字化，传统金融服务也实现了数字化和网络化。

（3）金融科技3.0（2008年至今）：数字金融服务的民主化时代。从某种意义上说，2008年国际金融危机是由拥有庞大资源和合法性的传统大型金融机构引起的。由于互联网的普及，消费者更加关注服务本身，对传统金融机构的信任下降。国际金融危机成为一个分水岭，促使大量中小企业和个人转向投资P2P、众筹等创新型企业。这类似于国内通常所说的互联网金融。但涉及的领域更广泛，基本包括金融的各个方面，如财务和投资、操作和风险管理、支付和基础设施、数据安全和数字货币、用户界面，以及监管科技应用等。

在亚太地区，银行分支网点分布不如欧洲和美国广泛，公众对国有银行系统缺乏信任，更加易于接受其他替代性的非银行机构，其中移动金融服务和产品更加有吸引力。例如，在我国，传统金融服务越来越多地移植到互联网上，用户更加偏好用手机接收、选择金融服务和从事金融业务。这也是手机银行、手机证券、移动支付和各种金融类APP远比欧美更为流行的原因。因此，相关研究也将以我国为代表的亚太地区的金融科技称为金融科技3.5。

上述研究主要是从历史和全球化的视角出发，结合不同时期金融监管要求和变化，认为金融科技是赋能金融解决方案的科技，或者是金融部门应用的技术。类似地，也有研究①认为，金融科技1.0主要是从第一张信用卡出现，到20世纪90年代中期银行业内部实现了管理信息化和集中化，ATM、

---

① 刘云非、刘轶芳、许苏培：《"天使"还是"魔鬼"——金融科技热潮思辨（上篇）》，2017年9月29日，http://www.xinhuanet.com/world/2017-09/29/c_1121748025.htm。

POS 等设备，银行间金融通信协会（SWIFT）等技术服务，以及各种金融工程概念的应用等都奠定了金融科技的基础。金融科技 2.0 从 20 世纪 90 年代中期至 2015 年前后，主要是移动终端和互联网应用推动形成以网贷、第三方支付、众筹和互联网保险等为标志的互联网金融。金融科技 3.0 是指从 2015 年开始，互联网向物联网过渡，以人工智能、区块链、云计算、大数据和感知技术等为代表的第四次工业革命技术推动"智慧"金融的兴起，并形成新的金融生态。

显然，从对历史的简要回顾可以看出，金融科技是新概念，但并非新事物。金融科技本质上是科技创新在金融部门的应用，是金融科技创新。在信息时代，金融交易是以信息和数据处理为媒介，金融科技创新伴随信息通信技术变化，在不同时期有不同的表现形式，侧重不同领域的应用，表现为不同的服务模式和商业模式。

3. 从产业和创新角度看，产业科技本质上是以科技创新为核心的产业技术创新

技术创新并非仅仅发生在金融部门。从石器、木棒发明应用于农业生产，到三次科技革命推动三次工业革命发生，人类从农业经济和农业文明时代进入工业经济和工业文明时代，背后的驱动力是农业科技和工业科技。产业科技创新是亘古不变的主题。观察任何一个产业，驱动其发展的是科技创新，生产模式、组织模式、运营模式甚至产品和服务形态相应也发生了变化，从而衍生培育出新的产业，但产业的本质并没有变化。例如，农业从利用石器演化到利用牲畜动物力，再到利用机械，未来还会发展信息农业、智慧农业，但农业仍然是利用水、土地、阳光等自然要素，以生产满足人类生存和基本生活需求的产业。交通从使用人力、动物力（驴、马和骡等）到机械动力，包括电动汽车、自动驾驶汽车、高铁和飞机等，交通形态发生了巨大变化，效率大幅提高，并衍生了众多新兴产业，但交通本身作为从事人和货物运输的行业其属性和本质并没有变化。无论是农业科技还是交通科技，或者是其他产业科技，虽然驱动产业形态发生了巨大变化，部分可以直接应用的科技成为产业的一部分，但这些产业科技仍然是技术集合的统称，并未形成新的独立产业，或者替代原有产业。从创新的角度看，产业科技就

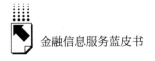

是以新技术、新设备、新生产工艺发明和应用等为核心的产业技术创新。

金融科技缘起于金融部门积极应用信息通信技术的创新成果。近年来金融科技概念的流行，一方面缘起于金融部门应用移动互联网、大数据、人工智能、区块链等这些新兴信息通信技术提高效率、降低风险的内在需求；另一方面缘起于新兴互联网企业规避现行金融行业许可管制进入金融部门进行的创新。金融科技成为其从事金融业务、进入金融部门的敲门砖和遮眼石。近年国外研究者通过对银行业高管的调查还发现，65.3%的被调查者认为银行与金融科技企业是合作伙伴关系而非竞争者，认为不相关的只有6.9%。金融科技的应用提高了金融业运行和管理的效率，创造了新的金融服务模式，为风险管理和监管提供了新的选择。从严格意义上来看，金融科技既不是金融业，也不是互联网＋金融形成的新兴产业，它只是当前创新扩散下金融技术创新的一种形式。

通过上述分析和讨论可以发现，尽管对金融科技涵盖范围或应用领域的划分不尽一致，但从创新的角度来看，金融科技的定义中核心要素都离不开"金融"、"科技"和"创新"等，离不开新一代信息通信技术，尤其是移动互联网、云计算、大数据、人工智能、区块链等，而数字支付、众筹等新兴借贷融资、智能投顾等仅仅是与此相关的新模式、新产品，离开这些科技创新，根本不可能有移动支付、P2P、网络征信等。但反过来，移动互联网、云计算、大数据、人工智能、区块链等这些硬科技创新不仅可应用在金融领域，还可以应用在其他领域。因此，金融科技的实质是新一代信息通信和互联网技术革命扩散至金融领域的体现，是科技创新与金融创新相结合的典范，也是当今技术背景下金融技术创新的主要表现形式。

B.3
金融科技创新推动金融信息服务创新

彭绪庶 *

摘　要： 金融业是信息通信技术的率先应用者和主要应用者，以信息通信和互联网为代表的信息科技创新在现代金融创新中发挥了重要的推动和支撑作用。由于以规避风险和监管为目的的金融产品创新和金融工具创新成为金融创新的主流，其高风险特征必须发挥金融信息服务的信号导向和引领作用，并通过加强金融科技创新为金融创新风险管理提供科技支撑，使得金融信息服务创新和金融科技创新成为今后一段时期金融创新的重要发展方向。

现代金融是一个信息高度密集型行业，只有现代信息科技的持续创新才能契合并满足金融信息服务的创新需求。无论是传统金融机构面向信息服务转型提升竞争力，还是新兴互联网科技企业促进信息科技创新与金融服务融合发展，都离不开金融科技创新的推动。不仅如此，信息加工过程中的价值增值规律，金融信息服务发展的历史实践，以及当代金融科技创新的发展趋势都表明，金融科技创新将在未来金融信息服务发展和创新中扮演更加重要的角色，发挥更加重要的作用。在此基础上，报告也提出了当前和未来一段时期金融信息服务创新发展的方向和若干

---

* 彭绪庶，博士后，副研究员，硕士生导师，中国社会科学院数量经济与技术经济研究所产业研究室副主任。

重点领域。

关键词： 金融　金融科技创新　金融信息服务创新

一　金融科技创新推动现代金融发展

推动金融创新的背景和原因有很多，其中之一离不开金融科技创新。尤其是现代金融运行具有大规模、高频次、高复杂度、高风险性等特点，对及时性、保密性、安全性和稳定性有着极高要求，现代信息通信网络（ICT）技术的发展为此提供了必不可少的支撑。从创新的角度来看，无论是理论研究还是微观实践，都有很多证据证实了科技创新尤其是信息通信技术创新对金融创新具有推动和支撑作用。例如，姚战琪和夏杰长等研究指出，科技创新有助于降低金融交易成本，提高市场效率，从而促进创新型金融工具与服务的出现[①]。此外，高新技术发展使金融业与其他行业的界限不断模糊，传统金融机构拓展其他非传统金融业务，促进金融中介业务多元化和功能复合化，同时不断降低传统金融业的进入门槛，吸引更多新的市场进入者，金融市场竞争导致了金融机构创新和金融工具创新。其他许多研究也都发现，科技进步既促进了金融工具和服务的创新发展，也因为高新技术发展加剧金融市场竞争，从而倒逼金融机构创新和金融工具创新，如互联网技术的发展和应用实现了金融品种创新。商业银行、保险公司和专业投资机构利用现代信息技术设计复杂金融产品的例子更是比比皆是。

如果回顾电子计算机和通信技术在银行部门的应用可以发现，从早期电子计算机应用于银行传统业务中的统计、记账和支票业务，到银行等传统金融机构开始通过计算机联机系统实现资产、负债和中间业务等的作业管理以

---

① 姚战琪、夏杰长：《促进现代金融服务业与科技进步的融合与互动》，《上海金融》2007 年第 3 期。

提高资金运营和管理能力，再到各种业务活动逐步迁移到计算机系统，以至于最后金融机构业务完全实现网络化和在线化，以计算机为代表的信息通信技术不仅开辟了新的金融业务，开拓了新的金融市场，引起了金融交易、决策、管理和监管方式的巨大变革，更直接导致了现代金融创新和金融革命[①]。

事实上，从计算机被发明以来，金融部门一直是信息通信技术的率先应用者和主要应用者。以中国银行业信息化发展为例，20 世纪 60 年代银行业开始引入计算机辅助处理业务推进业务电算化，90 年代中后期，银行通过联机服务实现了全国业务联网。当时大多数服务业部门还不曾接触电脑，遑论什么互联网。以银行为代表的金融部门始终是国内最早，也是应用现代信息技术最好的产业部门之一。美国 20 世纪 80 年代的一份调查发现，金融业部门计算机拥有量居全美各行业之首。无论是从微观企业发展还是宏观金融运行来看，信息化系统已成为现代金融运行最重要的基础设施。反过来，金融业对信息通信和网络技术的依赖也越来越强。一项对 1980 ~ 1996 年美国 13 家大银行应用信息技术实施业务流程再造的统计研究发现，银行平均成本/收益比从 63% 下降到 50% ~ 55%，而平均资本收益率则大约提高了 6 个百分点[②]。麦肯锡的一项研究预测，到 2025 年，互联网对金融业 GDP 增长的贡献率为 10% ~ 25%。在此意义上，甚至可以说没有现代信息通信技术的发展，就不会有现代金融的发展。

二　金融信息服务创新和金融科技创新是当前和未来金融创新的重点

（一）金融创新天然的高风险特征决定其创新方向

在熊彼特最初的创新思想里，创新是企业家最大限度获取超额利润驱动

---

① 郝云：《金融创新与道德风险控制》，《上海财经大学学报》（哲学社会科学版）2009 年第 5 期。

② Paul H. Allen, *Reengineering the Bank：A Blueprint for Survival and Success*, McGraw-Hill, 1997.

的结果。金融创新也不例外，众多研究从不同角度证实，金融创新的基础是微观金融组织为了规避各种金融管制和政策，降低交易成本或转移风险，寻求利润最大化[①]。世上没有免费的午餐，高收益总是与高风险相对应，与微观金融机构以利润最大化为目的的金融创新相伴生的就是无限制的风险。因此，从风险的角度来看，微观金融机构的金融产品和金融工具创新历史就是一部以逐步放大风险为特征的创新史。

20 世纪 60 年代，为适应战后经济高速增长对国际资本流动的需求，针对布雷顿森林体系的固定汇率制度、流行的外汇市场干预和普遍实行的资本管制，欧洲货币、欧洲债券和平行贷款等金融产品创新应运而生，虽然提高了金融运作效率，但客观上也转嫁了欧洲主要国家的风险。20 世纪 70 年代，针对石油危机推动通货膨胀和引发经济危机造成国际金融市场利率、汇率大幅波动，浮动利率票据、货币远期交易和金融期货等金融创新被推出。将当期风险转移到未来的金融创新开始具有鲜明的风险特征。到 20 世纪 80 年代，与信用和股权相关的创新不断增多。以银行业为例，在传统银行业务外，票据发行便利、期权、期货和远期利率等多样化的高风险性创新不断推出。银行业大量表外业务创新不仅直接改变了传统银行概念和范畴，在某种意义上也是导致 80 年代初全球性债务危机的重要因素。20 世纪 90 年代，金融创新除继续围绕高风险的信用创造做文章，更进一步向证券化方向发展。信用期权交易、信用派生贷款、期权保证证券、国债抵押债券等高风险金融衍生产品都是其中的典型代表。

进入 21 世纪后，传统金融业务发展已非常成熟，无论是金融机构还是金融市场，都更加重视金融创新以拓宽金融业务范围，获取更多利润增长渠道，由此进一步推动高风险的金融表外业务和证券化业务发展，包括金融交易工具多样化，如除原有期权交易和期货交易规模增加对金融市场影响显著

[①] Kane, E. J. (1989), "Changing Incentives Facing Financial-Services Regulators", *Journal of Financial Services Research*, Vol. 2 No. 3: 265 – 274; Kane, E. J. (2015), "Regulation and Supervision: An Ethical Perspective", in A. Berger, P. Molyneux, and J. Wilson (ed.), *Oxford Handbook on Banking*, London: Oxford University Press.

加大外，资产证券化、长期贷款证券化、CD 存款证券化、可转化债券等日益流行。银行表外业务大幅增长，票据承兑、跟单信用证、循环贷款承诺等新型表外业务不断出现，甚至成为商业银行利润增长的主体。据统计，当前美国超过 75% 的金融创新与金融衍生品相关。全球现金 M0 和广义货币 M2 占 GDP 的比重分别只有 10% 和 120% 左右，全球流动性的比重分别只有 1% 和 11% 左右，而全球各种金融衍生产品占 GDP 比重超过 800%，占流动性的比重超过 75%。显然，创造金融衍生品成为微观金融创新的主流。由于金融衍生品交易是基于利率、汇率、股价、信用等变量未来趋势的预测，且通常只需要支付少量保证金或权利金即可签订远期大额交易合约，跨周期性和高杠杆性决定了其天然具有高风险性。

（二）应对金融创高风险需要发挥金融信息服务的信号导向和引领作用

在金融创新过程中，新的金融交易工具部分是为了降低风险，如期货和期权交易的主要目的是套期保值，但从实际运行来看，虽然降低了微观金融机构的交易风险，但一旦参与交易的机构预测失误或操作不当，通常会适得其反，产生放大风险的作用。例如，1993 年日本昭和壳牌石油因从事外汇掉期交易失误，损失 1650 亿日元，2004 年中航油在新加坡市场操作场外石油衍生品交易因判断失误损失 5.5 亿美元，2008 年中信泰富因远期外汇交易失误损失 146 亿港元。更重要的是，在新的市场环境、技术条件下，商业银行、投资银行、证券、保险等传统金融业务的界限日益模糊，对金融市场整体而言，尤其是随着金融衍生品和资产证券化等金融创新的大行其道，金融系统的整体风险并未降低，甚至比以往更高。

在工业化后期，产业发展对金融活动的依赖不断加深，尤其是以房地产金融化为代表的产业金融化走向日趋明显，金融渗透到社会经济生活的方方面面，与整体经济结合更加紧密，对宏观经济系统稳定性的影响不断增强。典型的例子是，2007 年在美联储连续 17 次加息导致次级房屋信贷行业违约和信用紧缩后，美国率先爆发次贷危机，进而形成次贷危机和席卷美欧日等世界主要金融市场的金融危机，不仅导致美国贝尔斯登、雷曼兄弟、美林等一大批金融机构破产倒闭被收购或清算，房利美和房地美等被政府接管，最终演变成为新世纪以来最严重的一次经济危机，欧美日等发达经济体经济均出现明显下滑并进入衰退期，通用汽车和福特汽车等一大批实体经济企业陷入被政府救济才能存活下去的境地，迫使各国政府联手救市并采取多轮经济刺激措施。在一定程度上，当前全球经济的疲软与此次危机后的复苏缓慢和动力不足仍存在密不可分的关系。

在金融产品和金融工具创新逐步成为金融创新主流的过程中，随着金融衍生产品数量的增多、规模的扩大，以及因金融衍生品交易失误和巨额损失事件的频繁出现，金融产品和工具创新的风险也越来越多地受到不同理论研究的重视。例如，研究认为，现代金融理论核心从资产定价转向参与者行为，这既为金融创新提供了广阔空间，但也意味着必须从金融活动参与者的行为本身来解释更加复杂的金融现象。金融产品和金融工具创新实际上是在金融交易者之间拟定新的契约。乔治·阿克洛夫（George A. Akerlof）、迈克尔·斯彭斯（A. Michael Spence）和约瑟夫·斯蒂格利茨（Joseph E. Stiglitz）等众多研究者都发现，金融产品创新很容易出现交易当事人之间信息不对称的情况，将导致契约的不完全，从而出现逆向选择和道德风险问题。例如，在信贷领域，贷款企业和个人蓄意隐藏自身信息尤其是信用能力，其欺诈行为直接提高了商业银行的呆坏账水平，投资、保险甚至证券市场都存在类似的行为。

现代金融交易的主体实际上是信用交易，金融市场和金融交易天然具有信息不对称的问题。虽然信用评级、审计事务所、会计师事务所、法律事务所等中介机构的出现，甚至银行、证券公司等本身都有助于消除信息不对称问题，但是从金融运行实践来看，金融信息服务与金融发展息息相关，现代金融活动离不开信息数据的信号指引。最典型的例子是，证券市场不仅离不开上市公司的信息披露，也离不开各种交易价格指数。一些投资产品都是直接根据相应指数设计的，投资者的投资活动也依据相应指数。在成熟的资本市场上，指数基金等指数化产品通常是高效率资产配置工具的主要投资产品。银行根据贷款企业信用评级提供贷款服务，根据消费者信用和消费情况给予信用额度，根据投资者收入和信用情况给予其购买不同风险水平投资品的资格。显然，由于金融信息服务本质是为用户或社会提供关于金融产品和金融市场运行的数据、信息和信息工具，以促进金融活动，直接或间接影响金融市场，因此尽管导致金融风险上升的因素较多，但随着金融创新链条不断延长，金融产品创新和金融工具创新日益复杂，金融风险的上升甚至金融危机的出现与金融信息服务发展不完善存在密切关系。在导致美国次贷危机和引发全球金融危机的金融衍生品创新中，名目繁多的信用违约互联（CDS）产品和复合型债务抵押证券（CDO）被以创新的名义设计出来，杠杆高达二三十倍，更由于产品设计复杂，购买者对产品信息和高杠杆风险缺乏足够认识。产品信息和风险信息未被充分揭示，使得金融衍生品创新成为次贷危机的直接导火线。

此外，近年互联网金融在蓬勃发展中出现的种种乱象与金融信息服务创新不足和发展不充分也密切相关。理论上，云计算、大数据、人工智能等互联网技术，可以帮助投资者获取大量高质量信息，并降低投资者信息搜寻成本，解决交易双方信息不对称问题，从而创新形成新的金融交易服务模式和新的金融信息服务模式。但从互联网金融的实际发展情况来看，由于数据标准不统一，数据开放度不高，数据信息交易的制度安排缺乏①，互联网金融企业和金融信息服务企业依靠自身力量获取需要的信息。尤其是在金融和社会信用体系不健全的条件下，互联网金融企业难以有效筛选投资者和消费者，虚假金融投资新闻和广告满天飞，投资者和消费者也无法甄别、选择不同互联网金融企业的产品和服务，以互联网金融创新为名的投资理财平台和高息揽存理财产品野蛮生长，为大量企业利用信息服务缺失从事金融诈骗、非法集资、洗钱等违法活动提供了可乘之机，严重影响金融秩序，使得信息风险成为互联网金融发展的一个主要风险。尽管原因很多，但显然与金融信息服务未能充分发挥明确和正

---

① 李继尊：《互联网金融：缓解信息不对称的一把钥匙》，《银行家》2015 年第 5 期。

确的信息导向和引领作用有很大关系。事实上，现代金融已发展成为一个信息数据驱动的产业部门，需要金融信息服务的创新发展为之提供信号引领和数据支撑作用。

（三）加强金融创新风险管理需要加强金融科技创新

从信息经济学的角度来看，金融风险的产生主要是金融创新过程加剧了金融活动供需之间、金融市场主体与监管主体之间的信息不对称。要消除信息不对称造成的金融风险，既需要发挥金融信息服务的信号导向和引领作用，也需要用金融科技手段提供支撑。尽管金融科技创新为一些企业利用新技术突破市场边界和现行监管制度，甚至以金融科技创新名义违反操作或操纵市场提供了机会，导致风险滋生，但加强风险管理归根结底还是要依靠信息科技手段。通过金融科技创新应对金融创新风险，近期的讨论主要集中在监管科技（RegTech），即采用云计算、大数据、区块链、人工智能等最新的信息技术及其应用，优化和改造监管和监察等业务，满足合规和风控要求，提升监察系统的分析能力，提升业务监控和合规实际效果。主要有如下几个方面的应用①。

一是利用云计算等技术，加强监管信息收集与分析，提高监管信息可得性和及时性，并及时、准确传达给相应市场和监管对象。

二是利用嵌入式监管系统，发挥软件系统迭代优势，降低监管规则调整和标准升级带来的成本，提高监管和风险管理灵活性。

三是利用机器学习和人工智能技术，简化和优化内部流程，减少人工干预，降低成本，提高效率。

四是利用大数据挖掘、分析和可视化报告展示技术，提升对海量异构数据分析处理的效率，发掘数据信息效用和价值，提高效率。

五是利用数据加密和安全传输技术，加快数据传输速度，提高数据传输安全性，减少道德风险发生机会，并降低合规成本。

---

① 尹振涛：《行业视角下的监管科技内涵及趋势》，《当代金融家》2017 年第 11 期。

六是综合利用上述技术建立预测、预警、应急和模拟机制，控制风险影响范围，降低试错成本。

在实践中，早在监管科技的概念提出前，各国金融监管当局都把金融科技创新作为应对金融创新风险的重要手段。例如，美国金融产业监管局（Financial Industry Regulatory Authority，FINRA）负责监督和检查超过 63.5 万个证券经纪人和超过 3900 家证券公司，其监管对象每天交易规模高达 750 亿美元[①]。FINRA 下设信息欺诈监测和市场信息办公室（Office of Fraud Detection and Market Intelligence，OFDM），具体负责监测美国证券市场上的内幕交易。该办公室很早就开发了称为 SONAR 的信息系统，跟踪股票价格和交易量变化，并与其接收的新闻、市场监管等信息结合起来进行综合分析，以期发现潜在内幕交易和误导交易者行为。

在我国，据证监会通报，近年来证券市场"老鼠仓"犯罪成为继内幕交易之后移送刑事追责比例最高的一类违法案件[②]。从 2014 年到 2017 年 7 月，证监会核查了 99 起"老鼠仓"违法线索，公安机关移送涉嫌犯罪案件 83 起，涉案交易金额约 800 亿元。众多"老鼠仓"事件的存在表明，仅依靠监管制度和金融机构内部合规风控等是不够的。2013 年上交所和深交所上线运营大数据智能监控平台。以深交所为例，其监察系统建立了九大报警指标体系，可同步实现 204 个报警指标、300 项实时与历史统计查询、60 余项专用调查分析、100 多种监管报表监测分析等功能，每年处理的各类实时报警信息 14 万余次，平均每个交易日处理报警 600 余次。每天可以处理超过 1 亿笔成交记录，还可以在线处理 20 年以上的证据。证监会和交易所发现这些"老鼠仓"行为主要是利用大数据技术，对私募产品、券商资管、专户理财、信托计划、保险投资等各类账户伴生的趋同交易进行"穿透式"监控，对具体账户的历史交易明细数据进行跟踪拟合、回溯重演，促使异常趋同交易现形，再进一步调查发现"老鼠仓"事件。截至 2017 年底，上海

---

① http：//www.finra.org/.
② 王雪青：《证监会用大数据监控"老鼠仓"异常交易一抓一个准》，《上海证券报》2017 年 7 月 8 日。

证券交易所上市公司 1410 家，年成交金额约 51 万亿元，深圳证券交易所上市公司已达 2089 家，年股票成交额约 61.7 万亿元。不难想象，如果不是应用科技手段，风险管理只能是一句空话。

除此之外，针对近年的互联网金融创新浪潮，国家互联网金融风险分析技术平台对互联网金融平台发展、信息披露和利率变化情况等进行实时监控。地方金融监管部门也加大力度，如北京开发了大数据打击非法集资监测预警云平台、厦门开发上线了 P2P 备案监管平台等，这都是利用金融科技创新支撑金融创新的重要例证。

除监管科技的发展和应用外，从金融机构的角度看，以金融科技创新应对金融创新风险更具有现实意义。一方面，金融机构根据近年业务电子化、网络化的趋势，不断开发上线相应的风险管理系统，实现风险管理从制度合规向技术合规的过渡，尽可能减少人为控制和道德风险的发生；另一方面，金融机构在进行金融产品和金融服务创新时，往往同时推出相应的金融科技创新措施来控制风险。例如，浦发银行针对中小客户创新推出了互联网贷款产品"点"贷、"快"贷和"直"贷。从名字可以看出，这几款创新产品的竞争力在于尽可能减少甚至是不需要人工审核或柜面审核，系统在最短时间内审核客户贷款信用，发放贷款。但由于不需要抵押物，面临的最大风险是客户的欺诈，因此浦发银行整合客户银行理财、基金、保险等足迹数据、硬件指纹数据，以及其他合作运营商的相关数据信息等，进行反欺诈交易系统认证和风险识别。在移动互联网时代，随着传统金融与新兴互联网企业之间的边界日益模糊，金融生态在发生变化，金融业务日益场景化，将更加依赖金融科技创新以应对新业务创新伴生的风险。

总体来看，2008 年国际金融危机后的复苏调整仍未结束，防范金融风险仍是各国金融工作的重点。这也意味着，随着国家把防范金融风险放在重要位置，金融机构和新兴互联网金融企业更加重视新业务和服务创新带来的风险，加强金融科技创新应对金融监管和风险控制需求将是当前和今后金融创新工作的一个重点。

三 金融科技创新激发和驱动金融信息服务创新

（一）现代信息技术创新是金融信息服务创新的必要技术保障

1.传统信息处理方式无法应付处理规模巨大的海量金融信息数据

现代金融早已脱离了实物交易阶段，金融机构和金融业务信息化已成为现实，金融业规模日益庞大，交易复杂性不断提升，决定了金融服务业是一个信息高度密集型的行业，其数据强度远超其他任何一个行业。例如，中国经济网每天发布新闻信息 1 万条左右，其数据存储量约为 1000MB。据估计，到 2020 年中国金融部门及与金融相关领域产生的信息数据量将超过 50EB[①]。收集、分析和处理海量信息数据必须依赖科技创新和新的信息处理技术。

2.现代信息通信和互联网技术的基本功能高度契合了金融信息服务的创新需求

现代信息通信技术的核心功能就是提供信息分析处理能力。中国"神威·太湖之光"计算机系统运行速度超过 10 亿亿次/秒，其峰值性能高达 12.54 亿亿次/秒，持续性能达到 9.3 亿亿次/秒。该计算机系统拥有超过 4 万个芯片，其单个芯片计算能力相当于 3 台 2000 年全球排名第一的超级计算机。另以阿里巴巴和蚂蚁金服的分布式金融数据库为例，阿里云计算平台每秒可以处理 10 万笔以上交易。2017 年"双十一"期间，交易峰值超过每秒 25 万笔，数据库处理峰值达到 4200 万次/秒。2017 年春节至初五，腾讯的微信系统收发处理红包 460 亿个。深圳证交所 2014 年上线的新一代交易系统在可用性上要求故障切换时间不超过 10 秒，在性能上要求每秒接受委托 30 万笔，同时时延要小于 10 毫秒，在容量上要求日处理订单量达到 4 亿次。这些都是传统金融机构和传统数据处理手段难以想象的。显然，现代信息通信技术的应用提高了信息搜集和分析处理效率，互联网技术则为其

---

① EB，即 Exabyte，也被称为艾字节，计算机数据存储单位。1EB = 1024PB，1PB = 1024TB，1TB = 1024GB，1GB = 1024MB。

应用扩散提供了更大的可能。信息通信技术应用于金融业，大幅度提高了金融信息的分析处理能力，实现了金融信息的实时收集和传播，同时也降低了金融交易成本，扩大了金融交易服务的广度和深度及金融信息服务的范围。

（二）金融科技创新推动金融面向信息技术＋信息服务转型发展

1. 传统金融机构竞争力提升将更多来自对信息的挖掘和利用

在信息化社会，信息数据即资源，是最关键的生产要素。对金融企业而言，历史数据越来越多，非结构化数据越来越多，与此同时数据垃圾也越来越多，利用数据的难度在增大。显然，在新的金融生态时代，现代金融机构的竞争已非传统金融客户、渠道和传统服务方式的竞争，如何利用大量信息数据为用户提供增值服务已成为竞争的关键。例如，调查发现，银行客户在选择金融服务供应商时，其主要来源均是银行网站，全球约占38%，亚太地区约占47%，中国最高，约占53%。在中国和日本，第三方网站也是重要的金融信息来源[1]。此外，全球和亚太地区有49%的客户，中国则高达70%，对银行提供在线金融管理工具帮助其做消费、投资和贷款决策非常或极度感兴趣。中国银行业协会的统计表明，2015年末，银行业平均离柜业务率高达77.76%，部分银行的电子银行业务比重超过90%[2]。在证券行业，随着佣金率普遍下滑，低佣金不再具有吸引力。证券公司要留住客户、吸引投资者就必须创新业务，基于金融科技创新，完善信息基础设施，提供便利、高效和高价值的信息增值服务。与证券行业平均佣金率逐步走低相反，证券行业对信息技术的投入不断加大（见图1、图2）。据报道，2016年，证券行业IT投入突破100亿元。以IT投入居已上市券商前列的华泰证券为例，为推动公司向财富管理转型，近年其IT系统研发升级投入年均超过5亿元。在华泰证券最新的定增方案中，还计划投入不超过10亿元用于加大

---

① 安永：《卓越客户体验铸就成功——EY全球零售银行调查2014亚太客户体验》，2014年第二届全球金融峰会论坛材料。

② 李伟：《金融科技时代的电子银行》，《中国金融》2017年第10期。

IT 系统投入。显然，无论是用户还是金融机构自身，都在更多地转向对新一代信息通信和互联网的应用。基于信息技术＋信息服务，挖掘和利用金融信息，成为金融机构转型升级、提升竞争力的迫切需求。

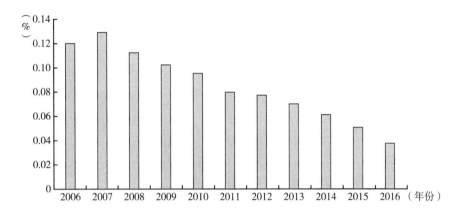

图1　2006～2016年证券行业平均佣金率变化

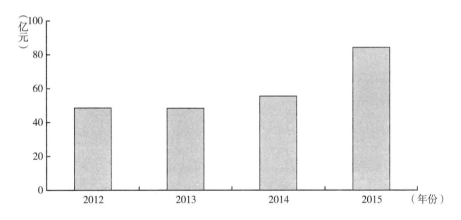

图2　证券公司IT投入情况

现代金融信息并非金融新闻资讯，且金融信息的超大规模及增量主要是非结构化数据。金融信息服务创新主要基于海量金融信息数据的收集、存储、分析和处理。因此，海量金融信息数据产生了金融信息服务创新的现实需求，也为其提供了坚实基础。同时，金融信息数据的规模、结构和价值决定了现代金融发展对金融信息服务的巨大关联需求，决定了金融信息服务创

新的方向。

2. 金融科技创新促使信息服务成为金融生态的重要组成部分

当前在以移动互联网为代表的新一代信息通信技术冲击和影响下，不仅是传统金融机构需要通过科技创新和信息服务加速转型升级，金融的外延和边界都在扩大。正如波士顿咨询集团指出的那样，过去是科技公司帮助金融机构优化服务提升竞争力，现在是科技公司亲自上阵，直接推动金融服务领域的颠覆式创新与重塑[①]。与此同时，原来与金融机构甚少有交集的新兴互联网企业其业务与金融也呈现出更多的交叉。普华永道的调查发现，在中国，电商平台、大型科技企业与传统金融机构一样都被认为是未来金融变革中最具颠覆性的力量（见图3）。国际上诸如苹果和亚马逊，国内诸如蚂蚁金服、腾讯和京东等，都越来越多地被认为是金融类企业或类金融企业。互联网金融和互联网+金融模式的大行其道，正是这一潮流和变革趋势的体现。

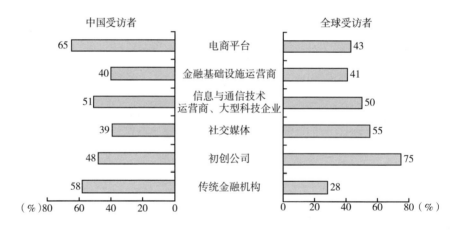

图3 金融生态变革中最具颠覆性的机构类型调查

显然，与传统金融机构依赖金融管制下的资金优势、牌照优势推动业务和产品创新不同，新兴互联网企业和科技公司进入金融领域采用完全不同的

---

① 波士顿咨询集团（BCG）：《全球金融科技的发展趋势——全球执委电话会议（939 会议）》，2017 年 1 月 16 日。

创新策略，其共同点在于基于技术传统和技术优势，整合可以获得的一切信息，形成信息数据优势，进而提供更具有竞争力的金融服务。例如，在普华永道的调查中，被认为最有可能被金融科技创新颠覆的三个领域分别是零售银行（79%）、投资及财富管理（51%）、资金转移及支付（47%）（见图4）。显然，以支付宝和微信支付为代表，除已实现颠覆的资金转移及支付领域外，零售银行、投资及财富管理要实现颠覆，最重要的是以大数据为基础，通过人工智能或其他便捷方式提供创新性的服务。例如，与客户社交关系网络相结合，一方面依靠社交网络黏性提高用户忠诚度；另一方面将客户社交行为信息纳入信用机制和风控体系，构建依托社交行为信息的服务平台，形成社交关系型电子银行。电商关系型电子银行也与此类似。在投资及财富管理服务领域，更需要整合各种资讯、信息和数据才能形成颠覆性的创新。

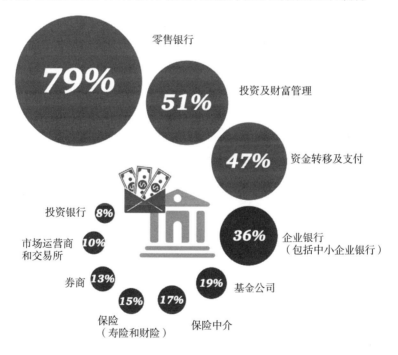

图4 金融生态变革中最可能被颠覆的领域

资料来源：普华永道：《2017 年全球金融科技调查中国概要》，https：// www. pwccn. com/zh/financial – services/fintech/global – fintech – survey – china – summary – 2017. pdf。

（三）未来金融信息服务发展和创新将更多地依靠金融科技创新驱动

现代金融活动就是数据交换和信息的流动，金融科技创新驱动的金融发展使金融信息的增长速度远超金融活动规模，从而催生形成新的金融信息服务业。从金融信息服务的产生历史来看，首先是一次事实金融信息，如金融交易价格、规模，金融政策、事件等。在金融活动规模和影响小的情况下，一次事实金融信息即可满足市场主体参与金融活动和金融运行监管的需要，但仅凭一次事实金融信息尚无法形成金融信息服务业。其次是初级加工金融信息，如金融资讯、信用报告、股票指数和各类统计报告等。与金融发展相伴生，金融产业化过程中初级加工金融信息的规模、形态、质量都在发生变化，金融信息服务业由此形成。三级加工金融信息如宏观经济和股价走势预测、投资理财信息服务、投资品分析推荐等的繁荣，是金融产业化和产业金融化条件下对金融信息服务需求的体现。显然，对金融信息加工程度的加大，既是信息加工促进价值增值的过程，也反映出金融信息服务发展对技术能力依赖的增加。

如果根据信息服务形态和产生时间将金融信息服务模式划分为不同类型，第一代金融信息服务模式是资讯模式，典型代表是金融类媒体和通讯社，主要提供与金融相关的事实性信息、原始数据和新闻资讯。在这种模式下，信息提供方占有完全主动权，服务方式单一，也是典型的信息内容主导，也不需要太大科技含量。第二代金融信息服务模式是工具模式，典型代表是如彭博、路透和万得等开发的金融信息终端，与金融相关的各类信息、数据、资讯等，包括相应的检索、分析、比较、信息提取等服务等，都可以集成在终端中提供给用户。在这种模式下，信息服务提供方需要逐渐考虑接受方的需求，也推动信息服务提供方在提供更丰富的信息内容的基础上，更加主动地采用科技手段不断完善和丰富终端服务。虽然这种金融信息服务模式仍然是典型的信息内容和服务双重主导，但从与科技的关系来看，也可以认为其是科技支撑型的金融信息服务模式。

在移动互联网和金融生态发生异变的新时代，第三代金融信息服务模式将是融合模式，即将信息内容和信息服务手段完全融为一体。与第二代金融信息服务模式相比，信息服务手段要适应新技术条件和新金融生态环境下个性化、智能化和场景化，同时又具有高安全性、高可用性和高及时性的要求。要达到这一目标，新一代金融信息服务模式将是科技驱动型的。例如，2017 年"金融信息服务蓝皮书"曾归纳总结了 11 类金融信息服务商业模式，包括金融新闻媒体、金融信息门户、金融信息集成、金融财经新媒体、金融搜索平台、金融大数据服务、金融投资社交、金融平台服务、信用管理服务、财务投资管理服务、在线金融教育。由此可以发现，金融信息服务商业模式创新已趋于成熟，未来发展将主要依赖于金融科技创新，通过进一步丰富信息服务手段，提供更有价值的信息内容或更具特色的服务手段。以近年极为吸睛的信用及行为评分[①]服务为例，传统基于银行信贷的金融征信评分早已存在，但国内用户知悉较少，且金融机构、消费者和企业应用的范围、规模与影响都相对较小。蚂蚁金服、腾讯、京东、百融金服和算话征信等互联网企业的各种信用评分以及招商银行等传统金融企业针对个人消费者的信用分等，不仅开始广为用户所知，且广泛应用于除传统金融外的各个领域。事实上，这种金融信息服务创新一方面是基于消费金融甚至是互联网消费行为和社会网络活动的增加；另一方面依赖于应用互联网技术，广泛收集用户金融和社会行为数据，再通过特定理论模型计算转化为金融化的信用数据。显然，如果没有互联网技术对大数据的收集、分析和处理，从传统金融征信评价向当前泛金融信用评价的创新就难以真正实现。这也从侧面说明，金融科技创新将在未来金融信息服务发展中扮演更加重要的角色。

四　金融科技创新推动金融信息服务
创新的方向和重点

（一）金融信息服务发展存在的问题和创新发展思路

当前，在金融产业化和产业金融化的双向互动过程中，我国金融业快速

---

① 何德旭、张军洲：《中国金融服务理论前沿（5）》，社会科学文献出版社，2008。

发展，金融产品日益丰富，金融市场和金融衍生体系不断完善，金融业成为国民经济的重要组成部分。但从现实来看，与具有发达的金融业且金融与金融信息服务均衡协调发展的美国、英国等相比，我国金融信息服务是滞后于金融发展的。一方面，金融业发展将带动金融信息服务同步发展；另一方面，当前金融资源脱实向虚较为严重，以金融创新为名的各种金融乱象严重扰乱金融市场秩序，甚至严重影响金融稳定和金融安全，这既表明金融信息服务发展创新在某些领域走入误区，也反映出金融信息服务发展不充分，未能充分发挥对金融业的信号引领和导向作用。在当前的科技条件下，与金融业相比，金融信息服务的发展和创新涉及的面更宽。现实中，自媒体金融资讯大量出现，金融信息服务在金融资讯等某些领域也存在虚假繁荣等问题，在其他一些领域则存在发展不充分的问题。

在互联网时代，尤其是金融科技成为金融科技创新潮流的技术背景下，结合当前我国金融风险治理需求，今后一段时期金融信息服务创新的方向主要是强基础、补短板，提高金融信息服务行业企业创新能力，减少无序竞争和低水平竞争，加快金融信息服务多样化和产业化发展，解决当前发展和创新中存在的不协调、不充分和不平衡的问题，为整治金融混乱秩序、降低金融风险发挥好信号引领和导向作用。

（二）金融科技创新推动金融信息服务创新的若干方向和重点

1. 金融大数据基础设施建设和信息服务发展

一是金融统计体系建设和统计数据应用开发。建立完善的银行、外汇、保险、证券及重要金融服务、产品等的数据统计标准和基础数据标准。结合金融新业态发展，加强互联网金融新业态数据统计、采集、存储、开放和应用。整合各类金融统计资源，形成科学、全面的金融统计体系，积累形成丰富、权威的金融统计数据，为金融监管、宏观经济调控和公共金融信息服务产品开发提供基础数据支持。

二是发展信用大数据和共享设施。尽管金融信用基础数据库覆盖面不断扩大，征信等信用服务和产品日益增多，但以银行业务为核心的征信服务远远满足不了互联网条件下金融新业态的需求。芝麻分等企业推出的信用评价大行其道，虽然对促进社会信用体系建设和互联网金融发展发挥了重要作用，但也给社会和大众造成了很多困扰。因此，有必要建立集银行业务、场景消费和社会行为等于一体的信用大数据，推动相关信用数据平台建设，促进信息数据交换与共享，丰富信用服务产品。

三是支付清算大数据和新应用开发。针对非银机构移动支付、互联网支付等新型支付模式的快速发展，有必要结合未来可穿戴设备、物联网、地理位置服务等新技术与移动支付，加强支付清算大数据的集中，保障支付安全和清算及时，并在此基础上推动新型数据服务模式的发展。

四是保险大数据建设和信息服务发展。改变传统保险业依据经验和各自为政的做法，需要加强保险大数据建设，并培育第三方保险大数据服务企业，促进保险大数据在保险新产品设计、风险评估、理赔等保险全流程的应用。

五是国际金融市场大数据和信息服务发展。随着中国与国际金融市场的链接日益密切，国际金融市场对国内市场的影响越来越大、中国投资者走出去参与国际市场投资的规模越来越大、频率越来越高，需要加强对国际金融市场信息和交易数据的收集、分析和研究，建立国际金融市场大数据，拓展相应的信息服务。

2. 提升金融科技创新能力，应用金融科技提高金融信息服务价值

一是加强知识产权导向的金融科技创新。除少数大型互联网企业外，传统金融机构和多数具有互联网属性的金融新业态企业和金融信息服务企业，对知识产权或者不够重视，或者缺乏创新能力。随着新一代信息技术的发展，以大数据、人工智能、区块链、物联网等为代表的金融科技发展成为金融科技创新的潮流和趋势，无论是传统金融机构加速向信息服务转型，还是具有互联网属性的金融信息服务企业提升竞争力，都需要着眼长远，以知识产权为导向，加强金融科技创新，并进一步推动数据共享与交换、风险评估与预防以及资产管理等领域的应用创新，而非仅依靠商业模式创新甚至是简单的抄袭、模仿等方式，低水平竞争。

二是加强金融科技应用提升信息服务价值。中小金融信息服务企业要加强对以金融科技为代表的现代信息通信和互联网技术的应用，通过技术应用降低信息采集、分析处理和加工利用成本，并提高服务及时性、针对性和智能化，最大化挖掘信息数据价值，改变有信息无价值或低价值的现状。也可以通过新技术应用发现细分需求，寻找客户，培育新市场，创造新的服务模式。例如，为金融机构和新金融业态企业提供金融数据整合方案、风险评估/预防等服务，为快速发展的智能投顾行业和专业金融投资者提供金融智能算法策略服务，等等。

3. 不断应用信息科技巩固金融信息服务薄弱环节

一是在线金融社交。互联网时代，社交网络和社交媒体是信息传播和交换的重要载体。我国金融投资市场和金融理财市场都是一个典型的以个体和中小企业投资者为主的市场，需要通过社交方式获取和分享金融信息知识。从金融机构的角度看，金融社交也是获取客户、推广产品、引导投资和理财的重要渠道。现代金融的信息数据交易属性使金融社交天然具有导引客户的优越性，金融与社交的结合可以给人无限的遐想空间。

二是在线金融教育。在一定程度上，当前金融秩序混乱既与金融投资和理财市场上的投资者结构有关，也与大量个体投资者缺乏相应的金融知识密切相关。传统学校金融教育无法满足金融机构，尤其是金融新业态发展的人才需求。因此，应以人工智能、社交等新科技和新思维开展互联网金融教育填补当前市场空白。

三是金融云服务。金融信息服务发展对信息数据保存、运维的安全性、可用性、可控性和计算能力都有较高要求。大量中小金融机构和金融新业态公司缺乏信息技术的资源基础和运维能力。同时，在互联网场景下，用户金融行为不再局限于原有金融渠道和交易信息，还需要大量资讯、数据支撑。计世资讯研究估计，2017年中国金融云市场规模约为63亿元（见图5）。针对不同类型金融机构的需求特点，利用金融科技新发展，整合数据中心、云计算资源和金融场景解决方案等，发展不同形式金融云业务，可以推进金融云服务发展成为一种新的金融信息服务模式。

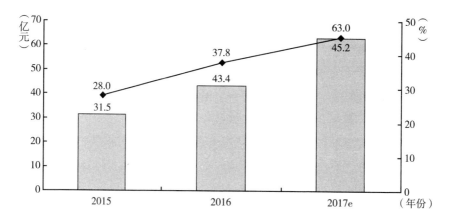

图5 2015～2017年中国金融云整体市场规模及增长率

资料来源：计世资讯：《2016～2017年中国金融云市场现状与发展趋势研究报告》，http：//www. ccwresearch. com. cn/。

四是面向个人和中小投资者的金融信息服务终端。金融信息服务终端是金融信息服务的典型模式，但随着原有部分为个体和中小投资者服务的金融信息服务终端提供商逐渐向传统证券企业或投资分析工具软件企业转型，现有终端服务主流是为传统金融机构和专业机构投资者服务。我国证券投资市场以个体投资者为主的结构短期内将很难改变，在新的技术条件下，利用云计算、大数据和人工智能等金融科技，发展面向个人和中小投资者的金融信息服务终端产业是一个可行选择。

4. 加强信息科技手段应用实现金融信息服务监管科技驱动

金融信息服务发展离不开有效的监管。要变事后监管为事前预判监管和事中过程监管，无论是金融舆情监测、研判和引导，如股市"黑嘴"等违法金融信息发布，还是金融监管证据采取、保存与使用等，金融信息的规模和随机性，都决定了必须运用现代信息科技手段，利用监管科技，提升金融信息服务监管能力。

产业篇

Industry Reports

B.4

银行业与信息技术服务：
互动关系及问题与改进

洪 涤 李文军*

摘 要： 本文对银行与信息技术及服务发展的相互促进关系进行了
研究，探讨了银行业与信息技术产业结合的现状，梳理了
目前我国各银行与互联网科技金融公司合作的情况，进一
步阐述了我国银行业信息技术服务发展存在的问题和改进
对策。

关键词： 银行业 信息技术 金融科技

* 洪涤，民生银行上海分行零售资产监控部；李文军，中国社会科学院数量经济与技术经济研
究所研究员，博士生导师。

金融信息服务是指对与金融相关的信息内容和资源进行生产或收集、加工处理、存储利用，提供给用户和/或社会，或直接提供信息工具服务，以促进金融活动，直接或间接影响金融市场的经济活动。[①] 在金融活动向国民经济和社会生活各领域广泛渗透，信息通信网络尤其是互联网技术应用日益深化的大背景下，金融信息服务涉及从金融到新闻资讯、信息技术、互联网、商业服务等多个领域。因而，信息技术服务也囊括在银行业金融信息服务的大范畴之内。本文即侧重于银行业信息技术服务，论述银行与信息技术服务发展的相互促进关系，探究银行业与信息技术及其相互结合的现状，阐述我国银行业信息技术服务发展存在的问题和改进对策。

一 信息技术的发展及对银行业发展需求的响应

银行业的发展与信息技术的发展相辅相成、相互促进，每当有新的信息技术产生，银行总是最先使用的，同时银行业在发展自身的同时，也推动了信息技术的进步和信息技术服务的拓展与深化。

（一）信息技术的发展

信息技术，是主要用于管理和处理信息所采用的各种技术的总称。一切与信息的获取、加工、表达、交流、管理和评价等有关的技术都可以称为信息技术。它主要是应用计算机科学和通信技术来设计、开发、安装和实施信息系统及应用软件。它也常被称为信息和通信技术。主要包括传感技术、计算机技术、通信技术以及互联网技术。

信息技术的发展主要分为语言的使用，文字的出现和使用，印刷术的发明和使用，电报、电话、广播和电视的发明和普及应用，电子计算机的普及应用及计算机与现代通信技术的有机结合这五大主要阶段。1991 年，美国

[①] 李平、彭绪庶等：《中国金融信息服务发展报告（2017）》，社会科学文献出版社，2017，第 28 页。

参议员艾尔·戈尔提出在美国范围内构建"信息高速公路"的设想，1993年戈尔当选为美国副总统后，大力推广"信息高速公路"和国际信息网络建设。之后涌现了大量网络服务商，互联网络得到了飞速的发展和普及，融入国民经济生活的各个领域。

（二）信息技术对银行业发展需求的响应

1. 对现金业务的需求响应

在原始时代，商品以物物交换方式为主，后因无法满足日益复杂的交换需求，出现了从普通商品中脱离出来的一般等价物，如贝壳，每样商品都折算成一定数量的一般等价物，仍然进行交换，但是贝壳之类的物品很容易磨损。随着金属冶炼、锻造技术的发展，出现了黄金、白银等金属材质的货币，因为金银的产量少、冶炼技术相对复杂又不容易磨损，进而替代了贝壳等。进入现代社会，金属货币已经不能满足经济发展中生产和交换的需求，逐渐被纸币取代，1971 年美国政府宣布美元停止与黄金的兑换，金属货币正式退出了历史舞台。20 世纪商品交易规模加大，交易金额有所增加，国际贸易也日趋频繁，纸币因数量多且不容易清点，也不能较好地满足商品贸易的需求。为了方便结算，出现了票据，付款人支付票据给收款人，收款人拿着票据到兑付行进行承兑，将资金转入自己的账户中。随着现代信息技术的发展，电子货币登上历史舞台。电子货币是信息技术与银行货币相结合的产物，是货币价值尺度和支付职能的电子化表现形式。电子货币的具体形式是加密序列数；它的载体是各种磁卡、芯片卡；它的传输方式是电子流、电脉冲等。电子货币的普及让银行减少了交易处理的成本，提高了处理效率，降低了差错率。

2. 对支付结算的需求响应

在国际贸易中，买卖双方位于不同的国家和地区，交易需要银行进行担保，全球贸易额的上升使贸易单证、资料文件数量不断增加，早期的计算机因为型号不同不能完全兼容，在商业贸易中有相当大的一部分数据是重复出现的，需要反复地键入，浪费了人力和时间，同时也降低了效率。而在贸易市场中，市场行情瞬息万变，亟须提高商业文件传递和处理速度。在市场需求和计算机、通信、互联网等信息技术的发展和普及的基础上，在企业之间进行商业文件数据传输的电子数据交换系统 EDI 应运而生；银行利用计算机、终端机、电子信息网络等电子通信设备及相关技术，从 EDI 中分离出专门进行资金划拨的电子资金转账系统 EFT 用来进行支付清算，这改变了支付结算方式，既降低了成本又提高了效率；为了解决各国金融通信不能适应国际支付清算规模快速增长的问题，1973 年 5 月成立了国际银行同业间的国际合作组织（SWIFT）。该组织负责设计、建立和管理 SWIFT 国际网络，以便在该组织成员间进行国际金融信息的传输和确定路由。SWIFT 网络于 1974 年开始设计，在 1977 年夏完成系统的各项建设和开发工作，并正式投入运营，目前全球大多数国家大多数银行已使用 SWIFT 系统。SWIFT 为银行的结算提供了安全、可靠、快捷、标准化、自动化服务，大大提高了结算速度。

我国从 1991 年开始，根据国内支付清算需要，利用计算机技术和通信网络自主开发建设中国国家现代化支付系统 CNAPS，由大额实时支付子系统、小额批量支付子系统、中央银行会计集中核算系统、全国支票影像交换系统、银行业金融机构行内支付系统、银行卡支付系统六大应用系统组成。该系统可以满足日常的各种经济活动需要，同时提高了资金支付清算效率和资金使用效率，促进银行业整体发展水平的提升。

（三）银行与科技企业的合作

近年来，科技与金融的结合越来越紧密，大量科创公司、互联网公司纷纷与银行开展线上与线下合作以增强获客能力，加强大数据风控、生物识别、客户画像、人工智能、智能投顾等方面的深度合作，发挥各自优势提升银行产品研发及创新能力，增强客户服务水平，优化经营管理模式，推进银行业转型升级，利用双方优势携手构建"科技＋金融"的数字化智能银行新模式。表 1 汇总了 2017 年我国各大银行与互联网科技公司的合作情况，从中不难看出其合作热度和前景。

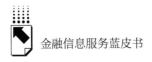

表 1　2017 年我国各银行与互联网金融公司合作情况

时间	银行名称	合作机构	合作内容	合作成果
2017 年 3 月	中国建设银行	阿里巴巴蚂蚁金服	蚂蚁金服协助建设银行推进信用卡线上开卡业务；双方将推进线下线上渠道业务合作、电子支付业务合作、打通信用体系。未来，双方还将实现二维码支付互认互扫、支付宝将支持建行手机银行 APP 支付	入驻支付宝，直接购买建行理财产品等
2017 年 6 月	中国农业银行	百度	主要围绕金融科技领域开展，包括共建金融大脑以及客户画像、精准营销、客户信用评价、风险监控、智能投顾、智能客服等方向的具体应用，并将围绕金融产品和渠道用户等领域展开全面合作	消费贷款产品"AB"贷
2017 年 6 月	中国工商银行	京东	双方将在金融科技、零售银行、消费金融、企业信贷、校园生态、资产管理、个人联名账户等领域展开全面深入的合作	(1)"工银小白"数字银行；(2)工银京东白条联名信用卡
2017 年 6 月	华夏银行	腾讯	在公有云平台、大数据智能精准营销、金融反欺诈实验室、人工智能云客服实验室等方面展开深入合作	星贝云链
2017 年 7 月	民生银行	小米科技	继续探索反欺诈实验室、金融业务上云、与理财通平台的全面合作，依托腾讯云搭建智能客服平台、推出专属信用卡和小微信贷等	小米金融贷款
2017 年 8 月	交通银行	苏宁控股苏宁金服	双方将在智慧金融、全融资业务、现金管理及账户服务、国际化和综合化合作等领域展开全面深入的合作	交行—苏宁智慧金融研究院
2017 年 9 月	中国银行	腾讯	挂牌成立"腾讯金融科技联合实验室"，重点基于云计算、大数据、区块链和人工智能等开展深度合作，共建普惠金融、云上金融、智能金融和科技金融	新一代网络金融事中风控系统
2017 年 9 月	光大银行	京东	双方的合作将从产品层面上升到场景和用户层面，进一步加强在大数据风控、用户画像、人工智能等方面的优势互补，拓展智能客服、智能投顾、消费金融等业务场景，通过数据和技术实现业务的深度连接	光大"白条"联名信用卡

资料来源：作者根据各银行网站和网络公开信息整理。

二　信息技术服务对银行发展的意义和作用

21世纪是知识经济时代，信息资源已经成为与材料和能源同样重要的战略资源，信息技术已经成为新的经济增长点，世界各国均将信息化建设作为自己的发展规划。我国也非常重视信息产业的发展和信息化对经济社会发展的巨大推动作用，确立了信息化带动工业化、工业化促进信息化的发展战略，先后出台多项规划和政策推动信息化的发展。党的十九大报告指出，要推动云联网、大数据、人工智能和实体经济深度融合。国务院和相关政府部门先后出台多项政策法规支持大数据、人工智能、云计算等金融科技的发展，仅2017年就有如下政策文件发布或举措推出：1月17日，工信部下发《大数据产业发展规划（2016～2020年）》，推动大数据产业持续健康发展；5月15日，中国人民银行成立金融科技委员会，强化监管科技应用实践；7月8日，国务院印发《新一代人工智能发展规划》，将人工智能提高到统一规划的战略层面；等等。信息技术与银行发展的深度融合正是信息技术对银行发展的巨大促进作用的必然要求和切实体现。

（一）增强信息对称性，有效识别客户

银行与客户之间存在的信息不对称，阻碍双方的有效沟通，较难识别对方的真正需求。客户为了自己的利益，会将有利于自己的信息提供给银行，并将不利于自己的信息进行隐瞒和掩饰，这样银行在识别客户时会因信息缺失而无法做出正确的选择；客户在有融资等业务需求时，也无法获知每家银行各项产品的功能和特点，无法获得最适合自己的服务。加强有效沟通可以促进银行更新自己的服务以及促进业务发展。

1. 增大客户群体

银行以往的获客和销售渠道主要依托实体网点，来网点办理业务的客户就是这个网点的基础客群，在营业厅内有人员主抓厅堂营销，厅堂销售人员通过与客户面对面的交流接触，为客户人为分层并适时引荐产品和服务，同

时维护客户关系。此外，外出拓展业务的营销团队，一般会将拓展的客户带到所属营业厅内办理业务，这种方式对物理网点的依赖性极强。随着科技的发展和网络覆盖区域的扩大，各家银行都具备远程办理业务的技术条件，移动运营技术的发展让银行逐步摆脱理网点的限制，许多线下的业务转为线上，并且银行还积极与第三方合作，拓展线上获客渠道。

利用科技手段搭建平台，批量线下获客。银行办理结算和理财等业务时，有移动运营资格的员工手持移动设备，便可以上门为客户办理开卡业务，同时为客户开通网上银行，这样客户无须到银行网点就可以办理除现金存取之外的大多数结算类业务，并可以让客户通过手机银行或者网上银行购买部分理财、基金等投资产品，银行的客户群体也不仅局限在网点周边。

银行信贷类业务，通过数据建立模型为客户评分，与客户签订电子协议后，再发放贷款，整个过程客户都不需要来银行网点。在这种模式下，银行可以通过网络平台进行产品宣传，有意向的客户通过扫描二维码等方式获得链接，客户输入相关信息并上传相关证件照片后由银行后台员工进行核实，同时结合系统评分给予客户额度，这样客户在选择银行的时候仅需要考虑产品和银行的可信度，物理地点的远近不再是客户考虑的主要因素。

2. 为客户画像，给客户分类

随着信息技术的发展，以支付宝为代表的众多网络平台在经营主营业务的同时也收集到用户的基础信息、交易行为信息、平台行为信息、社交行为信息、支付行为信息、征信等数据信息，通过分析这些数据可以准确地为每个人画像。比如每月的水电煤费用是否欠缴可以侧面反映一个人的信用情况是否良好，通过分析用户购买物品的种类可以知道一个人是否结婚以及消费水平如何等，当每个人都可以用数据来描述时，只要可以采集到足够多的数据，即使没有与这个人接触过，依然可以通过获知他的各种行为数据，对他有较客观的了解和评价。银行通过给客户画像可以更直观地了解客户，准确地对客户进行分层，从而开展营销工作并设计个性化的产品。同时，利用上述数据也可以帮助银行掌握借款客户的还款能力，判断客户还款意愿，提早发现风险并介入，进而降低信贷风险。

3. 分析客户数据，预测客户行为

银行分析客户数据，预测客户行为，主要应用于以下方面。（1）在产品推介方面，通过数据分析，可以得知客户近期所处阶段，然后适时推介产品。比如，发现近期客户新增较多的婴儿用品消费，可以判断客户家里可能增添人口，这时可以适时推介相关的保险、基金、实物黄金等产品。（2）在逾期催收方面，如果客户拖欠银行款项，但是通过数据得知客户近期有大额奢侈消费，比如购买高档红酒、旅游产品等，可以判定客户是故意拖欠，为银行下一步采取何种措施提供决策支持。（3）在维护客户方面，如果发现客户在理财或者定期存款到期后有转出至他行的情况，可以进行短信或电话推介。通过对客户行为进行预测可以做好应对方案，有效地挽留或者进行营销。

（二）促进银行产品研发和销售

大数据技术对银行产品研发工作具有促进作用。大数据技术增强了银行的市场调研能力和对调研结果的分析能力，促进了新产品开发设计，有助于进行风险评估与定价，既可优化产品，又能较好地进行绩效管理，可使产品落地并得到较好的应用。在传统零售银行业务中，往往以产品来定价，不同资质的客户购买相同的产品都是同一个价格，没有差异。随着大数据技术的发展和应用，银行可便捷、准确地获知客户多维度的信息，可以根据客户对银行的综合贡献度、信用情况、忠诚度等评分进行差别化定价，定价细化到个人。在这种情况下，银行可针对综合贡献度高且信用状况良好的客户降低贷款利率，或者向年均收入达到某个额度以上的老客户定向发行理财产品等，用来维护客户关系，提高优质客户的黏性；对于劣质客户，银行会通过提高定价等措施，收取额外利息以覆盖劣质客户带来的可能损失，这样做可以获得之前有可能被舍弃的长尾客户。在产品设计上，也可以根据个人喜好进行定制。

对于银行产品的销售工作，利用大数据技术进行分析并匹配相应的工具，可以提升销售效率。例如给客户经理配备 iPad 等设备，只要输入客户

身份证号码或卡号等客户身份的识别码，就可以获知客户的基础信息、历史交易、持有的产品，以及客户的喜好及重大事项提醒等，让客户经理对客户有更全面的了解，在销售产品时，可以结合智能投顾推荐的理财配置方案，更有针对性地增强客户的认可度和黏性。

（三）减少人工劳动

信息技术的应用对于银行减少人工劳动发挥了重要作用，主要体现在以下三个方面。（1）对于银行电话客服，运用人工智能语言与自然语言处理技术可以帮助客服人员快速解决客户问题，或者直接回答客户问题。（2）对于厅堂工作人员，随着自助设备、网上银行、手机银行的发展，厅堂引导机器人日渐普及，机器分担了大部分营业厅的工作。厅堂内的工作人员如理财经理和柜面柜员的工作量大幅下降，工作内容转变为理财产品销售和客户关系维护。（3）提升中后台人员工作效率，在科技力量参与后，工作效率不断提升。以零售信贷审批工作为例，之前客户申请一笔贷款的流程是客户先到网点申请，提供银行需要的一系列纸质证明文件，支行客户经理进行复印，然后将完整的授信申请资料送交分行信贷审批岗，信贷审批岗进行审批处理，然后再送交放款部门进行贷款发放，出于内控考虑，每个环节都有不同的部门和人员进行处理，一笔贷款从申请到发放至少需要一周的时间。而在移动数据技术的支持下，客户经理直接对客户的资料进行拍照，同步上传到后台进行审批，审批通过后系统自动发放贷款，最快仅需几个小时就可以完成一笔贷款的申请到放款工作。

（四）降低银行风险

应用信息技术可以有效降低银行业务风险和内部人员操作风险，而降低银行业务风险又贯穿于信贷工作和运营工作中。

1.降低业务风险

在信贷工作中，应用信息技术可以在以下方面有效降低银行业务风险。①传统的贷款监测多依赖专家的规则以及黑名单库等方法，当前的零售贷款笔数多、金额小，如果采用之前的监测方法成本较高，利用大数据对客户行为进行分析，结合机器学习的算法可以在无人工干预的情况下自动识别各事件之间的细微联系，自动建立相应的规则，从而高效识别每位客户的逾期概率，为贷前决策、贷后风控提供有效的数据，降低风险和监测成本。人工智能系统通过关联关系推理，挖掘识别企业与企业之间的集团关系、投资关系、担保关系，以及企业与个人间的任职关系、股权控制关系等，若某关系节点发生重大事件或暴露金融风险，可以对客户的授信额度进行风险预警，让银行在出险前提早采取退出策略，保护银行资产不受损害。②在动产抵押类业务中，如车辆抵押，客户将车辆的所有权抵押给银行，使用权还在客户手中，如果客户发生违约事件，又恶意不将车辆交给银行进行处置，银行将难以收回抵押物，随着GPS定位技术的应用，银行可在每辆抵押车辆上安装定位装置，实时监控抵押物位置，从而从技术上实现对抵押物的动态监测。③在仓单质押业务中，银行较难判断仓单的唯一性和仓单与存货的一致性。同一仓储物资，借款人可以向仓储保管单位多次申请反复开立多张仓单，可能到不同的银行进行抵押骗取贷款，一旦借款人逾期不还，多家银行的多笔贷款都无法完全获得对应仓单的质押物的处置补偿，将造成银行贷款资产损失。物联网的应用能够识别仓单与存货的匹配关系，实现仓单全生命周期可追溯，银行也能更放心地开展此项业务。

在运营工作中，客户的银行卡如果保管不当或被不法分子克隆，导致盗刷，法院会判定是由银行卡及相关系统存在安全漏洞与技术缺陷所导致，银行往往需要赔付客户被盗刷的资金。如果利用人脸识别、指纹认证等生物技术对发起转账、取现等交易的客户进行身份认证，能够进一步降低客户银行卡内资金被盗刷的可能，防范风险，避免银行资产损失。

2. 降低内部人员操作风险

以营业厅为例，20世纪90年代柜面采用手工记账的方式，每天营业结束后，用算盘翻打当天的传票进行金额汇总与核对，也经常会有记错账、账务不平的情况发生。对于存款类业务，金额的确认和假币的识别也主要是依赖人工。后来计算器的普及，提高了金额计算的准确性，点钞机的发明与应

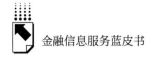
用，让柜面工作人员可以准确地清点钞票和识别假币，相对人工准确性有了较大幅度的提升。同时在银行中后台，随着计算机技术的发展，各类业务板块都构建了自己的运营系统，变纯手工操作为操作系统，在系统内设置相应的复核权限，将人工控制的流程变为由系统控制，强控业务操作的合规性。

三　银行业信息技术服务发展存在的问题和改进对策

时至今日，银行业信息技术服务已经取得很大的进步，在进步的同时也暴露出一些问题亟待解决。

第一，信息技术安全问题日益凸显，银行需要加强防护。

随着信息技术的发展，其在银行系统中的应用越来越广泛，银行对信息技术的依赖程度也越来越大，银行面临的信息技术风险也随之增加。随着银行业务的发展，信息系统的应用数量上升，系统结构趋向复杂，需要防护的对外出口等也在增多。同时，针对银行的各种攻击不断演变升级，对银行的信息安全构成较大的威胁。针对银行信息系统威胁主要有外部攻击和内部人员作案两种形式。在外部攻击中，近年银行外部网络案件频发，尤其 2017年 5 月 12 日开始爆发的 WannaCry（永恒之蓝）勒索蠕虫病毒、"影子经纪人"系列漏洞等使诸多行业受到影响，银行也没能幸免。还有一种情况，银行科技人员可能利用独特的便利条件，在银行系统内植入程序用来盗取银行或者客户资金，或者利用职务便利拷贝银行数据信息进行出售等，这些行为都会给银行带来不同程度的危害，而内部人员作案因为熟悉系统而有更加隐蔽的特征，等到被发现的时候往往已经有了严重的后果。

首先，银行需要加强基础设施和运行环境建设力度，使购置、使用以及维修工作都有章可循，定期检查设备运行环境、状况，保证系统正常、稳定运行。同时，定期检查系统运行日志等各种文件及网络配置，如有隐藏文件或者有参数被窜改的情况需要及时删除及修复；保证银行数据库信息的完整性、保密性和可用性，要做好网络加密工作，以保护网上传输的数据、文件、口令和控制信息的安全，还要完善网络入侵检测系统和网络防火墙技术，做好数据备份和灾难恢复准备工作。其次，银行要做好内控管理，操作、运维、开发等各岗位严格分离，严禁公开密码和混岗操作。最后，加强银行员工教育。（1）定期对员工开展警示教育，加强思想道德和法律观念意识，让员工自觉抵制诱惑。（2）定期对员工进行业务知识培训，提高员工技术水平和专业能力。

第二，信息技术促进银行组织结构变化，银行需要顺势而为，积极应对。

在信息技术和科技水平的推动下，银行的组织结构也会发生变化。目前我国银行业采用的是总行、分行、支行的模式，若完全实现互联网化和智能化，势必会改变现在的经营模式，许多业务可在线上完成，会导致业务出现分化。

很多业务将由智能柜员机完成。网点成为银行员工与客户交流沟通的主要场合，员工需要掌握业务知识、提升与人沟通的能力，做好客户维护和开发工作。未来银行的组织架构会更加扁平化，经营模式也会变为总行负责产品研发，支行进行产品销售和客户服务，分行的许多职能会逐步消失。在这种趋势下，银行网点的裁并、人员梳理及岗位配置都要进行规划，网点数量会有一定幅度的缩减，部分员工也要面临转型的选择。因此，银行要对员工开展教育和岗位再培训工作，以便员工可以适应新技术要求。

第三，银行业信息技术应用趋向复杂，导致监管难度加大，需要大力提高监管水平。

随着银行业对新技术的应用，以移动互联网、云计算、大数据、生物识别、区块链等为代表的新兴信息技术与银行原有业务逐步融合，产生新的业务，风险也逐渐加大。

（1）在互联网金融领域，互联网借贷因其方便、快捷、适用群体广泛被越来越多的人很多人的接受，在满足很多人资金需求的同时，也衍生出许多如"现金贷""套路贷""校园贷"等坑害借款人的不法产品，需要监管机构加强对新业务的关注度，及时制定监管措施。

（2）在大数据技术应用的过程中，很多人的行为数据都有可能被记录

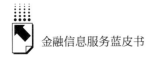

下来，这使大数据应用在不断发展的同时带来了安全问题，例如，数据隐私问题，这需要约束持有数据公司的数据使用范围，监管机构出台监管措施。

（3）区块链技术不断应用于银行业务中，监管部门会因为区块链分布式记账的原理而掌握更多的数据，从而实现有效监管。

监管部门要了解并掌握最新的技术，科学预判技术发展趋势及对银行业务发展的影响，这样才能更好地监管银行。同时，定期对银行产品进行审核，做好业务分解，还本溯源找到业务的本质，逐一分析风险点并积极制定监测的方法。最后对银行的工作进行指导，要让银行明确，任何新业务的开展都要遵循市场需求，顺应市场发展规律，不要为了创新而创新，同时要进行业务全流程的梳理，不能创新一块上线一块，盲目推进，要多考虑后续的管理工作和其他可能的影响。

第四，适应新技术的复合型人员短缺，银行需要做好人才引进和管理，加强人力资源培训。

人工智能的应用将不断替代原来的人工操作，但是现在的技术并不完善，完全依赖机器学习并不能有精确的结果，仍需要有人工的参与，因此需要将人工经验与系统模型相结合，然后经过数据清洗和验证进行反馈后进一步修正模型，从而推广应用。

因此，银行需要将业务人员与技术人员结合起来，将前端业务经验以及模型的使用情况反馈到科技端，从而对系统和模型进行修改和完善。同时，对前端业务人员进行培训，尽快使其掌握新的技术知识。只是目前懂科技会编程又掌握大数据技术的前端业务人员数量稀少，银行员工的思想理念仍需要进行转变。

第五，金融科技仍不成熟，银行需要强化基础设施配套。

目前大数据、云计算、移动互联、区块链以及人工智能等技术尚在发展阶段，技术并不成熟，还不能批量投入使用。举例而言，智能机器的应用非常有前景，但是受限于有些网点的通信问题以及昂贵的购置和维护费用，无法大面积应用。此外，配套设施不完善，也会使新技术的推广和应用遇到问题，这都导致新的技术推广受限。所以，金融科技的发展需要与之配套的基础设施，如移动通信等的发展作为前提条件，否则即使设计出产品也面临无法落地的困境。金融科技并不能孤立存在，未来还有很长的一段路要走。

参考文献

［1］占松：《信息时代的银行服务》，中国财政经济出版社，2001，第171～184页。

［2］赵海军：《我国金融信息资源建设及其管理制度改革的顶层设计》，厦门大学出版社，2014。

［3］阎庆民、谢翀达、骆絮飞：《银行业金融机构信息科技风险监管研究》，中国金融出版社，2013。

B.5
中国银行类服务应用 APP 发展分析

董旭　马韬　李子川　田杰*

摘　要：　移动互联网时代，信息技术的不断更迭促使传统的银行转型
　　　　　升级服务类型，不断调整以适应移动化发展趋势。银行类服
　　　　　务应用 APP 是银行服务转型的载体，将传统金融业务和新型
　　　　　金融信息资讯服务转向移动终端，目前已成为消费者消费和
　　　　　财富管理的重要平台。本文首先分析了中国银行类服务应用
　　　　　APP 的主要类型和功能，从手机银行、直销银行和信用卡银
　　　　　行的角度梳理了当前银行类服务 APP 的发展格局和使用情况，
　　　　　阐述了近年来市场上银行类服务应用 APP 的创新实践及其成效，
　　　　　最后指出我国银行类服务应用发展困境以及改进的对策。

关键词：　银行业　服务应用 APP　创新实践

　　金融信息服务发展离不开传统金融机构的参与。以银行业为例，传统上银行主要作为资金和信用中介，从事存贷款、收付、汇兑、结算等业务，获取息差和相应服务收入。在移动互联网时代，随着诸如蚂蚁金服等新型金融机构的加入，竞争加剧，传统银行收入渠道或收窄或利润水平下降，被迫加

---

* 董旭，易观分析群组总经理，主要负责并从事"互联网+"等多个细分领域的研究；马韬，易观总裁助理，资深金融分析师，主要负责互联网金融、传统金融机构（银行、证券、保险）互联网转型研究；李子川，易观金融团队负责人，资深分析师，主要负责并从事金融科技、网络保险、网络借贷、投资理财等多领域行业分析；田杰，易观金融分析师，负责金融科技创新、移动证券、信用服务等研究分析。

速向信息服务转型，既依靠信息服务导流，提升服务便捷性和吸引力，也可以发展新业务，获得新的收入增长渠道和形成新的业务形态。

2017 年，随着第三方支付、金融产品线上销售、互联网信贷、众筹四大互联网金融模式的飞速发展，传统银行业务的市场份额不断被挤占。金融科技的发展持续重塑银行业态。从 2017 年各银行的半年报来看，电子渠道替代率上升，客户对物理网点及人工服务的需求下降，财报显示，截至 2017 年 6 月末，工农中建四大行员工合计 160.40 万人，相比 2016 年末减少 2.57 万人。如果说网上银行的发展是对传统银行服务的替代，那么未来的电子银行，将是移动银行对网上银行和传统柜面服务的新一轮替代。如同网上银行发展初期对客户电脑和浏览器的渗透与占领一样，未来几年将是移动银行进入客户手机的黄金时期和关键阶段。因此，银行服务应用 APP 既是银行移动流量的入口，未来也将作为银行业务场景载体，更是提供信息服务的载体。在金融信息服务发展过程中，终端曾被认为是一种重要的服务形态。在移动互联网时代，APP 本质上是适应移动化发展趋势的专业性终端。因此，研究和观察银行类服务应用 APP 的发展，对于跟踪银行业面向信息服务转型升级，分析和把握金融信息发展趋势具有重要意义。

一　银行类服务应用 APP 概述

在移动互联网生活蓬勃发展的时代，银行在传统的零售业务价值链上受到了来自其他金融与非金融机构，尤其是大型互联网公司的挑战。基于已有客户的黏合度和客户忠诚度，进一步创造利润，大型互联网公司纷纷布局金融业务。在半开放的市场竞争状况下，服务形态也因此转型与升级。现阶段个人金融的服务业态已经将以往个人对机构服务的寻求，转变成机构服务寻求对个人需求场景的切入。2018 年场景为王，场景之争是金融科技的下一个主场。

对于银行来说，银行 APP 是切入财富管理和消费领域的重要渠道。各大银行也推出各式基于手机或平板设备的 APP，与实体银行完美契合。

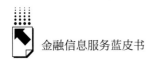

（一）移动金融用户需求特征分析

目前，移动电子商务成为人们购物消费最直接的选择，巨大的移动需求推动金融服务移动化。以移动支付、移动理财、P2P为代表的移动金融蓬勃发展，与人们移动生活的需求紧密相连，满足人们即时化、碎片化和小额化的金融服务需求。移动金融已成为互联网金融发展的新阶段，是互联网金融的发展方向和未来的主流服务模式。了解目前移动金融的发展，有助于银行业自身金融业务的移动化发展。移动金融的发展，较好地满足了以下方面的用户需求。这些客户同样是银行移动金融的重要客户。

1. 满足各种高端客户群体需求

这类客户经济实力强，对移动金融的需求多样，对投资、理财和信托等方面的金融服务具有强烈的需求。他们对金融服务的质量和金融产品的类型较为敏感，相比金融服务费用，更关注金融服务质量。移动金融成为高端客户较为青睐的一种服务模式，进而推进银行对金融服务进行全新的设计和重构，因为他们是银行营销的重点。

2. 年轻客户的需求

这类人以"90后"和"00后"为主，对新鲜事物接受比较快，追求创新体验，消费观念超前。但总体经济实力较弱，对于移动金融服务价格较为敏感。他们可能是将来的黄金客户，银行应加大对他们的营销力度，推出优惠的移动金融服务，扩大移动金融的覆盖面。

3. 本地金融服务需求

与生活息息相关的各类支付，均可通过移动金融服务的渠道完成。此类移动金融服务需求较稳定，有持续性，也是移动金融应积极争取的市场。如何实现居民水电等日常消费的全流程支付，对于移动金融而言，具有较大的市场空间。

（二）商业银行服务应用 APP 主要的应用场景

商业银行服务应用 APP 主要的应用场景包括五大类：类银行柜台服

务场景、缴费场景、理财场景、信用卡应用场景及贷款应用场景（见图 1）。

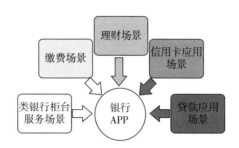

图 1　商业银行服务应用 APP 主要的应用场景

1. 类银行柜台服务场景

目前，多家银行在融合手机自身设计理念和操作习惯之后，推出了新一代的电子银行服务：手机银行 APP。用户只需将手机号与其银行账户进行绑定，就能让自己的手机成为一个掌上的银行柜台，7×24 小时全天候使用各项金融服务。其功能丰富且方便，以无卡取现为例，已开通转账支付功能的手机银行客户，只需登录手机银行完成无卡取现预约操作，即可于 24 小时内在该银行任意 ATM 机上输入手机号和预约号取出预约的现金，无须携带银行卡，操作简便，快捷安全。

2. 缴费场景

目前，大多数银行的手机 APP 不仅实现了缴纳手机通信费及日常生活中水、电、煤气费用等功能，还延伸到生活中的娱乐消费等其他方面。例如，利用升级后的手机客户端可以实现机票、酒店预订，彩票、电影票购买，以及交通罚款缴费等。相较于第三方支付平台的这些缴费功能，通过各银行的手机客户端完成这些操作时，因直接与银行卡绑定，避免了第三方支付平台绑定银行卡的风险问题而更加安全可靠。

3. 理财场景

在理财方面，通过手机银行可以购买理财产品，多家银行均有手机银行专属理财产品，银行 APP 中还推出了自己的货币基金实时提现业务。以光

大银行手机 APP 为例，它集合了本地生活服务、金融交易和在线互动三大特色。其银行 APP 通过对用户所在位置的城市进行定位，推送其身边的限时特惠活动，并推出手机银行在线理财师服务，在线值守的理财师为客户提供随时随地的在线咨询服务，旨在打造用户身边的理财专家形象，无限度贴近用户的使用环境。

4. 信用卡应用场景

对银行来说，信用卡为广大用户提供了方便、贴心的服务。而银行信用卡 APP 更是把用户的生活、消费和金融连接在一起。为了推广信用卡 APP，各银行也在不遗余力地推出优惠活动。以招行掌上银行为例，截至 2017 年 12 月，掌上生活 APP 活跃用户已经突破 2000 万，领域渗透率约为 10.78%，充分体现了移动互联网时代用户的选择。

5. 贷款应用场景

商业银行根据以往客户的交易数据，优化贷款流程，将贷款产品置于银行 APP 页面，客户可进行线上资料提交和申请，利率低，可随借随还。数据产生价值，企业或个人的交易数据直接影响贷款的额度和利率。这一方面增加了客户黏性，另一方面提升了客户体验。

（三）银行类服务应用 APP 发展现状

目前，APP 客户端对于银行最核心的价值起到一个基础数据收集的作用，为以后挖掘数据、客户服务做铺垫。同时，银行 APP 客户端在降低交易成本和增加中间业务收入方面的效果已经显现。很多银行的 APP 客户端里都有与第三方商户合作的插件，如话费充值、商旅服务等，这些提供了客户资源和用户访问量，商业银行除了可以收取一部分支付手续费外，还可以从商户那里获得一部分客户渠道拓展费用。

在移动金融时代，APP 客户端是银行的"新门户"。不同于传统的银行柜台，"新门户"的一端是日益崛起的年青一代的消费群体及其需求，另一端是越来越丰富的金融产品和生活服务。未来，APP 将是商业银行的一个"标配"。下面介绍一下部分银行 APP 的特色功能（见表1）。

表 1 部分银行 APP 特色功能

银行	特色功能
工商银行	手机银行转账汇款手续费按柜面折扣实行优惠。在享受手续费优惠折扣时,最高/最低限额 50 元/1 元同步降低。全景式理财服务:持仓区域、理财精选、基金推荐、投资资讯;语音智能搜索
农业银行	行内和跨行转账实时到账并暂免手续费。可通过手机号直接转账。可代缴电力费用,移动、联通和电信话费,部分地区自来水费和有线电视费用。提供了高收益率的手机银行渠道理财产品。与 12306 合作,可通过手机银行在线购买火车票。电子账户,可全网开放使用
中国银行	具备账单查询等基本功能,可以对信用卡的已出账单进行分期,还可以查询中行卡内的积分余额、到期日、兑换明细等,可直接在中国银行积分商城挑选兑换商品。可以帮家人或朋友充手机话费,能够帮助用户搜索全国各地中国银行优惠商户网点的信息。一站式投资服务、生活缴费等
交通银行	提供语音助手功能,可以实现语音控制。推出近场支付;手机拍摄二维码,实现资金收付;首家与中国银联合作推出音频 IC 卡,并利用手机 NFC 功能,实现标准 IC 卡非接圈存
招商银行	发卡进度和账单明细查询、信用卡开卡、跨行还款、手机充值、生活缴费、交通罚款、买彩票、天天 5 折看电影、在线选座购票、周三 5 折美食、5 折 K 歌、积分兑换、200 多家优惠商户、摩羯智投、收支记录、收益报告和生物识别等
光大银行	电子银行客户尊享专属高收益理财产品。跨行实时转账免费。只需输入对方手机号码即可实现向他人账户转账,支持本行与跨行转账。储蓄卡、信用卡多账户统一管理。二维码、人脸识别技术保障安全
中信"异度支付"	零手续费跨行实时转账。畅享高收益专属理财产品。可在特约商户优惠消费。随时随地进行手机缴费、购电影票、缴交通罚款。智能投顾、蓝牙 Key、人脸识别等
浦发"E 社区"	浦发银行各项金融理财产品和服务。提供俱乐部的加入、社区新闻、社区活动等功能。向用户提供周边浦发尊享、特惠商户,持卡前往立享每季 5 折优惠。向用户提供个人消费贷款、浦发特色信用卡邀约服务。浦发银行运用大数据、云计算、智能算法等技术,在浦发智能 APP 中正式推出智能投顾

二 银行类服务应用 APP 的主要类型和功能分析

在立足财富管理与消费的场景前提下,银行机构在移动端投放的 APP 产品主要有三种类型:手机银行、直销银行以及信用卡。它们在银行内的业务职责与边界如图 2 所示,彼此在银行业务边界内各行其职,又有所交叉。

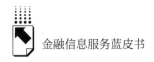

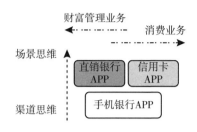

图 2　银行移动 APP 的产品服务边界

（一）银行类服务应用 APP 的主要类型

1. 手机银行 APP

手机银行 APP 是继网上银行之后，因移动通信技术迅猛发展而新出现的一种银行服务渠道，是网络银行服务的延伸，是发力最早、覆盖银行最多的银行移动产品。在具有网络银行全网互联和高速数据交换等优势的基础上，手机银行突出了移动通信随时随地可以使用的特性，使它成为一种更加便利、更具竞争性的服务方式。

目前，从国内各银行开展的手机银行 APP 服务来看，国内手机银行 APP 处于高速发展的阶段，在提供查询、转账、理财等基础金融服务的基础上增加了智能投顾、生物识别等金融科技应用。相比之下，存在巨大市场需求且能为银行带来收益的交易类服务，如移动购物、移动支付等却不多。除了银行自身的交易服务和应用功能尚待完善外，实现移动交易的技术难度大和市场发展涉及的层面多是制约其发展的关键所在。

2. 直销银行 APP

2015 年是我国直销银行爆发式增长的一年。大型国有银行、全国性股份制商业银行、城市商业银行以及农村商业银行陆续加入了直销银行大军，以期实现零售业务的转型和突破。截至 2017 年 8 月，国内应用独立直销银行 APP 服务模式的银行已达 105 家，但发展水平参差不齐。表 2 和表 3 根据直销银行新零售业务的特点，评估其在产品创新、运营能力、网络安全等方面的竞争优势，运用能够体现直销银行优势的五大维度，包括金融产品、用户体验、交易安全、增值服务和用户行为，对银行进行评估，并在这五大指标综合评估的基础上给出星级标识的结果。

　　直销银行 APP 是在移动产品层面，银行与互联网公司竞争最激烈的区域，支付宝、京东金融等大型互联网公司对理财业务介入较早。不同于国外直销银行，国内直销银行 APP 从诞生开始就专注于财富管理，集合行外的机构发行包括基金、理财产品甚至贵金属等。

表 2　直销银行 APP 综合评级（五星级）

所属银行	直销银行 APP
民生银行	民生银行直销银行
上海银行	上行快线
江苏银行	江苏银行直销银行
宁波银行	宁波银行直销银行
恒丰银行	一贯
徽商银行	徽常有财
江西银行	金 e 融

表 3　直销银行 APP 综合评级（四星级）

所属银行	直销银行 APP
紫金银行	紫金银行直销银行
晋城银行	小草银行
珠海华润银行	华润银行直销银行
广州银行	广州银行直销银行
南京银行	你好银行
浙商银行	浙 + 银行
中国工商银行	工银直销银行

3. 信用卡 APP

　　信用卡 APP 是近年来多数银行重点发力的新业务板块。近年来，互联网公司从理财场景的介入，发展到进入消费金融借贷领域，互联网公司对此类产品的追逐对银行互联网战略的威胁远高于理财业务。因为在场景化消费与营销的阶段，电商型互联网公司有着巨大的客户群体，离用户更近，更方

便管理。因此，银行对信用卡 APP 的构建不应停留在产品层面，核心应是移动消费金融生态的构建以及消费场景的切入，如各类商城、餐饮、电影的消费等。

（二）银行类服务应用 APP 功能分析

从市场监测来看，银行类服务应用 APP 主要呈现三种业态，手机银行 APP 稳健发展、信用卡 APP 不断攀升以及直销银行 APP 竞争态势严峻。

1. 手机银行 APP

手机银行 APP 在银行互联网化道路上的地位毋庸置疑，现阶段银行系产品中覆盖量居前列的都是手机银行产品。工、农、中、建、交五大国有银行在践行移动互联网战略初期，有着用户量大的天然优势，这一优势成为自然增长惯性一直在延续。因此，手机银行的建设原则与全行的获客战略高度相关。银行业内指标普遍为手机银行替代率，以衡量基础业务在这个渠道的迁移程度。在此基础上，各银行也尝试突破，尤其在热门的金融科技领域，以求树立品牌效应，如招商银行的智能投顾——摩羯理财。

2. 信用卡 APP

信用卡 APP 表现活跃，远超其他类别的产品。尤其是股份制商业银行，如招行、交行和浦发等，不断在产品运营领域进行新的突破与尝试。信用卡 APP 在未来会面临来自行业外部的巨大挑战：互联网消费金融产品，尤其是电商互联网公司在具备丰富消费场景的同时，也有着庞大的产品和运营资源快速贴近大量用户。因此，银行会聚焦于消费生态的构建，比如业务场景的切入，持开放的心态服务非本行客户等。

3. 直销银行 APP

直销银行 APP 目前仍然属于小众市场，覆盖面较小，活跃度相对低。但由于激励机制，如投资收益的存在，直销银行的用户黏性好于其他银行类产品。直销银行最大的问题来自银行内部。主要表现在一方面业务定位不清：国内直销银行的定位一直较模糊。理论上其应该向互联网获客，减少运营成本，但实则受限于业务类型与推广不力，直销银行至今以分享行内客户资源为主，因此导致其诞生伊始就让行内高层持谨慎观望态度；另一方面，产品功能重合：直销银行与手机银行的核心理财功能重叠，如何界定两者之间的差别？尤其是直销银行只能使用监管层规定的 Ⅱ 类账户，其产品功能、资金流通均弱于手机银行。

三　2017 年银行类服务应用 APP 的市场格局和使用情况分析

2017 年，银行服务应用活跃用户持续增多。一方面，商业银行在手机银行、直销银行等电子渠道开放 Ⅱ 类、Ⅲ 类电子账户注册功能，以拓展客户；另一方面，商业银行通过丰富应用场景，推出二维码支付、智能投顾等产品，开展新开户有礼、交易促销等形式多样的营销活动，进行获客及黏客。2017 年 12 月，银行服务应用行业活跃用户达 21394.7 万户，环比增长 1.68%。

（一）2017 年手机银行类 APP 分析

1. 2017 年手机银行类 APP 活跃用户分析

商业银行近年来不断加大对网络金融的投入力度，手机银行已不再是单纯的服务渠道，而成为商业银行最重要的线上流量入口和金融场景聚合中心。商业银行基于庞大的用户基数以及近年来对移动互联网战略的高度重视，其线下用户的转化率不断提升。各大商业银行转账费率优惠政策的推出，也进一步促进了其手机银行类 APP 活跃度的提升（见表 4）。

表 4　2017 年手机银行类 APP 活跃用户 TOP 20

排名	应用名称	活跃用户（万户）	日活跃用户（万户）	领域渗透率（%）
1	中国工商银行	4277.99	606.22	20.00
2	中国建设银行	4252.33	449.33	19.88
3	农行掌上银行	2581.36	223.42	12.07
4	招商银行	2290.21	363.28	10.70

排名	应用名称	活跃用户（万户）	日活跃用户（万户）	领域渗透率（%）
5	平安口袋银行	1413.70	52.52	6.61
6	中国银行手机银行	1213.06	128.21	5.67
7	邮储银行	1028.30	93.22	4.81
8	交通银行	899.95	106.68	4.21
9	浦发手机银行	504.69	38.34	2.36
10	民生银行手机银行	503.34	70.17	2.35
11	兴业银行	410.28	38.38	1.92
12	网商银行	325.37	43.57	1.52
13	中信银行手机银行	313.31	28.99	1.46
14	光大银行手机银行	244.14	24.66	1.14
15	江苏农信	183.36	15.12	0.86
16	广发手机银行	182.15	17.23	0.85
17	微众银行	133.78	30.15	0.63
18	福建农村信用社手机银行	120.98	12.70	0.57
19	深圳农村商业银行	116.70	15.06	0.55
20	华夏银行	115.31	9.09	0.54

资料来源：易观数据库 2017 年 12 月数据。

另外，金融类 APP 支付宝的月活跃用户为 29472.7 万户，同花顺的月活跃用户为 2468.3 万户，大智慧 APP 的月活跃用户为 1015.9 万户，位居金融类非银行 APP 的前三名。

大型银行凭借庞大的用户基础、丰富的服务及营销活动，APP 活跃用户位居行业前列。2017 年 12 月，中国工商银行、中国建设银行、中国农业银行掌上银行分别以 4277.99 万户、4252.33 万户、2581.36 万户的活跃用户位列前三。

全国性股份制银行中的招商银行、平安口袋银行活跃用户增长较快。2017 年，平安口袋银行整合了原平安口袋银行 APP、橙子银行 APP 及平安信用卡 APP 三大 APP，客户迁移、功能整合已经取得明显成效，带动用户量持续增长，2017 年 12 月活跃用户已达 1413.7 万户。

城市商业银行及农信社/农商行由于地域限制、产品及体验还有待提升等因素影响，手机银行活跃用户都在 200 万户以下。

在金融类应用中，用户的金融行为更多地与场景相结合，如对场景的需求较为频繁，相应会提升 APP 的活跃度。以支付宝为例，支付宝已完成了由早期支付工具向场景金融中心蜕变的过程，整合嵌入支付、理财、股票行情等众多与金融、生活相关的场景，大多数用户通过支付宝即可一站式满足自身金融服务需求，因此用户规模与活跃度表现不俗。

2. 2017 年手机银行 APP 黏性分析

在银行服务应用 APP 中，我们选取了活跃度较高的前 20 家银行进行黏性分析。其中，农行掌上银行的人均单日启动次数最多，平安口袋银行的人均单日使用时长最长，两家银行的 APP 黏性较高，说明其在某些细分领域有着较深入的挖掘（见图 3）。

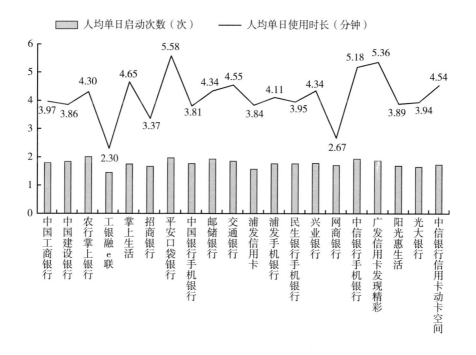

图 3　2017 年手机银行 APP 黏性指标分析

（二）2017年直销银行类 APP 分析

2017 年，直销银行活跃用户整体小幅上涨。活跃用户规模可在一定程度上反映出不同类型银行对直销银行的定位，以及特色化的发展战略。直销银行作为银行数字化转型的重要手段，主要依托 II、III 类电子账户开展业务，消除获客壁垒，同时，可与互联网平台及垂直行业进行场景化融合，实现业务的规模化发展，因此，直销银行已成为近年来商业银行重点关注的领域之一。表 5 显示了活跃用户排名前 20 家直销银行（见表 5）。

表 5　2017 年直销银行类 APP 活跃用户 TOP 20

排名	APP 名称	月度活跃用户规模（万户）	活跃用户环比增长（%）
1	一贯	31.7	− 10.71
2	工行直销银行	21.3	− 8.74
3	宁波银行直销银行	14.9	− 16.37
4	杭银直销	11.9	14.37
5	江苏银行直销银行	10.7	—
6	增金宝（浙 + 银行）	10.6	13.91
7	民生直销银行	10.0	− 19.00
8	昆仑直销银行	9.5	5.61
9	小草银行	6.5	60.68
10	芒果银行	6.4	− 18.25
11	你好银行	6.4	− 5.67
12	徽常有财	5.6	4.08
13	上行快线	4.7	53.05
14	阳光银行	4.0	37.05
15	金 e 融	3.0	14.68
16	华润直销银行	2.3	30.99
17	紫金银行直销银行	2.3	− 10.77
18	新丝路 Bank	2.2	5.23
19	燕子银行	1.9	− 18.36
20	广发有米直销银行	1.7	− 19.57

大型银行直销银行采用市场追随策略，维护存量及现有用户，并逐步向非本行用户开放，以金融产品为主，较少覆盖生活服务。工商银行直销银行

2017 年 12 月活跃用户为 21.3 万户，相比其他直销银行活跃用户占优，但其活跃用户环比有所降低。

全国性股份制银行以直销银行为切入口，积极寻求业务拓展和区域扩张，拓展行外客户，产品品类较为齐全。恒丰银行"一贯"活跃用户达31.7 万户，居直销银行首位，增金宝（浙＋银行）、民生直销银行活跃用户也相对较多，分别为 10.6 万户、10.0 万户。

城商行/农商行直销银行允许行内用户转化，以覆盖现有区域为主，满足本地用户金融生活需求。城商行直销银行活跃用户多数在 10 万户以下，少数直销银行如宁波银行直销银行、杭银直销、江苏直销银行活跃用户相对较多，在 10 万户以上。杭银直销通过做大做深杭州、南京等地区银校、银政等跨界合作，加强客户引流，实现客户转化。农商行中的江苏紫金农商银行从顶层架构到部门合作机制围绕"大零售"理念打造直销银行，突出直销银行线上全方位服务已有和新增客户的定位。

（三）2017 年银行信用卡类 APP 分析

2017 年，银行信用卡 APP 活跃用户呈现稳步增长的态势（见表 6）。信用卡 APP 已成为银行构建移动消费金融战略的重要一环，银行信用卡普遍注重精细化运营，不断拓展消费场景，进行产品及服务、营销模式创新，通过金融科技应用提升用户体验。

表 6　2017 年直销银行类 APP 活跃用户 TOP 15

排名	APP 名称	月活跃度规模（万户）	活跃用户环比增长（％）
1	掌上生活	2306.40	3.20
2	买单吧	1114.10	9.12
3	浦发信用卡	526.60	5.11
4	广发信用卡发现精彩	291.80	5.42
5	阳光惠生活	251.50	8.26
6	中信银行信用卡动卡空间	197.00	2.50
7	民生信用卡	29.60	－ 8.04

排名	APP 名称	月活跃度规模（万户）	活跃用户环比增长（%）
8	浙商信用卡	21.87	12.84
9	华夏信用卡管家	21.72	5.08
10	农业银行信用卡管家	15.32	11.15
11	广银信用卡	14.82	−6.79
12	农业银行信用卡办卡	14.30	−16.60
13	建设银行信用卡管家	13.63	−18.99
14	农业银行信用卡优惠	4.58	−9.96
15	邮储银行信用卡优惠	4.49	−10.80

2017 年 12 月掌上生活用户量远超其他信用卡 APP，活跃用户达 2306.4 万户，买单吧、浦发信用卡分别以 1114.1 万户、526.6 万户的活跃用户位列第二、第三位。银行信用卡 APP 的前三名领先其他银行的幅度较大。其中，招行"掌上生活" APP 绑定用户数已达 4500 万户，2017 年，掌上生活 APP 6.0 全新发布，以金融科技为"核动力"，连接持卡人生活、消费、金融，致力于打造"第一消费金融 APP"，效果显著。2017 年，浦发信用卡通过构建多元化消费场景，提升客户用卡黏性，同时在客户服务策略上，针对已成消费主流的年轻群体，联合外部合作伙伴推出多种联名卡，以获取更多年轻用户。浦发信用卡的官方 APP 浦大喜奔，依托金融科技，不断探索金融服务创新，陆续推出指纹登录、刷脸绑卡、功能菜单智能排序等，极大地提升了金融服务体验。在浦发信用卡产品与服务理念转变的影响下，浦发信用卡用户服务体验有了较大改善，2017 年 12 月活跃用户已突破 500 万户。

四 银行类服务应用 APP 创新实践及成效分析

（一）深耕场景，银行 APP 实现智能化升级

1. 创新趋势

在金融科技大潮下，银行 APP 等服务应用需进行智能化转型升级，打

造智慧型"大脑"。商业银行需要利用客户画像实现对客户的完全洞悉，了解客户的风险偏好、财富管理需求等，进而提供量身定制的差异化产品及个性化服务。同时，在服务过程中，利用实时风险预警和反欺诈软件，保护客户资金安全。对客户需求进行智能分析的实时感知和响应能力，即是银行在未来应该具有的"智能化"能力，也将成为数字化时代银行的核心竞争力，是其进行智能化转型升级的主要方向。

2. 创新案例分析——招商银行智能化、融合服务和金融自场景

2017 年 11 月，招商银行 APP 6.0 正式上线，与其他手机银行 APP 不同的是，招商银行 APP 不仅是 ATM 手机版，而且附加了大数据和人工智能服务，主要体现在以下几方面。

- 加入人脸识别、指纹识别、语音识别等生物科技。
- 可以识别客户及其大致的需求。APP 打开时，能有针对性地给客户呈现不同的产品，并提供售前资讯。
- 打通线上客户与线下客户经理联系通道，人和机器、人和网点融合。
- 增加转账、查询、交易以外的功能，包括基金、保险、黄金等标的的理财产品销售、管理建议功能，即瞄准财富管理的智能投顾入口——摩羯智投。

下面重点分析招行的智能投顾，一般来说，智能投资的运作过程包括下列几个方面。

- 将用户的投资想法与数据库进行匹配，在数据库包含的投资标的中进行筛选，选出与用户预期相符的标的。
- 以量化金融的方法选择中期和短期表现较好的标的，进行资产组合配置。
- 得到这些组合后，投资过程中系统每天再对组合从市场、行业、组合、用户等层面进行监测，出现变动时给用户提出风险警示。

在这个过程中，摩羯智投的模型体系包括三个部分：蒙特卡洛模拟模型、决策树模型及有监督及无监督学习算法组成的风险监测模型。

- 蒙特卡洛（Monte Carlo）算法一般是指，利用随机抽样的方法，获得

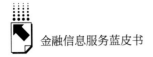

一些随机系统的统计量或者参数。在金融领域的应用中，可以通过 Monte Carlo 来模拟多条标的资产的价格走势，求出估计资产价格的模拟值。

● 行为动量决策树，简单来说就是一个 if else 的分支树，是在优化过程中把以前梯度也考虑到此次的变量更新中。

● 机器学习算法则用于跟踪用户的理财行为。

这些模型是较为常用的模型，差别在于数据和时间：数据包括两类——资产数据和客户数据。该模型必须经过验证矫正和训练，需要一定时间。

3. 创新成效分析

截至 2017 年 10 月，摩羯智投累计销售额突破 80 亿元。招商银行 APP 中的摩羯智投是单点智能应用扩展到前后台、全业务生命周期的智能化运作典范，这意味着，这个产品的内涵已经发生了很大的变化，即从原来银行的工具变成平台，打造全平台智能。

首先，微服务架构不仅能够实现大规模开发、高并发性能，而且保持了客户的交互黏性等天然优势，保有巨大的流量。

其次，在这个平台上，从基本银行业务交易功能，到商城——生活、内容产生——社群用户反馈，招商银行能够获取用户更为完整的数据，从而打造更个性化的产品制造能力、产品推荐销售能力，维护一个更加强大、稳定环流的平台和生态，将金融服务渗透到用户的生活、习惯中，从现金流管理、记账、消费到财富管理。

除此之外，"网点 + APP + 场景"的泛场景经营，可以通过支付服务，开展异业合作，构建包括智慧校园、智慧社区等细分场景。

（二）提升银行 APP 的安全等级

目前，银行 APP 的安全性依然是商业银行应该着重考虑的。下文以浦发银行 APP 为例，着重分析银行 APP 应该从哪些角度提升安全级别。

1. 全面打造智能风控系统

针对互联网时代交易风险碎片化的特点，浦发银行发布的一款智能 APP 运用多项数字技术打造智能风控体系。在提供产品的同时，同步内嵌风控，打造 7×24 小时反欺诈系统。浦发银行反欺诈系统能够从多维度对用户的异常交易行为进行科学诊断和处理，涵盖线上线下交易，嵌入各类金融应用场景，实现对高风险交易的实时拦截。浦发银行的智能风控系统全面升级之后，不局限于传统数据层面的黑名单和规则，而是形成了一套数字化模型，将用户单笔交易行为与海量历史数据进行融合适配，通过对用户交易行为特征的精细刻画，来甄别每笔交易的风险，并能够基于机器自学习技术，不断自我优化迭代出完善的模型，从而持续提升对线上线下交易的风险识别率，实时阻断风险交易。

2. 移动通信科技创新数字化安全工具，守护资金交易安全

浦发银行采用"云语音 & 手机 SIM 盾"数字金融安全工具，提升安全等级。"云语音"产品运用中国移动语音线路话务流向控制技术，提供动态密码自动语音外呼服务，可根据用户交易场景、交易安全等级等条件自动触发，利用 IVR 电话自动外呼的方式与用户实时确认动态校验要素，并应用防转接技术确保接听者为用户本人，规避动态交易密码短信可能被病毒、木马劫持等典型交易风险；"手机 SIM 盾"采用硬加密技术，将金融安全数字证书植入中国移动 NFC - SIM 卡中，进一步提升交易安全等级。同时，实现手机 SIM 卡与移动终端一体化，也使用户携带和使用更加便捷。

3. 全面铺设网络防火墙，构筑数字金融安全防线

在系统方面，浦发智能 APP 建立了多极保护机制，通过多重异构防火墙强制过滤网络访问，防范恶意访问行为，对业务运行和认证安全区域进行合理隔离划分，防止非法入侵和黑客攻击。在网络传输方面，浦发智能 APP 对用户终端与银行服务器之间所有数据传输做加密处理，设置了严格的登录失败锁定控制及通信超时退出控制机制，并就登录及资金划转采用同业中较强的多重身份引子交叉认证机制，比如在转账的过程中，浦发智能 APP 不仅要求用户校验登录密码、交易密码、动态密码，还会根据交易的金额、用户的基站和位置数据等信息，采用人像刷脸、"云语音"外呼等多重方式进行交叉验证。

正是应用了这一系列数字化技术，浦发智能 APP 从源头上构筑了用户

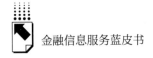

交易风险防控安全网，并贯穿于用户的每一个交易场景，不仅保证了一系列智能创新金融服务的开展，也为用户的信息和资金安全构建了坚实的防护堡垒。

（三）客户至上，银行 APP 应注重客户体验

在产品升级方面，很多银行在考虑安全性和智能银行的基础上，更加重视提升客户体验。例如，南京银行"你好银行"APP 全新改版，以提升消费者的用户体验。

1. 界面注重视觉效果

改版后的 UI 针对界面做了较大变动，不仅注重实用功能，也注重视觉展示。新 UI 底色为白色，图案及字体多用蓝紫色调；细节上更贴近年轻用户的心理需求，如注册页面实名认证过程极大简化界面文字，提示采用浅显易懂的卡通图片，增加趣味性；资讯采用图文方式，清爽而不单调。富有时代气息的设计易于被移动互联网用户接受。

2. 界面操作简单节省时间

新 UI 界面追求扁平化设计，整体呈现极简风格。多使用半弹框，减少操作选项避免烦琐步骤，合并旧版部分板块实现快捷使用，有效提高使用效率。如登录后首页底栏设置"首页、产品、发现、我的"四大板块，层次清晰，功能明了，一键点击进入所需模块，畅享查询、投资、贷款等多项金融服务；对比旧版，使用线上个人信用消费贷款产品"你好 e 贷"极大简化流程，删除预评估界面，直奔主题省时省心；融合旧版"我的"功能与"账户"设置功能为"我的"功能，简化系统菜单展示，有效节省操作时间。

3. 版面设计突出实用功能

实用是 UI 设计的核心。优化之后的 UI 大大加强实用功能以及交互性：首页"快速导航菜单"的添加，让客户畅享更多服务；产品显示页面新增"新客专项""已抢光啦"等温馨提示，一目了然；产品分类新增产品筛选功能，便于客户快速查找适合自己的产品；产品购买界面增加充值功能，可

直接跳转充值，交易不中断；首页新增产品推荐栏目，第一时间查看最新网红爆款产品……整体功能设计简约而不简单。

五　银行类服务应用 APP 发展困境及建议

在移动互联网的推进中，银行 APP 作为一个重要的流量入口，发挥着举足轻重的作用。APP 应用能够稳定、安全地满足客户的需求是应用设计最理想化的目标。然而，现实情况是各银行 APP 难以满足日益碎片化的用户行为，并且安全性也难保证。

（一）银行服务应用 APP 发展困境

1. 银行 APP 客户端存在较大的安全风险

（1）APP 客户端的风险

与 PC 银行端的安全性相比，手机银行客户端的安全性就显得较为脆弱，其安全性风险主要是用户账号和密码泄露。常见的窃取用户账户和密码的手段有：通过"钓鱼"网站直接获取手机银行账号、密码乃至支付口令，通过仿冒手机银行 APP、植入手机木马病毒、恶意输入法等窃取用户密码和操作记录，通过网络窃听传输的账户密码等交易信息。目前，网上银行通常采用 U－Key 等硬件来进行关键操作的身份鉴别，能较为有效地防御盗号木马或者"钓鱼"网站的侵袭。但使用最普遍的手机银行 APP 无法采用 U－Key 硬件的方式，而是采用动态口令进行安全身份鉴别。由于固有的缺陷，动态口令只在短暂的时间内有效，很可能被"钓鱼"网站利用，并让不法分子有机可乘。

（2）APP 身份鉴别的风险

由于手机号码是手机银行的最关键身份鉴别因素，与手机银行绑定的手机号码就显得非常重要。然而，目前很多银行未对手机号码的持有人身份进行有效鉴别，给不法分子利用该漏洞作案提供了方便。另外，一些移动通信运营商网点在给客户办理手机业务时对身份鉴别不严格，导致手机 SIM 卡

被人使用假冒身份证恶意停机补卡等现象时有发生。

2. 银行管理机制不利于银行 APP 产品创新

（1）职能负责制无法满足产品多样化的需求

目前，多数银行的 APP 都是以传统发展机制发展产品线，没有建立起以产品为核心的业务管理机制。这就意味着，单产品运作只需要向本部门负责人负责即可，一个 APP 对应发展的各个职能，如研发、运营、市场分开运作。单个产品无法满足市场需求，需要多款产品同期运营时，矛盾就会凸显，职能负责制无法实现多应用间的协调管理。APP 的管理权被分化，研发、运营、市场各司其职，为了职能合规化尽职尽责，却很难为产品负责。

（2）产品功能迭代需要部门间的合作

在这种情况下，人员的混编、业务职能的重合，会极大地降低业务发展效率，让各产品发展失衡，最后的结果是，最早出来的应用，因为与组织结构捆绑较紧，更适应这种单产品管理模型，自然也会有更大的资源支持。新的创新应用，即便在垂直领域甚至活跃占比层面获得了发展机会，也会处于发展的劣势，这种创新在机制上毫无公平可言，也就没有真正向战略方向培育发展的意义，从根本上来说是不合理的。

从属服务关系：岗位→职能→产品→业务→需求，而产品是串联起这条发展链条的最核心的纽带。

在互联网应用角度从来不存在"研发后移交"这种实战方法，从研发到市场再到运营，每个应用正式上线后都应该是一整套独立的管理运营体系，共同为独立的应用发展战略负责，直到战略宣告失败才可能被重组进行新的产品线研发，而目前多数银行甚至没有区分"运营"与"客服"的概念，只研发不运营，那产品规划就只是停留在"工具思维"上。

任何产品应用都需要经过长期的发展，在成长中收获发展的果实，而人员才能实现职业认同与进步，随着对产品的情感投入增强，才会实现业务独立，开拓新的利润空间。

（3）以用户和产品为核心的机制才是有效机制

有些银行现阶段已经有多款主力 APP 产品，产品可能由"电子银行"

及"信用卡"等不同部门管理，类似于一个部门负责一个产品，产品管理相对独立，各自负责。然而弊端在于主管部门不同，业务倾向也不同，线上业务规划、流量互通、资源整合等没有统筹，竞争力不强。

银行在零售领域很难采用"类事业部"的应用管理机制，能够挖掘用户价值，促进产品快速增长，创造更多内部创业和成长空间的"类事业群"的管理机制因此也很难建立。

（二）银行服务应用 APP 发展建议

1. 商业银行应转变思路，真正做到以客户为中心

金融科技在本质上是一种工具，银行要想在金融科技大潮中立于不败之地，首先要做的是转变思路，真正做到以客户（或用户）为中心，围绕客户需求设计服务流程。可以通过研究客户、了解客户，找到金融服务应用的生活场景，通过金融科技切入场景获客，并通过提供优质服务留住客户。

（1）了解客户——问卷调研：用户习惯在不停发生变化，及时地了解客户对现有服务的反馈和潜在需求是银行找准痛点的第一步。有多种形式可以增加与客户的互动、加深了解，比如在银行公众号评论区进行回复。问卷调研是最全面有效的一种方式，可以在线上微信或线下网点以传单形式发起。

（2）找准痛点——数据分析：将问卷的信息进行汇总并分析，并与以往资料进行对比，用数据结果倒推产生的原因，可以很容易地得到用户偏好和需求变化。客户想要的而银行做不到的，就是银行在用户体验这块做得不到位的点，就是痛点。

（3）制定战略——研究调研：在借助用户力量的基础上，银行也要依托自身数据库所积累的大量数据和网络公开信息，做好银行的目标用户研究：支付偏好、理财产品选择、移动用户画像等。从而可以及时制定适宜本行提升用户体验的策略，如建立一站式金融平台。

（4）精准实施——解决问题：通过用户调研、内部研究和数据分析，根据宏观战略，分部门、分客户群地实施。如为年青一代的互联网原住民提供低额度、低风险、低收益、操作简单的理财服务。通过精准营销大大提升

银行的工作效率。

2. 通过创新，提升客户体验

客户体验的满意度决定了产品的市场份额和市场地位，一款成功的产品不仅要在基本功能方面满足客户的需求，还要利用产品细节打动人心。

一款优秀的产品设计，能满足用户的需求并超出用户的需求，为用户提供意外的惊喜。对于银行 APP 来说，创新是一个循序渐进和反复迭代的过程，要根据客户反馈情况做出相应的调整和修改，不断升级产品，持续提升客户体验。

从设计人员和客户的角度来说，银行 APP 还是要基于产品和功能，将基本的金融服务做到精细化，切实提升客户体验，才能有客户和流量注入。但现实的情况是，目前银行类 APP 多数将注意力放在产品实用功能的开发上，堆砌各种令人眼花缭乱的功能，而不考虑客户体验，以及客户的关注点。

作为银行 APP 设计人员在设计银行 APP 产品时需要谨记以下事项。

（1）操作流程清晰简单：让用户流畅地使用 APP，操作顺畅，达成目标，帮助客户全神贯注，在最短时间内完成任务而不被其他因素干扰。

（2）视觉设计界面风格要协调一致，让用户有一个整体的感觉，避免出现让用户眼花缭乱的大量信息，从而提升交互效率。

（3）引入情感体验：情感体验是用户在操作互联网产品过程中感受到的人性化的关怀和互动，以此为基础进行互联网产品界面设计，能够引发产品与用户之间的情感共鸣。

银行 APP 的界面设计，首先，要给客户一种安全感和信任感；其次，要紧贴市场，考虑客户使用的各个场景，深入了解客户的真实需求；最后，在操作层面专注极致、不断试错，在情感层面换位思考、融合场景，在产品使用测试中积累知识，使整个客户体验融合到产品设计、运营和营销的整个流程中去。

3. 加强安全保障

调研数据显示，58.5% 的受访用户认为，安全性是选择银行 APP 考虑的核心要素。因此，解除客户对产品安全性的后顾之忧是各银行开发 APP 的重中之重。

（1）增强客户的安全意识。虽然银行 APP 业务技术安全不可能做到无任何风险，但并非不堪一击。究其原因，客户的疑虑源于对银行 APP 技术的不了解。所以在推广 APP 产品时，可以提供一个模拟的操作平台，同时通过网点、网站和媒体等途径向客户普及金融安全知识。例如，从正规渠道下载银行客户端，不向他人透露账户信息、个人身份识别信息；遇到手机、银行卡丢失时如何使资金不受损失等。只要对 APP 业务讲解到位，提高客户的安全意识，一方面可以打消客户的安全顾虑，另一方面可以提高安全性。

（2）完善自身安全技术。商业银行应不断更新银行 APP 的安全防护措施，除动态密码校验、登录密码保护、限额控制外，还应完善以下几项技术：一是 SSL 安全传输。它能有效保证通信链路上的安全性，防破译、防篡改等，应对传输数据进行高度加密，确保数据安全；二是超时自动退出。客户登录后，超过 5 分钟未操作，可强制退出；三是自动清除信息。客户退出 APP 后，账户、密码等重要信息自动清除，避免信息泄露。四是 T + 0 实时交易监控。建立一个客户习惯特征数据库和欺诈行为特征模型，灵活配置监控策略，实时筛选可疑交易，区分低、中、高风险，低风险自动放行，对中、高风险进行事中控制，可通过追加短信或电话向客户进行确认，阻断确认为风险的交易，防止欺诈行为发生。

六　银行类服务应用 APP 发展前景展望

金融和科技的结合，已成为银行业发展的方向。在金融科技大潮下，银行 APP 需进行智能化转型升级，打造智慧型"大脑"。利用客户画像实现对客户的完全洞悉，了解客户的风险偏好、财富管理需求等，进而提供量身定制的差异化产品及个性化服务。同时，在服务过程中，利用实时风险预警和反欺诈系统，保护客户资金安全。这些对客户需求进行智能分析的实时感知

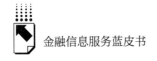

和响应能力，既是银行在未来应该具有的"智能化"能力，也将成为数字化时代银行发展的核心竞争力，是其进行智能化转型升级的主要方向。

（一）利用金融科技打造移动金融圈

科技转型的任务大致有三项。

（1）金融科技基础设施建设：AI、大数据、敏捷开发的设施等。

（2）构建新的生态体系：线上支付基本上被微信和支付宝垄断。银行作为支付链条中的一个角色，如何重新定位自己，是下一步要解决的问题。

（3）转变获客、客户体验、风险管理、运营、组织架构等经营管理的方式。

随着目前智能投顾应用和智能风控等的融入，银行 APP 已经由原来的银行工具变成了经营的平台，要力求打造智能平台。

以中信银行 APP 为例，实现了从基本银行业务交易功能，再到商城—生活、内容产生—社群用户反馈的全流程。提供"金融 + 非金融"场景式服务。新版 APP 围绕衣食住行等场景打造生活频道，使金融业务与非金融服务场景高度融合。以出国金融为例，中信银行 APP 告别单一的银行业务模式，为客户提供一站式出国金融服务，涵盖签证缴费、资信证明、外汇业务、出国贷款、跨境汇款、国际信用卡、海外资产配置七大类产品服务。

中信银行智能投顾灰度产品创建了客户画像、基金诊断、智能推荐、动态管理四位一体解决方案，形成售前（寻找匹配基金）、售中（市场变化提醒）、售后（基金组合检视调整）一整套完整的财富管理体系。客户通过手机银行启动智能投顾服务，后台自动进行大数据模型分析，根据用户过往交易及在线风险评测结果构建精准的多维画像，进行个性化产品配置。具有"人工智能"和"人类智慧"两大优势。一方面，通过人工智能更好地分析客户需求，提供有针对性的投资策略；另一方面，将投研专家对市场的分析和前瞻性的预判作为输入变量，进行模型优化，提高投资的精准度。

（二）提高智能化水平，打造数据银行

智能营销降低获客成本。通过搜集用户社交、消费、信用、金融交易等

行为数据，建立基于人工智能的精准营销解决方案，可以使银行实现客户筛选和精准服务。以"平安脑"智能金融交叉销售为例，平安集团 2016 年客均合同数达到 2.21 个，较年初增长 8.9%。

智能风控提升风险管理能力。以反欺诈为例，通过复杂网络技术，依据各类信息节点，构建基于规则和机器学习的反欺诈模型进行实时识别，有助于实现智能实时反欺诈。从亿级别的海量金融数据中建立了用户行为画像、训练大数据侦测模型，同时搭载高效的决策引擎，实现了毫秒级决策响应的全天候实时反欺诈监控。

智能客服改善体验、降低成本。按照人均成本 20 万元/年、智能客服 90% 替代率测算，仅智能客服一项将为银行业每年节约近百亿元成本。通过人脸、声纹等生物认证技术和大数据匹配，远程核实客户身份信息，实现"在线一次性业务办理"服务，目前已广泛应用于银行、证券、保险等金融服务领域。

（三）银行与金融科技跨界合作，实现批量获客

获客引流，是银行与科技金融公司合作的重要触发点。越来越多的年轻客户群聚集在互联网上，与传统银行的触点极少。作为未来社会财富拥有者的 90 后、95 后，对互联网金融的偏好超过实体银行，并且网购和支付习惯高度互联网化，互联网消费金融产品正逐渐成为新生代高频使用的工具。

此外，在农村市场，互联网端获客的潜力仍有很大空间。我国城镇地区互联网普及率为 69.1%，互联网的人口红利正在逐渐消失，但农村地区互联网普及率为 33.1%，仍是一片蓝海。未来农村电商市场规模或超万亿。互联网金融投资理念正在由一线城市向二、三、四线城市及农村渗透。

电商巨头几乎已将线上电商红利瓜分殆尽，工行、建行等大行也在银行业电商平台领域渐渐站稳脚跟，中小银行此时贸然加入市场竞争，很有可能陷入窘境。中小银行要充分发挥自身在 O2O 的线下端的优势，通过与已有电商平台和互联网金融平台进行跨界合作、优势互补，可获得更大主动性，把握广阔的未来市场。

B.6

保险业信息服务：理论分析与实践检视

吴威　李文军*

摘　要： 本文论述了我国保险业务的发展及对信息服务的需求与变化，深入分析了保险业信息服务对保险业发展的意义与作用，梳理了保险业信息服务提供商发展与演进的状况，总结了保险业信息服务存在的问题，提出了促进保险业信息服务发展的对策。

关键词： 保险业　保险业信息服务　互联网保险

关于保险业信息服务的范畴，现阶段尚无一个普遍认同的定义，政府、企业和社会公众对此有不同的认知。参考金融信息服务的概念[①]，保险业信息服务是指对与保险信息相关内容和资源进行生产和收集、加工处理、存储利用，提供给保险从业机构、保险客户或者社会公共机构，以促进保险业务发展，直接或者间接影响保险市场发展的服务。本文将以此定义为基础展开论述。

保险业从海上保险、火灾保险、人身保险等发展至今，逐步衍生出资金运用、社会管理等功能，保险能够把灾害损失在时间和空间上进行分散，使经济运行和居民生活更加安全稳健；保险可以优化以行政手段为主的传统治理方式，提高公共治理效率。保险是特殊的金融服务行业，保险产品和服务覆盖了企业生产、社会治理和居民生活的各个方面，是信息高度集中、频繁

---

* 吴威，人保投资控股有限公司金融产品二部总经理，高级会计师；李文军，中国社会科学院数量经济与技术经济研究所研究员，博士生导师。

[①] 李平、彭绪庶等：《中国金融信息服务发展报告（2017）》，社会科学文献出版社，2017。

交换的行业。宏观经济增长、居民财富增加、人口结构变迁，以及金融创新和以互联网为代表的新技术发展，促进了保险业信息服务的快速成长。保险业信息服务依托保险业而生，与金融创新和技术创新相互交融，推动了保险业的创新与发展。保险业信息服务的数字化、智能化，改善了保险经营效率，提升了保险客户体验，催生了新的保险模式。随着科技的发展和时代的进步，保险业信息服务还呈现出共享化、交互化的趋势，保险业与养老、医疗、健康管理等保险上下游产业以及交通管理、社会保险、防灾防损等公共治理平台之间的信息交换和共享共通，促进了社会风险管理水平和效率的提升。

一　保险业务发展及对信息服务的需求与变化

改革开放以来，中国经济快速发展，社会财富迅速积累，带动了保险业快速发展，在保障国民经济平稳运行、服务百姓生活、改善社会治理方面发挥日益重要的作用。互联网新科技的兴起，更进一步激发了社会的财富管理和风险管理需求，促进了金融创新和科技创新，吸引保险企业和社会资本聚焦、投资保险业信息服务。

（一）保险业务发展状况

1. 中国保险业处于高速发展期，总体实力不断提升

2017 年，全行业实现原保险保费收入 36581.01 亿元，同比增长18.16%（见图 1）。其中，财产保险业务实现原保险保费收入 9834.66 亿元，人身保险业务实现原保险保费收入 26746.35 亿元，同比分别增长12.72%、20.29%。赔付支出 11180.79 亿元，同比增长 6.35%。保险深度（保费收入占 GDP 的比重）为 4.4%，保险密度（人均保费数）为 2632 元。保险行业资产总额为 16.75 万亿元，较年初增长 10.80%[①]。保费从 1980 年

---

① 中国保险监督管理委员会官网，http：//www.circ.gov.cn；国家统计局官网，http：//www.stats.gov.cn。

的 4.6 亿元攀升至 2017 年的 3.1 万亿元，保费规模跃居全球第二。2016 年，中国保险业原保险保费收入占世界保险业的份额为 25%，对全球保险市场的增长贡献率为 59%。

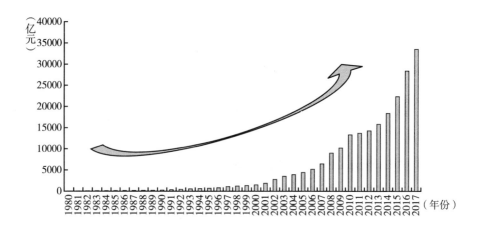

图 1　1980～2017 年我国保费收入数据

资料来源：百度文库，https://wenku.baidu.com。

2. 风险保障能力不断提升，参与社会管理效果显著

2017 年保险业为全社会提供风险保障 4154 万亿元，同比增长 75%，风险保障水平迅速提高。其中，机动车辆保险提供风险保障 169.12 万亿元，同比增长 26.51%；责任险 251.76 万亿元，同比增长 112.98%；寿险 31.73 万亿元，同比增长 59.79%；健康险 536.80 万亿元，同比增长 23.87%。根据中国保监会公布的数据，2016 年，农业保险参保农户约 1.9 亿户次，仅南方洪涝灾害中农业保险支付赔款就超过 70 亿元。17 家保险公司在中国大陆 31 个省份承办大病保险业务，覆盖 9.7 亿人，显著提高居民医疗保障水平，有效缓解"因大病致贫"、"因大病返贫"的现象。医疗责任保险为医疗机构提供风险保障 700.3 亿元，校方责任险为学校提供风险保障 13.6 万亿元，利用商业保险有效化解社会矛盾和纠纷、补充社会保障等成效明显[1]。

---

[1]　钟宏武等：《中国保险企业社会责任蓝皮书（2016）》，经济管理出版社，2016。

3. 投资能力进一步提升,保险资金成为中国经济发展的重要力量

截至 2017 年底，保险公司资金运用余额 149206.21 亿元，较年初增长 11.42%。资金运用收益 8352.13 亿元，同比增长 18.12%，资金收益率 5.77%，较上年上升 0.11 个百分点。从服务实体经济来看，保险业定期存款余额超过 1.34 万亿元，是实体经济中长期贷款重要的资金来源；以债券和股票为实体经济直接融资超过 7 万亿元，较年初增长 15.00%；保险资金通过债权计划、股权计划等方式，直接投资国家重大基础设施建设、养老社区和棚户区改造等民生工程，截至 2017 年底，累计投资 843 个项目，投资金额 2.07 万亿元①。

4. 行业竞争激烈，社会资本投资积极性高

行业主体机构数量多，保险及保险资产管理机构近 200 家，其中财产保险公司 84 家，人寿保险公司（含养老险公司、健康险公司）85 家，再保险公司 10 家，资产管理公司 14 家（见图 2）。保险从业机构不再限于传统的产寿险保险公司，互联网保险公司、互助保险公司相继试点并正式运营。已批准营业的互联网保险公司 4 家，互助保险公司 3 家。另外，专业保险中介机构 131 家，其中专业保险经纪公司 54 家，专业保险公估公司 30 家，专业保险代理公司 47 家②。

保险资金规模大、久期长的优势，以及保险相关的养老、健康管理、医疗、汽车服务等产业发展的良好前景，吸引各类资本竞相进入保险行业，布局金融保险生态产业链。2016 年，有 20 家保险公司（含 2 家保险资产管理公司）获批筹建，2017 年 1 月又有 5 家公司获批。根据中国保险行业协会官网公开数据，2017 年仍有几十家拟筹备设立的保险公司。新进入保险行业的投资者背景呈现多元化、分散化的特征，互联网企业和房地产企业投资保险及相关行业尤其踊跃，布局金融保险产业的战略部署明显。

① 中国保险资产管理行业协会累计注册备案数据。
② 包括直接经营保险、再保险和资产管理业务的保险从业机构，不含专业保险中介机构。其中人寿保险公司数量含养老险公司、健康险公司。数据来源于中国保险监督管理委员会官网，http://www.circ.gov.cn/，截至 2017 年 11 月底数字。

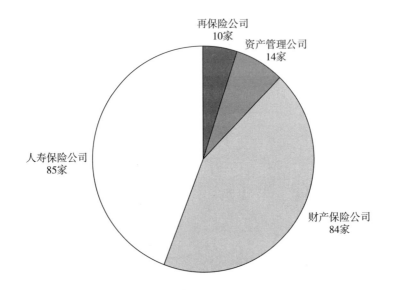

图 2 保险及保险资产管理公司结构

5. 不断强化综合经营服务能力，保险金融集团迅速成长

在发挥传统业务板块优势的基础上，各家保险公司加快扩展业务单元，经营范围从保险扩展到银行、投资管理、养老、健康管理、房地产、互联网金融、互联网保险等多领域，综合经营、一站式服务能力初步形成，多元化经营的保险控股/集团公司的实力不断提升（见表1）。截至2017年底，保险集团（控股）公司12家，其中中国平安、中国人寿、中国人保、新华保险、安邦保险①等中国内地5家保险综合经营集团进入世界500强②。2013年7月，金融稳定理事会（FSB）会同国家保险监督官协会（IAIS）联合发布全球系统重要性保险机构③名单，中国平安保险集团位列全球九家系统重要性保险集团之一。中国平安拥有保险、银行、信托、证券、期货等金融牌照，并投资设立互联网金融、互联网保险公司，是持有全牌照的金融类综合集团公司。

---

① 中国保监会决定于2018年2月23日起对安邦集团实施接管，接管期限一年。
② 全球500强中有118家金融机构，包括银行54家、保险公司56家，其中中国银行10家、保险公司5家。
③ FBS：《2016年全球系统重要性保险机构名单更新》，2016年11月。

表1　主要保险集团投资领域

单位：亿元

公司名称	营业收入	资产总额	保险业务单元	金融及其他主要投资
中国平安	8909	64931	寿险、财产险、养老险、健康险、互联网保险、保险资产管理、保险代理	银行、证券、信托、基金、期货、融资租赁、金融科技、医疗科技
中国人寿	6532	28976	寿险、资产管理、财险、养老保险、保险电商	银行、基金、不动产投资与管理
中国人保	4764	9880	财产险、寿险、资产管理、健康险、养老保险、再保险、保险经纪	银行、基金、金融服务、不动产投资与管理
新华保险	1441	7103	寿险、养老保险、保险资产管理	健康管理、养老服务、医疗、电子商务

注：营业收入、资产总额除中国人寿集团为2016年数据外，其他三家集团为2017年12月31日数据。

资料来源：作者根据相关公司网站信息整理。

（二）国民经济发展对保险业信息服务创新的要求提高

1. 居民收入增长，保险需求进一步释放

近年来，我国经济实力大幅提升，居民财富得到了快速积累。2017年，我国GDP达82.7万亿元，比上年增长6.9%，人均GDP为59660元，比上年增长6.3%。人均GDP折合9170美元①，预计2020年将达到1万美元。全国居民恩格尔系数为30.1%，接近联合国划分的富足标准。我国居民储蓄率居全球首位，2017年8月末住户存款余额达64万亿元，银行理财余额28万亿元，合计将近90余万亿元。世界经验表明，人均GDP达到8000美元左右时将释放巨大保险需求。特别是中等收入群体正在迅速扩大，对保险业产生巨大需求。我国人口结构改变，老龄化进程加快，保险消费主体迭代，城乡结构、家庭结构发生变化，养老和医疗保障不足的矛盾凸显，财产保险和财富管理的需求增长迅速，多样化、个性化保险需求呈爆发态势，商

---

① 按照2017年12月31日银行间外汇市场人民币汇率中间价1美元兑6.5063元人民币折算。

业保险在社会保障体系中的作用不断提升。以人身保险业务为例，2017 年实现原保险保费收入 26746.35 亿元，同比增长 20.29%，其中，寿险、健康险、意外险分别为 21455.57 亿元、4389.46 亿元和 901.32 亿元，分别比上年增长 23.01%、8.58% 和 20.19%。

2. 保险供给不足，保险渗透率相对较低，对保险信息服务需求凸显

中国保险业的发展与其他金融行业、发达国家保险业差距较大。保险业的总资产在金融业中的占比仅为 5.28%，仅为银行业的 6.5%（见表 2）。保险业属于风险厌恶性行业，在"大资管时代"，与其他金融行业不规范扩张不同，保险业整体资产管理业务风险承受能力低，整体发展稳健，与银行表内外业务、信托、券商等资产管理业务差距逐渐拉大。

表 2　中国金融业资产（2016 年 12 月 31 日）

项目	资产（万亿元）	占比（%）
中央银行	34.37	12.01
银行业金融机构	232.25	81.14
证券期货业金融机构	4.48	1.57
保险业金融机构	15.12	5.28
金融业（合计）	286.22	100

注：证券期货业金融机构资产指不包括客户资产的证券公司总资产。
资料来源：中国人民银行：《2017 年中国金融稳定报告》。

2016 年，中国的保险深度、保险密度分别为 4.2%、336 美元，分别为全球平均水平的 68%、54%。与发达国家保险业相比，保险渗透率明显偏低，中国的保险深度、保险密度分别为发达国家平均水平的 53%、9.9%[①]。从行业结构看，财产保险公司车险业务独大，占比超过 70%，企财险、责任险等专业险种的份额不高。与国际保险行业先进经验比，行业发展处于从规模向质量、从粗放向集约化转变的过程中，运用先进科技的保险业创新仍

---

① 2016 年，全球保险深度、保险密度平均分别为 6.2%、621 美元，发达国家保险业平均分别为 8%、3400 美元。

显不足。社会保险需求与保险业发展不充分、不平衡之间的矛盾突出，作为在保险业发展中充当重要媒介的保险业信息服务，作用凸显。

（三）互通互联与新技术不断出现与更迭，促进了保险信息服务需求增长与转型

1. 互联网和移动智能设备的普及促进了保险业信息服务的发展

2017 年，习近平总书记在党的十九大报告中多次提及互联网，互联网在经济社会发展中的地位更加凸显，我国向网络强国建设目标持续迈进。近年来，我国互联网基础资源保有量稳步增长，资源应用水平显著提升，网民规模继续保持平稳增长。截至 2017 年底，中国网民规模达 7.72 亿人，互联网普及率为 55.8%，超过全球水平（51.7%）4.1 个百分点，超出亚洲水平（46.7%）9.1 个百分点（见图 3）。手机网民规模达 7.53 亿人，网民中使用手机上网人群的占比为 97.5%，台式电脑、笔记本电脑、平板电脑的使用率下降，手机不断挤压其他个人上网设备的使用，以手机为中心的智能设备，成为"万物互联"的基础。2017 年，电子商务、网络游戏、网络广告增速均在 20% 以上，有六成网民使用线上政务服务。互联网和移动智能设备的普及，既改变了传统一代的消费者，又培养了新的互联网一代，信息化服务快速普及、公共服务水平迅速提升、互联网商业模式不断创新。

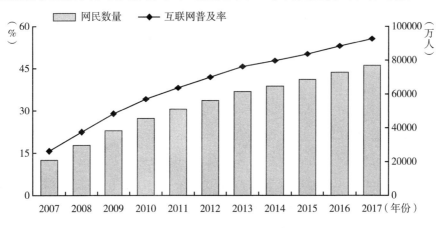

图 3　近 10 年中国网民规模与互联网普及率

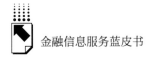

2. 互联网的迅猛发展促进了居民保险需求的快速提升

互联网改变了居民的生活和社交方式，居民使用网络的习惯进一步固化，对互联网金融和保险的需求不断提升。截至2017年底[①]，我国使用网络支付的用户规模达到5.31亿人，较2016年底增加5661万人，年增长率为11.9%，使用率达到68.8%。其中，使用手机支付用户规模迅速增长，达到5.27亿人，较2016年底增加5783万人，年增长率为12.3%，使用比例达70.0%。互联网服务便捷、高效，低门槛、低成本、多选择，不断深入渗透进居民的日常消费和金融服务中，随着网民年龄层次结构的改变，这种趋势会更加明显。购买互联网理财产品的网民规模达到1.29亿人，同比增长30.2%。互联互通丰富了保险服务场景，保险的推送和获取更加便利，保户有更多的比较和选择，获得服务也更加便捷，网络销售、保险比价销售平台、互联网保险应运而生。互联网保险业务保持高速增长，相关企业估值上升，受到投资者追捧。中国第一家互联网保险公司——众安在线2013年10月成立，2014年"双十一"期间一周内出售了大约1亿份保单，2017年保费规模达到59.6亿元，同比增长75%，2017年9月在港交所IPO，市值很快超过1000亿元。

3. 新技术与传统业务不断融合，促进保险业信息服务转型升级

大数据、区块链、云计算、人工智能、物联网、基因检测等新科技应用，正在对传统保险业产生重大而深刻的影响，传统行业与信息技术的相互融合产生保险科技（Ins-Tech）。科技提高了客户接触保险的便利性，促进了保险消费的信息对称，提升了保险服务的便捷性。过去，保险经营依靠铺设物理网点、扩展代理人和营销员队伍，依赖银行渠道，近年来保险业务经营从"渠道变革"到"场景创造"，再演进到"科技重构"，客户获取保险服务的渠道越来越丰富，消费者更加注重客户体验，对保险产品和服务的要求越来越高。保险业务的覆盖范围不断扩大，保险服务的领域不断细分，新保险模式和业态出现。以信息为基础的保

---

① 中国互联网络信息中心：《第41次中国互联网络发展状况统计报告》。

险服务便捷性大大提高，如海洋渔业保险，与天气指数挂钩，直接对接气象服务机构的系统，实时获取气象信息，当灾害天气发生并达到约定的赔付条件时，保险公司自动进行理赔。保险服务的可得性提高，普惠保险得到发展。互联网保险产品使小微企业、农民、贫困人群、残疾人和老年人等群体也可以获得合适的风险保障。如一些保险产品专门针对电子商务小微商户，为其提供卖家拖欠货物履约保险和服务履约保险，小微商家选择这两款产品后，无须再按以往方式缴纳数额较大的保证金，1000 元左右的保费就可释放 50 万元的资金。

二　保险业信息服务对保险业发展的意义与作用

保险业信息服务作为优化保险产品和服务的一种手段，主要的作用是缩小和消除保险企业和客户之间的信息不对称，提高客户获取保险产品和服务信息的效率，降低保险欺诈风险，提升保险行业运营的效益和效率。在互联网时代，互联网精神深入人心，新科技迅速更新迭代，保险信息服务和新科技的融合不断加强，促进了保险信息服务创新和发展。

（一）减少信息不对称，提高保险渗透率

保险是一种经济社会的风险管理手段，保险信息服务的存在意义，就在于让保险公司和客户双方能够更加便捷、自由地选择与确定适当的风险管理方案，提供与享受适当的保险服务。近年来，保险企业加快信息化、数字化转型，通过官方网站、APP（第三方应用程序）、微信公众号、电话、第三方网上保险销售比价平台以及互联网的场景销售，构建 O2O（Online to Offline，线上线下电子商务）模式，客户无须亲临营业网点，通过电话、互联网以及微信等方式就可以实现承保、续保、理赔和相关保险服务。新型的互联网保险中介机构提供保险信息服务，包括保险搜索、比价、销售平台，在线理赔、结算服务平台，智能保险顾问，中小企业保险投保及管理平台，等等。与以前相比，客户有更多的渠道接触保险、了解保险、选择保险、获

得服务，保险产品和服务更透明。保险行业改变长期依靠渠道成本竞争的情况，聚焦产品和服务，社会认同度进一步提升。

（二）简化保险流程，优化保险服务

2016年，保监会对保险公司进行了服务评价，重点围绕消费者反映最强烈的销售、理赔、咨询、维权等方面的突出问题进行评分。根据打分情况，参评的59家人身险公司和58家财产险公司中，获得A类评级的比例均不足20%①。保险理赔中，小额赔案占80%左右，这些赔案出险原因易于判断，确定赔款简单清楚、理赔纠纷很少，案件同质化高，是优化保险服务的重点所在。目前，保险公司致力于实现小额赔案处理的无纸化、网络化，网上直接办理索赔、直接赔付，既免去了保户往来营业网点的不便，又节省保险公司的营运成本，提高理赔服务的效率。另外，部分保险服务与外部信息数据系统对接，直接获取出险理赔相关数据，如旅客延误险与飞机航班信息直接对接，不需要客户提供证据就可以直接理赔；意外健康险与医院信息系统对接，既方便了客户理赔，也避免和减少了理赔欺诈。这些服务和流程的优化，提升了办理保险业务的效率，降低了办理保险业务的时间成本，顾客的满意度不断提升。

（三）促进保险创新，扩大可保风险

大数据、人工智能、物联网、云计算等新科技的应用，使得保险业信息服务发挥了更大的作用，提升了保险公司的风险识别、定价、管理能力，正在改变保险经营的边界，使得长尾保险业务和保险利基市场成为可能。如最早在互联网上热销的保险产品——退货运费险，以平均几毛钱的保费，为用户退换货产生的快递费用进行经济补偿。这款产品的销售和理赔都在互联网上实现，依靠的是互联网电商提供的数据信息，这在传统保险的定价逻辑下

---

① 2017年11月24日，中国保监会公布2017年保险公司服务评价结果，评价范围包括开业满3个会计年度的财产保险和人身保险公司（不含养老保险公司、农业保险公司、健康保险公司、政策性保险公司）。

是不可能完成的任务，根本无法覆盖运营成本。还有一款针对高血压患者这一特殊人群的保险，使保障对象从健康人群扩展到高风险人群，使保障形式从事后的经济补偿向事前的风险预防和防灾减损转变，使不可保风险变为可保风险。

（四）控制业务风险，提升管理效率

风险识别与控制是金融行业的生命线，对保险业来说，定价风险最关键，理赔风险最难管理。保险业务依据的是大数法则，传统上采用的统计数据表比较简单，数据全面性、准确性、时效性落后于业务发展。随着数据开放、互联互通和信息共享，特别是大数据、区块链等技术的应用，可以获得客户的居住、购物、出行、医疗、健康、运动、休闲、娱乐、教育和其他在社交网上留存的信息等综合数据，通过分析客户的生活习惯、社交偏好、健康风险，对客户的综合风险情况进行预测，防范和控制承保风险和理赔风险。例如，在车辆保险领域，保险公司利用车联网等技术，实时追踪记录投保车辆的行驶状况和司机驾驶习惯，在扩展风险评估因子的基础上，更加精确细致地进行费率定价，使车辆及驾驶员的风险状况能够更加敏感地影响费率水平。随着移动互联等技术的普及推广，高维数据、实时数据将被广泛纳入保险产品动态定价模型中，动态定价将逐步成为市场的主流。在医疗保险领域，保险公司利用大数据等技术，抓取客户行为数据，据以判断理赔申请的真实性、合理性，从而预防和减少理赔欺诈。

（五）推进普惠保险，促进社会公平

随着保险业信息服务的扩展，小微企业、农民、贫困人群和残疾人、老年人等群体也可以获得合适的保险。近年来，市场上开始出现面向慢性病患者、残疾人群、老年人等传统意义上高风险人群的专属保险产品，如专门针对高血压患者的保险产品，保户可以通过移动互联网技术，获取保险公司合作医院提供的医疗资源和服务，进行自我健康管理，降低并发症发生的概率，享受从预防到治疗再到医疗保障的闭环服务，打破了高血压

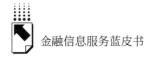

患者不能投保的惯例。中国人保开展的支农支小融资业务，将保险和金融服务对接在一起，为"三农"、小微企业的农业生产和企业经营服务。保险企业拥有非常有价值的大数据，特别是车险和寿险、健康险历年积累的数据。这些信息可以成为社会治理、个人征信领域的有力补充，保险企业与社会的信息共享是大趋势，拥有大数据分析处理能力未来将决定保险公司的竞争地位。

三 保险业信息服务提供商发展状况与演进

作为保险业务发展的重要介质，保险业信息服务受到保险企业和意图进入保险业投资者的高度重视。保险企业与互联网企业纷纷布局信息服务，投资保险科技，培育未来保险信息服务的竞争优势。保险企业将加快信息化、数字化转型，提供更加便捷的保险信息服务。互联网企业依靠流量和平台优势纷纷切入保险业务。除保险企业和大型互联网企业外，近年来其他社会资本投资保险业信息服务非常踊跃，它们通过获取保险中介牌照，以提供销售比价平台、理赔服务、保险咨询等方式涉足保险业，分享保险业快速增长带来的收益。

（一）保险企业信息服务发展状况

1. 线上服务发展较快，服务效率不断提升

近年来，保险企业适应发展需要，加大信息建设和科技投入，提高保险信息服务的数字化、智能化程度，以适应互联互通时代保险需求急剧增长的趋势。保险企业通过官网、APP（第三方应用程序）、WAP、微信和电话等线上自营平台和渠道，构建 O2O 模式。在业务渠道更加丰富的同时，信息服务的质量和效率进一步优化，服务效率和客户体验得到提升。大多数业务均可在线上办理，客户可以更快、更便捷地获取保险产品和服务信息，如自助试算保费、组合风险管理模块、自助理赔、进行电子保单管理等。一些保险公司推出智能理赔服务，支持低风险小额案件全流程自动作业，无须人工

介入，小额保险理赔可以通过保险公司 APP、微信公众号等途径自助上传事故照片，无须临柜，极大改善了消费者服务体验，提升了理赔服务时效。根据保监会披露的数据，2016 年全国车险小额赔案共计 4234.52 万件，全案理赔支付周期（出险至支付）为 9.37 天，相比于 2015 年的 12.50 天减少3.13 天，同比提速 25.04%，其中平均索赔支付周期（资料收集齐全至支付）由 2015 年的 1.75 天下降到 2016 年的 0.91 天，同比提速 48%。个人医疗保险小额理赔服务方面，2016 年全国个人医疗保险小额赔案共计 693.80万件。全案理赔支付周期为 67.44 天，相比于 2015 年的 71.95 天减少 4.51天，同比提速 6.27%，其中平均索赔支付周期为 1.73 天，较 2015 年缩短0.62 天，同比提速 26.38%[①]。

2. 科技应用日益广泛，服务手段和方式不断创新

保险企业积极布局科技发展战略，加大科技投入，推进大数据、人工智能、区块链、移动互联网、物联网等前沿技术广泛应用于产品创新、保险营销和公司内部管理等方面。充分发挥移动互联网便捷、便携、即时的优势，满足客户场景化、规模化、个性化的消费需求。保监会已经批准众安在线、泰康在线、易安、安心四家互联网保险公司，互联网保险公司不设分支机构，投保、理赔、客户服务均在线上完成，这些公司的保险业务与新科技融合较深入，利用区块链技术、人工智能等新科技提升服务质量。新技术与保险服务快速融合，信息利用效果显著，如车险出险理赔中，利用电子地图数据实现调度平台精准定位，就近调度公司理赔人员到达事故现场。在电子签名、OCR 识别等高科技手段的支持下，提供自助申请、上传资料、进度查询和在线指导等多元化理赔服务功能，推进了理赔服务过程透明化、索赔单证电子化、理赔系统智能化、服务方式创新化。逐渐将人工智能技术应用于各业务流程和服务环节，实现承保、核保、定损、理赔和客服等功能智能化，提升运营效率和服务水平。保险企业的信息系统与外部信息数据系统对

---

① 《2016 年保险业小额理赔服务能力不断改善，服务水平持续提升》，保监会官网，http://www.circ.gov.cn/，2017 年 6 月 29 日。

接，直接获取出险理赔相关数据，如旅客延误险与飞机航班信息直接对接，不需要客户提供证据就可以直接理赔；意外健康险与医院信息系统对接，既方便了客户理赔，也避免和减少了理赔欺诈。

3. 保险系信息服务机构逐渐成形，保险集团一体化建设逐步推进

互联网企业在客户资源、场景资源和科技方面具有优势，与保险企业在客户和业务资源方面的竞争激烈，保险公司深切感受到来自互联网企业的竞争压力，得数据者得天下，因此更加重视保险科技应用，以及保险业务生态圈的建设。保险企业加快传统业务的电子化、网络化、数字化、智能化步伐，同时也加快设立专业化信息服务机构，构建保险信息服务蓝图，投资保险科技，试图占领未来保险经营高地。中国人寿、中国人保、平安、太平等老牌险企均单独成立电子商务公司，平安集团已经投资设立众安保险、陆金所①、平安一账通、平安好医生等多个专业平台，开通了多个保险信息服务获取渠道；与阿里巴巴、腾讯投资共同设立众安在线互联网保险公司。人保集团出资20亿元设立人保金服公司，2017年，人保金服联合58集团、易车集团、美国Solera集团共同发起设立爱保科技，战略定位于"保险＋科技＋服务"，围绕出行领域和居家生活领域的车险与健康险业务，构建"开放式自运营平台"。保险集团在加大信息科技投入和进行专业机构布局的同时，重视信息服务一体化建设，整合内部各业务单元的信息，建立共享的客户资源、数据资源、服务资源，在此基础上为客户提供以人为中心、以车为中心、以家庭为单位的保险产品和服务方案，提供"保险＋健康管理""保险＋财富管理"的产品和服务，在一个界面解决营销、客户服务问题，为客户提供金融保险一站式服务。

4. 行业信息服务建设加快，监管要求不断提升

为防范保险业风险和提高保险业的风险防控能力，充分发挥保险业长期稳健风险管理能力和保障功能，保监会先后出台偿二代和资产负债管理监管

---

① 陆金所是上海陆家嘴国际金融资产交易市场股份有限公司的简称，成立于2011年9月，注册资金8.37亿元，平安创新占股73%。2018年3月累计完成注册人数34851456人。

规则。这两个重要的监管工具，通过定性与量化相结合的方式形成一套标尺，对保险企业的资本充足率和资产负债匹配进行衡量打分，对于符合监管要求和能力较高的公司，适当给予支持性的监管政策，对于达不到监管要求和能力较差的公司，将实施有针对性的监管措施。偿二代已经正式推开，资产负债监管将在 2019 年正式推行。偿二代、资产负债管理能力建设，对保险企业的数据信息报送、与保监会的对接提出更高要求。保险公司内部的业务信息，包括承保、理赔、投资等业务、财务信息，要进行详细的分类处理，通过构建模型和工具进行分析处理，满足监管的要求，并且与监管机构进行信息数据对接。保监会鼓励保险行业进行数据平台建设，设立中国保险信息技术管理有限责任公司（简称"中国保信"）和上海保险交易所股份有限公司（简称"上海保交所"）。中国保信注册资本 20 亿元，定位于推动行业内信息共享、数据互联互通，打造保险业自己的大数据平台，建设和运营保险业数据信息共享和对外交互平台，目前已经搭建完成农险平台、健康平台、云平台、车险平台。上海保交所首期注册资本 22.35 亿元，围绕保险风险交易主线，搭建保险、再保险、保险资产以及保险衍生品四大业务平台，配套构建账户管理、支付结算、信息披露、市场咨询、运营系统、数据管理等一站式综合服务体系。

5. 信息标准化建设成效显著，对外信息交互、共享取得进展

"十二五"期间，由保标委组织起草、中国保监会正式发布了金融行业标准 11 项，其中新制定 5 项，修订 6 项。截至 2016 年 5 月，共制定、修订行业标准 31 项（次），其中，制定标准 23 项，修订标准 8 项（次）。标准覆盖了保险业务、客户服务、信息技术、数据交换等诸多领域，初步构建了一套符合中国保险业发展需要的保险标准体系[1]。2017 年 8 月，保监会发布首批《保险业务要素数据规范》，包含人身险和财产险 2 个基础数据规范，以及健康险、意外险和农险 3 个专项数据规范，立足公共通用，规范了保险业与医疗保险、大病保险、农业防灾防损等业务的数据信息交换口径，提高

---

① 《中国保险业标准化"十三五"规划》，保监会官网，http：//www.circ.gov.cn/。

了保险业跨行业数据共享效率①。保险业务在经营过程中，积累了购物、出行、医疗、运动等各类数据，这些数据信息量大、维度丰富、挖掘价值高，可用于社会治理、个人征信、反金融保险欺诈等各个方面，保险信息与社会交互和共享空间很大。以交强险为例，2016 年交强险承保机动车（包括汽车、摩托车、拖拉机）2.07 亿辆，机动车交强险投保率为 72%，其中汽车投保率达到 94%，当年处理交强险赔案 3010 万件，其中垫付抢救费用 48 万件。近年来，保监会协同公安部和最高人民法院等相关部门，利用交强险平台，发挥经济补偿和社会管理功能，有效提升社会公众交通安全意识和风险保障意识，改善交通安全状况，打击保险欺诈活动。2016 年底，"全国车险反欺诈信息系统"正式上线，初步实现了行业车险欺诈信息的交互共享。

（二）互联网企业的保险信息服务发展状况

1. 互联网企业与保险业合作深化，信息服务成为切入点

第三方支付放开和电子商务的发展，使得互联网企业在保险客户资源和渠道资源方面占据优势。互联网企业利用流量和技术优势进军保险业，保险信息服务是进入保险行业的垫脚石、敲门砖。互联网企业进入保险业不外乎采取以下方式：保险中介、投资入股保险企业及保险科技。保险中介是保险领域最为市场化、最具活力的参与者，是社会资本在尚未获取保险牌照时介入保险业务、分享保险业发展成果的最佳手段。BATJ（百度、阿里巴巴、腾讯、京东）、苏宁电商等均获取保险代理牌照，开展保险咨询、产品代销、场景销售等业务。互联网企业代理销售的保费收入，约占保险行业互联网保费收入的 60%，且集中度较高，保费前 5 家合计占比约六成，阿里巴巴旗下淘宝、支付宝和天猫更是占据了半壁江山（见图 4）。互联网企业利用自身流量优势与保险公司开发新品种，如在淘宝购物场景下提供的退货运费险，携程订机票酒店场景下提供的意外险、延误险、退票险等，腾讯旗下的微宝通过微信钱包可以购买微医保——医疗险等。

---

① 《2016 年保险标准化工作成效显著》，保监会官网，http://www.circ.gov.cn/，2017 年 2 月 21 日。

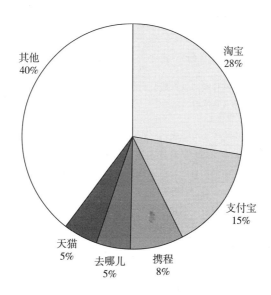

图4 2017年1～11月主要互联网企业代理保费收入情况

资料来源：根据中国保险行业协会公布的2017年1～11月数据计算整理。

2. 主要互联网企业积极投资保险行业，获得保险相关牌照

截至2017年，互联网巨头BATJ、新浪、苏宁入股了12家拥有保险相关牌照的公司。其中蚂蚁金服、腾讯发起设立或者投资控股保险公司，其他互联网企业尚未获得保险公司股权，目前拥有保险中介代理牌照。阿里巴巴、腾讯和平安联手设立的众安在线，是中国第一家专业的互联网保险公司，具有"保险＋互联网"的示范效应。众安保险2017年9月在香港联交所IPO，融资金额达到175亿元。阿里巴巴金融布局起步较早，依托支付宝的市场占有率快速发展，旗下的蚂蚁金服提供普惠金融服务，拥有支付宝、蚂蚁财富、芝麻信用和网商银行等业务板块，并推出"车险分""车损宝"等保险信息服务产品，共拥有6张保险相关牌照（见表3）。

3. 互联网企业发挥技术优势，推进保险科技开发和应用

在依托流量平台优势实现互联网保险创新业务高速增长的同时，互联网企业保险业务的重点正在向利用新科技重构保险产品和服务转变。专业互联

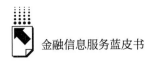

表3　互联网企业保险股权投资情况表

互联网公司	持有保险公司股权	保险中介牌照数量(张)	保险中介平台
蚂蚁金服	众安在线财产保险股份有限公司 信美人寿相互保险社 万通亚洲(香港) 国泰财产保险股份有限公司	2	淘宝、支付宝、天猫
腾讯	众安在线财产保险股份有限公司 泰康人寿保险股份有限公司	1	微信、QQ
百度	发起设立百安保险、互联网车险公司	1	百度钱包
京东	发起设立互联网财险公司 投资互联网车险平台"OK车险"	1	京东金融 京东购物
苏宁云商	发起设立金诚财险	1	苏宁易购

资料来源：作者根据公司公告、平安证券研究所资料整理。

网保险公司颠覆了传统线下运营的模式，所有业务均在网上完成。2015年"双十一"，蚂蚁金服95%的远程客户服务已经由大数据智能机器人完成，同时实现了100%的自动语音识别，并应用在智能赔付上，平均24小时就能够完成专业审核和赔付，其中32%的理赔可以在1小时之内直接完成，而且有一半复杂的赔付可以在6个小时内完成。2017年6月，蚂蚁金服发布"定损宝"，应用了深度学习图像识别检测技术，用AI（人工智能）充当眼睛和大脑，代替定损员的技能与工作，通过部署在云端的算法识别事故照片，与保险公司连接后，在几秒钟之内就能给出准确的定损结果，包括受损部件、维修方案及维修价格。互联网企业在科技创新方面具有绝对优势，其参与竞争，将进一步推进保险产品创新、服务创新，颠覆保险运营模式。

（三）保险中介与其他社会机构保险信息服务发展状况

2008年以后，伴随各类电子商务平台的逐渐兴起，一批定位于保险中介和保险信息服务的保险网站开始出现，如慧择网、向日葵网、中民网等。这些平台提供保险信息服务，包括保险搜索、比价、购买、在线理赔、结算服务、智能保险顾问和中小企业保险投保及管理等（见表4）。目前，国内保险科技的创业公司有 200 多家，2017 年非上市企业获得融资约 16 亿元，获得私募股权投资仅占全球保险科技投资的 4%。

表 4　保险电子商务平台情况

服务类型	代表公司
第三方销售比价平台	慧择保险网、大家宝
第三方比价平台	喂小宝、易保险
中小企业保险服务平台	保险极客、豆包网
智能保险顾问	灵智优诺、全民小保镖
保单管理	保险袋袋
保险理赔	合金在线、赔付宝
定制优化保险产品	大特宝、小雨伞保险
代理人工具	保险师、超级圆桌
综合保险服务	行家保险、腾宝保险

资料来源：作者根据公司公告、平安证券研究所资料整理。

（四）互联网保险发展状况

保险信息服务需求的爆发，促进了保险科技创新和业务创新，互联网保险就是代表。互联网保险是保险信息服务与先进科技融合的成果体现，因此，可以通过互联网保险来观察保险业信息服务的发展成果。

2017 年，互联网保险保费收入 1876.69 亿元，同比下降 21.83%。互联网财产险和互联网人身险分别实现保费收入 493.49 亿元和 1383.2 亿元，在互联网保险保费总收入中的占比分别为 26.3% 和 73.7%，互联网人身险保费依旧占据主导地位。互联网保费渗透率（互联网保险保费收入/总体保费收入）为 5.13%，其中财产险和寿险分别为 5.01% 和 5.17%。2017 年，互联网保险签单件数同比增长一倍多，达到 111.04 亿件，人均保单 9 张（见表 5）。

从渠道贡献看，保险公司自营网络渠道（官网和移动端）实现的保费收入占比为 21.8%，第三方渠道贡献为 78.2%。保险公司自营网络渠道业务逐步下降，第三方业务增长较快。有 70 家财产险公司、61 家寿险公司通

表5 2017年互联网保单签单情况

险　　种	签单数量（亿件）	同比增长（％）
退货运费险	68.19	51.91
保证保险	16.61	107.45
意外险	15.92	539.26
责任保险	10.32	438.25

过互联网开展业务，占行业机构总数分别超过80％、70％。保险公司自营
网络渠道业务量逐步下降，其中PC官网业务同期下降明显，但移动端业务
增长较快。

目前，保监会批准众安、安心、易安、泰康在线4家互联网保险公司运
营。互联网保险公司不设分支机构，所有保险业务均在网上处理。互联网保
险公司的产品线逐渐完善、新技术加速应用、创新险种不断推出，业务规模
高速发展。2017年，众安在线、泰康在线、易安保险和安心保险4家专业
互联网保险公司市场占有率快速提升，合计保费收入94亿元，占互联网财
险保费的19％，同比增加10个百分点；签单总量为62.78亿单，占行业总
体的48％。众安在线为中国首家互联网科技保险公司，从2013年成立至
2017年6月底，众安在线累计销售保单超过95亿份。2017年，众安保险实
现保费收入59.6亿元，其中非车险位列网销保费第二，超过人保财险非车
险网销保费。众安保险虽然成立不到5年，旗下非保险子公司已包括众
安信息技术服务有限公司、重庆众安小额贷款有限公司、众安科技（国
际）集团有限公司、杭州企汇网络科技有限公司、众安（深圳）生命科
技有限公司5家公司，多是2016年以来设立，且大多数与科技、互联网
等相关。

四　保险信息服务存在的问题与促进发展的对策

党的十九大报告指出，中国特色社会主义进入新时代，我国社会主要
矛盾已经转化为人民日益增长的美好生活需要和不平衡不充分的发展之间

的矛盾。这一矛盾在保险业体现为，不平衡不充分的保险供给与人民群众日益迸发、不断升级的保险需求之间的矛盾。要解决这一矛盾，需要深入推进保险业供给侧结构性改革，推进保险业信息服务的优化、升级，逐渐缩小保险需求与供给之间的信息不对称，不断提高保险供给能力和服务能力。

（一）保险业信息服务存在的问题

1. 保险业总体规模偏小，保险信息服务的供给不平衡、不充分

总体而言，我国保险业的规模还偏小，对国民经济渗透率较低，保险服务的覆盖率较低，相应地，保险信息服务的供给还不平衡、不充分。虽然中国近年来经济发展迅速，2016 年 GDP 仍仅为美国的 60%，人均 GDP 约合8800 美元，相当于全球平均水平的 80%。保费规模虽然跃居全球第二位，但大而不强，保费占 GDP 比重（保险深度）为 4.2%、人均保费（保险密度）为 336 美元，远低于发达国家平均 8%、3400 美元的水平，也低于全球平均 6.2%、621 美元的水平。从资产结构看，金融体系存在结构性失衡，约 90% 的金融资产集中在银行，保险成为短板，仅占 6% 左右。虽然我国保险赔付占灾害损失的比例已提升到 10%，但与全球平均 30% 以上的水平相比还有很大差距。我国寿险保单持有人只占总人口的 8%，人均持有保单仅有 0.13 张①。保险业承办大病保险保障 10 亿多人，积累养老和医疗资金7.7 万亿元，但商业养老保险替代率、健康保险赔付在医疗卫生总费用中占比都还不到 2%。具体到保险服务结构上，人身险中，健康、养老等长期寿险业务发展不足；财产险中，车险占比过高，超过 70%，企财险、责任险等专业险种的份额不高。在养老、医疗、农业、巨灾、责任保险等领域，仍然存在巨大的保障缺口。我国保险业供给不充分不平衡，反映出保险信息服务不充分不平衡的问题，同时也限制了保险信息服务的发展空间。

---

① 黄洪在新浪金麒麟论坛上的演讲，保监会官网，http://www.circ.gov.cn/，2017 年 11 月22 日。

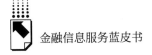
2. 保险信息服务竞争激烈，行业集中度逐渐加大，创新活力不足

近年来，保险服务业发展较快，保险公司、保险中介公司、互联网企业和新型的保险信息服务平台均参与到保险信息服务的竞争中。保险信息服务主要集中在保险产品推介和销售方面，以获客、渠道为主要竞争手段，相当一部分公司的后续理赔还依赖传统的现场处理和纸质材料，还需临柜办理。市场占有率高的保险企业在提升信息服务水平方面投入多，边际效益高，成果显著。大型互联网企业和部分平台通过不断的产业整合和用户积累，依托用户、流量优势形成的市场地位，未来占据保险信息服务优势地位的可能性加大。保险科技投入处于起步阶段，投资远远落后于国际先进水平。保险信息服务业务资本投入不足和过度集中问题都将对市场活力和创新能力产生影响。

3. 保险业信息服务迅速增长，但也存在业务异化的问题，对金融安全构成挑战

我国保险业信息服务在迅速增长的同时，社会资本蜂拥而上，但部分产品和服务脱离了保险长期风险管理和保障功能，利用保险信息服务的金融、保险欺诈时有发生，金融安全受到挑战，保险行业风险控制难度加大。根据中国保监会披露的情况，2017 年互联网保险消费投诉案件 4304 件，比上年增长 63.05%，其中涉及互联网销售平台的投诉占 88.8%。目前互联网保险险种主要涉及电商类保险、旅行类保险、车险、意外险、健康险，以及一些场景创新类产品（如航班延误险、退货运费险等）。部分企业追求利润的动机比较强烈，同时自身风控能力较弱、内控制度不健全，加上监管体系不完善等因素，导致金融消费者的权益无法得到有效保护。有的保险公司为片面追求爆款、吸引眼球，存在保险产品宣传内容不规范、网页所载格式条款的内容不一致或显示不全、未对免责条款进行说明、保险责任模糊等问题，容易造成消费者误解。一些不法分子利用互联网平台虚构保险产品或保险项目，假借保险之名非法集资。或承诺高额回报引诱消费者出资；或冒用保险机构名义伪造保单，骗取消费者资金。

4. 保险信息服务覆盖率还不高，城镇和农村保险信息服务覆盖率差异巨大

我国互联网普及率（55.8%）虽然超出全球水平（51.7%）和亚洲水

平（46.7%）较多，但与美国的覆盖率（79%）[①] 相比仍有差距。有近45%的人群尚未使用互联网，主要集中在农村和不发达地区。据统计，截至2017 年 12 月，我国城镇地区互联网普及率为 71.0%，农村地区互联网普及率为 35.4%，农村地区的商务金融类应用与城镇地区的差距为 20% ~ 25%[②]。受互联网基础设施建设和拥有移动设备的影响，部分群体享有的保险信息服务受到限制，这些最需要保险服务的人群，在保险信息服务获取上更不方便、成本更高。

5. 新科技的应用不成熟，信息服务资本投入不足，新型复合型人才缺乏

当前我国保险业新科技的应用处于投资踊跃阶段，人工智能、大数据、区块链、物联网等新技术不断更迭，科技创新投入多，但投入实际应用的较少，很多技术存在不稳定的问题，尚未突破传统保险业务经营的框架。保险行业存在保护与垄断，互联网等新科技企业进入行业困难，行业缺乏具有互联网精神的金融保险复合型人才，影响保险信息服务的创新能力。

（二）促进保险业信息服务发展的政策建议

1. 践行新发展理念，推进供给侧结构性改革，促进保险信息服务创新

中国经济转型对居民的保险与财富管理提出了新需求。2017 年我国人均 GDP 约 9170 美元，东部地区和大中城市等形成了一大批中等收入群体。有数据显示，我国中等收入群体已达数亿人，其财富与 20 世纪末相比增长了 3 倍多。推进供给侧结构性改革，缩小保险需求与供给之间不充分、不平衡的矛盾，借助互联网、大数据、人工智能、区块链等信息技术的发展，使人民群众获得更加广泛的保险信息服务，提升获得保险产品和服务的便利性，降低保险服务成本，通过新兴技术，更加有效地区分不同风险偏好，实现精准的保险服务供给。

2. 加速互联网基础设施建设，推进信息数据便捷共享

良好的基础设施是促进保险信息服务发展的先决条件。我国互联网基础

[①] 2016 年底数据。

[②] 中国互联网络信息中心：《第 41 次中国互联网络发展状况统计报告》。

设施建设虽然已取得巨大成就，但仍需要进一步加强，实现互联互通无障碍，扩大互联网的覆盖范围，推进国家大数据战略落地，实现社会信息、数据的便捷共享。2017年12月8日下午，习近平总书记在中共中央政治局就实施国家大数据战略进行第二次集体学习时指出，要推动实施国家大数据战略，"构建全国信息资源共享体系，实现跨层级、跨地域、跨系统、跨部门、跨业务的协同管理和服务。要充分利用大数据平台，综合分析风险因素，提高对风险因素的感知、预测、防范能力。要加强政企合作、多方参与，加快公共服务领域数据集中和共享，推进同企业积累的社会数据进行平台对接，形成社会治理强大合力"。

3. 优化市场环境，放宽保险信息服务行业准入

鼓励公平竞争和社会资本投入，改革准入制度，鼓励更多市场主体参与竞争，进一步提升保险信息服务业的活力。对保险信息服务创新予以扶持，给予优惠政策和税收减免，设立相关的创业基金提供融资支持。鼓励关联行业，如个人征信、大数据分析等行业的发展，鼓励、推进技术创新及在保险业务中的应用。

4. 改革行业监管机制，打破监管界限，控制行业风险，保护消费者权益

随着新技术向保险业的不断渗透，包括产品设计、定价、销售、理赔等在内的几乎所有保险生产环节都在被重塑。现有监管框架基于传统作业模式，对保险科技存在一定的不适应性，在部分领域还是空白，亟须加快对监管政策的研究和规则的完善。同时，技术变革导致金融业的边界模糊，金融风险蔓延，而且这种风险更加隐蔽、更加复杂、更具有传染性和破坏力，给传统的金融监管带来挑战，应消除银行、证券、保险的分业监管边缘地带，按照一个标准防控风险。

5. 加强保险服务理论研究和人才培养

理论是实践的先导，人才是行业发展的关键。应加强保险服务相关理论研究和相关人才培养，培养懂金融保险和互联网科技的复合型人才，改善人才成长和发挥作用的机制，吸收借鉴国际保险经营和保险科技先进经验，提升保险信息服务的质量、效益和效率。

B.7

中国证券交易类 APP 发展现状与展望

董旭 马韬 李子川 田杰*

摘　要:　随着互联网信息技术的发展，证券公司和投资者都倾向于从移动终端获取证券市场最新交易资讯，因此证券交易类 APP 不仅是传统证券业务的新型交易平台，也是传统证券业务向信息服务业务转型的载体。本报告分析了中国证券交易类 APP 的主要功能和发展模式，从券商自营类、第三方证券服务类两个角度论述当前中国证券交易类 APP 的客户端运营状况，并分析了其用户的特征。最后，文报告结合行业监管、人工智能、运营模式转变等阐述了证券类服务应用 APP 的发展趋势。

关键词:　证券交易类 APP　运营模式　应用客户端

从国内外的实践来看，由于与证券相关的业务生态复杂和用户群体多样，与证券相关的信息服务始终是金融信息服务的主体，从证券公司的角度来看却是例外。在我国，证券公司业务和收入渠道主要是证券经纪、投资银行和自营证券投资，信息服务主要是为增加客户黏性。近年来，证券机构竞

---

* 董旭，易观分析群组总经理，主要负责并从事"互联网＋"等多个细分领域的研究；马韬，易观总裁助理，资深金融分析师，主要负责互联网金融、传统金融机构（银行、证券、保险）互联网转型研究；李子川，易观金融团队负责人，资深分析师，主要负责并从事金融科技、网络保险、网络借贷、投资理财等多领域行业分析；田杰，易观金融分析师，负责金融科技创新、移动证券、信用服务等研究分析。

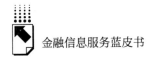
争加剧，证券机构经营利润下滑，经纪业务营收持续降低。与此同时，证券公司和其用户都在抛弃原有柜台交易方式而选择移动终端，证券交易类APP不仅成为证券公司用户经纪业务的载体，也是加速向信息服务转型的载体。观察证券交易类APP发展动向，既是了解证券经纪公司信息服务转型进展的重要方式，也是了解和分析原有以证券信息服务为主体的金融信息终端服务由面向机构向面向个人转变的重要途径。

一　证券交易类 APP 发展概述

（一）分析定义及分类

证券交易类APP是以证券交易功能为核心构建其服务体系的移动端第三方应用程序。按经营主体分类，可分为券商自营类APP和第三方证券服务类APP。

券商自营类APP：移动应用经营主体为持有证券经纪业务牌照的证券公司，如涨乐财富通、平安证券、国泰君安君弘等。

第三方证券服务类APP：移动应用经营主体为非证券公司，如同花顺、大智慧、指南针、牛股王等。此外，东方财富正在由金融信息服务机构转型为证券服务类机构，因其主要利润仍是源于金融信息服务业务，所以东方财富APP也属于第三方证券服务类APP。

（二）背景分析

1. 金融市场背景分析

2017年，中国M2供应量稳定增长，第四季度达500万亿元，同比增长8.7%（见图1），金融市场对实体经济发挥着稳定的支持作用，企业经营环境逐步改善，为金融体系主动降杠杆提供了较好的时间窗口。

2017年M2整体增长8.2%，相较于2016年增速有所下滑，在宏观去杠杆和金融监管加强的背景下，金融机构间资金交易更规范，市场存款相应有所减少，金融机构同业业务、债券投资、股权和其他投资同比增速下滑。
2017 年末，金融机构持有的 M2 同比增长 7.2%，比 M2 整体增速低 1 个百
分点；居民收入和企业经营状况则高于整体。

图 1　2016～2017 年 M2 供应量

资料来源：中国人民银行。

国家统计局数据显示，2017 年全国人均可支配收入 25974 元，扣除价
格因素后，实际增长 7.3%（见图 2），其中，城镇居民人均可支配收入
36396 元，实际增长 6.5%。按收入来源划分，2017 年全国居民人均工资性
收入 14620 元，增长 8.7%，占可支配收入的比重为 56.3%；人均经营净收
入 4502 元，增长 6.7%，占可支配收入的比重为 17.3%；人均财产净收入
2107 元，增长 11.6%，占可支配收入的比重为 8.1%；人均转移净收入
4744 元，增长 11.4%，占可支配收入的比重为 18.3%，经济发展带动居民
人均可支配收入提高。

2017 年，全国居民人均消费支出 18322 元，实际增长 5.4%。其中，城
镇居民人均消费支出 24445 元，实际增长 4.1%。居民人均可支配收入与人
均消费支出的差额正在扩大，人均闲置资金增多，房价上扬、物价上涨加大
居民的理财需求，同时，互联网金融的快速发展降低了理财门槛，线上投资
理财规模正在快速扩大。

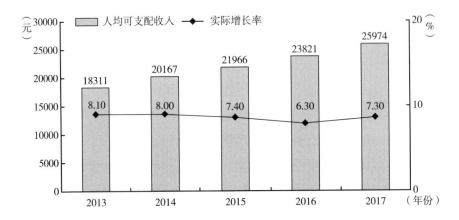

图2 2013～2017年中国人均可支配收入及实际增长率

资料来源：国家统计局。

2. 证券市场背景分析

银行、基金、保险、证券是居民投资理财的主要市场，而证券市场具有明显的周期性，自2015年A股大跌之后，证券投资需求减弱，市场成交量降低，券商的营业收入严重下滑。2017年，131家证券公司当期实现营业收入3113.28亿元，各主营业务收入分别为：证券经纪业务净收入（含席位租赁）820.92亿元，证券承销与保荐业务净收入384.24亿元，财务顾问业务净收入125.37亿元，投资咨询业务净收入33.96亿元，资产管理业务净收入310.21亿元，证券投资业务净收入（含公允价值变动）860.98亿元，利息净收入348.09亿元（见图3）。当期实现净利润1129.95亿元，120家公司实现盈利。在环比增长方面，证券经纪业务净收入环比降低22.04%，证券投资业务净收入环比增加51.46%，证券承销与保荐业务净收入环比减少26.11%。

券商证券投资业务净收入大比例提升，主要源于2017年A股大盘蓝筹股上涨，2017年上证50指数上涨25%，公募基金和券商投资业务都获得了较高的收益，与之相对的是中证1000指数下跌了17%，中小盘股跌幅较大，市场行情分化严重。

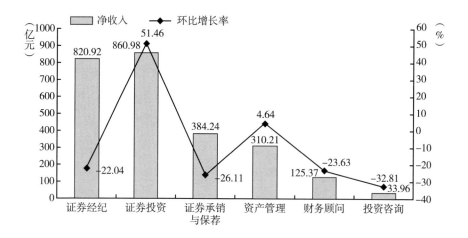

图3 2017 年券商各业务净收入与增长率

资料来源：证券业协会。

尽管 2017 年 IPO 规模增大，但定向增发和减持新规导致定向增发规模大幅度降低，就我国证券市场的融资作用来看，定向增发和发行债券的融资金额远高于 IPO，因多方面因素影响，2017 年债券市场疲软，债券承销业务大幅收缩，券商投行收入有所下滑。

2017 年，A 股日均成交量 4586 亿元，较 2016 年下降约 10%，直接导致证券经纪业务收入减少，同时，券商之间持续开展佣金战，导致行业平均佣金率直线下滑，进一步降低了券商的盈利能力。但是，经纪业务是连接普通投资者的主要接口，能够连带展开基金销售、投资咨询、财务顾问和资产管理业务，对证券机构有着举足轻重的作用，券商正从加强针对性营销和加大研发投入两个方向提高自身经纪业务能力。

股票＋基金交易金额反映了券商经纪业务能力，同时也影响财务顾问和基金销售业务。2017 年，华泰证券股票＋基金交易金额达 190139 亿元，稳居行业第一，其次是国泰君安证券和中信证券（见图 4）。近几年，移动证券发展迅速，华泰证券布局移动应用端较早，在证券投资用户由 PC 端迁移至移动端的进程中抢占用户市场，获得了更多的用户资源；国泰君安证券也是最早重视移动应用端发展的券商，提前布局移动应用端，目前处于行业领先的地位。

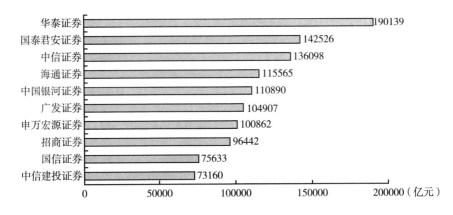

图4 2017年股票+基金交易金额排名

资料来源：Wind 资讯。

3. 证券交易类 APP 背景分析

2013～2015 年，证券市场行情较好，用户证券投资需求大增，移动端开户能够方便经纪人外出开户，降低用户开户门槛；减少用户开户流程，节省开户时间；方便经纪人做开户营销，避免用户流失风险。多方面优势使得各券商重视移动端开户，纷纷加大了移动端的研发投入，证券市场移动端应用在此期间飞速发展，2015 年上半年移动端开户增长率达 95.15%（见图5），到 2017 年底，移动端开户占比已超过 98%，基本实现了全面移动端开户，几乎每一家证券公司都有移动端开户 APP。

截至 2017 年底，移动端成交量占证券市场总成交量的比例超过 36%，2017 年下半年成交量占比环比增长 0.12%（见图6），尽管移动端开户比例较大，但移动端成交量占比依然较低。一方面，投资机构、高净值客户交易金额大且操作复杂，只能通过 PC 端或者现场交易；另一方面，移动端交易界面普遍脱离了行情页面，操作便捷性受到影响，部分个人投资者也习惯使用 PC 端交易。

证券交易市场中的主要参与者有证券机构、投资机构、企业、信托公司、基金公司和个人投资者，其中只有个人投资者大规模使用移动端交易。移动端具有便捷与实时的优势，也有交易分析方式简陋、界面局限、下单流

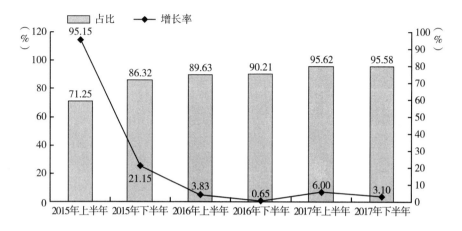

图5　2015～2017年证券市场移动端开户占比

程复杂等缺点。对于高净值客户而言，移动端扮演者信息服务的角色；对于
普通客户而言，移动端扮演了综合证券服务的角色。目前，移动端成交量占
比增速下降，成交量占比瓶颈已经出现，随着市场中普通投资者减少，移动
端成交量占比甚至有下调的可能。

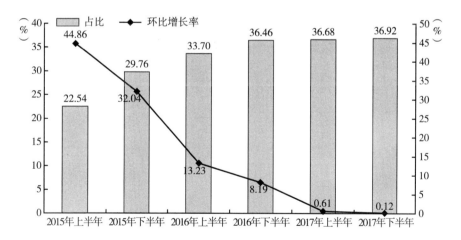

图6　2015～2017年证券市场移动端成交量占证券总成交量的比例

资料来源：证券业协会。

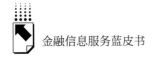

（三）移动端证券发展阶段分析

中国证券移动端市场具有准备期长、爆发期短、发展速度快等特点。

我国的证券市场起步于 1990 年，相对较晚，却是世界上第一个实现交易所核心业务系统采用微机局域网，发行、交易、清算全程无纸化的国家。2000 年，证监会发布《网上证券委托暂行管理办法》（见图 7），互联网证券交易正式纳入规范化监管，标志着我国移动端证券业务起步。同年，部分证券公司已经开始自主尝试开发基于 STK 卡的手机炒股系统。

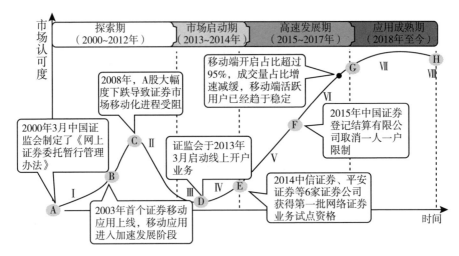

图 7　中国证券市场移动端 AMC 模型

而后，互联网证券快速发展，2003 年 7 月，中国移动与青海证券等券商合作推出采用 GPRS 网络和 JAVA 技术的"移动证券"，这是国内首次推出证券移动应用，服务内容包含实时行情、股市资讯和在线交易三大板块。此后中国移动携手 30 多家券商合作"财信通"业务，其是包括短信、彩信等业务的证券俱乐部。2006 年开始，招商证券、国信证券和国泰君安等券商均自主开发了基于移动互联网技术的智能版手机证券业务，这项业务也是目前证券公司提供移动证券服务的主要方式。移动端证券业务在此阶段开始加速发展。

2008 年，中国证券市场处于高点，美国次贷危机引爆全球金融危机，中国证券市场受到相应冲击，指数大幅度回调。金融市场受到较大冲击之后，监管机构开始清理场外配资，规范投资机构和证券公司的线上经营行为，金融互联网化的进程受到了一定的阻碍。受制于移动端的科技水平，移动端并未普及，互联网证券服务停留于 PC 端交易，券商的线上服务也仅停留在行情浏览和证券交易等基础服务；受制于政策与经营范围，券商的互联网经营范围也仅限于网上交易和网上资金收付两个环节。

直到 2012 年 5 月，在行业创新大会上，网上开户政策有所松动。2013 年 3 月，证监会发布《证券账户非现场开户实施暂行办法》等文件，为线上开户提供了政策支持。随后证监会发放了网络证券业务试点牌照，让证券机构开始做线上业务，互联网券商的经纪业务得以实现真正意义上的线上化。在此阶段，移动端技术爆发式发展，智能手机时代到来，随着第三方应用程序的推广，移动证券时代进入新一轮的起步期。

放开网上开户政策限制之后，多方面因素促使中国互联网证券市场高速发展。2014 年，A 股市场指数开始上扬，人们的证券投资需求快速增长，中国移动端证券服务应用进入高速增长阶段，移动端开户占比、移动端成交量占比在此阶段呈指数增长。为了给投资者提供更好的证券服务体验，2015 年中国证券登记结算有限公司取消了一人一户限制，规定一人最多可以开通 20 个证券账户，享受多方位服务，手机证券在政策和行情的双重催化下飞速发展。

截至 2017 年底，移动端开户占整体开户的比重达 98.6%，移动应用活跃用户趋于稳定，市场已没有由 PC 端向移动端转移的红利，中国移动端证券服务应用已迈入成熟期。

二　证券交易类 APP 的主要功能和发展模式

证券交易类 APP 的普及对证券公司的经营模式产生了较大的冲击。证券公司传统营销变现方法分为多个步骤。

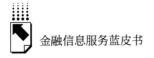

第一步是用户品牌感知，扩大自身品牌知名度。早期证券公司还没有实现网络化运营，营销活动多在线下开展，主要服务对象也是营业部周边活动人群，多数券商的品牌知名度仅局限于注册地区，而第三方金融信息服务机构在发展初期就立足于线上运营，没有传统经营范围的限制，用户城市分布相对分散。

第二步是获得用户。早期投资者开户有一人一户的限制，券商流行"跑马圈地"开空户，而放开限制之后，粗犷式运营不具有任何效果，反倒提高了经营成本。品牌价值、佣金价格是提升获客概率的主要因素。

第三步是用户活跃度提升。在获得有效客户之后，提升用户活跃度是关键因素，这考验券商的综合服务能力，在传统证券服务中，客户服务主要包含财务顾问业务、投资咨询业务、线下投资交流会和电话交流。这些服务多是证券经纪人和证券投资顾问执行，他们展开客户服务多是利益驱动，目的性较强，且服务客户多是高净值客户，服务范围也具有很强的局限性，导致许多普通证券投资者没有享受到应有的服务，不利于国内证券市场的发展。证券交易类 APP 发展起来之后，证券公司能够通过移动端直接与客户互动，线上提供多款产品，及时满足用户需求，智能投顾、智能客服正逐步应用于移动端，证券公司能够以更低的成本覆盖超过 90% 的用户，有效提升用户活跃度。

第四步是用户留存率提升。用户留存率高能直接提高券商的经济效益，用户流失率高主要是竞争激烈或者是受证券市场行情影响，目前，证券市场的主要竞争点就是客户佣金率和客户服务满意度，客户服务满意度又包含经纪人服务满意度和移动交易 APP 的满意度，可见，在经纪人流失率逐步提高、市场佣金战难以持续的背景下，提高移动应用端的用户满意度直接关系到提升用户留存率。

第五步是用户变现和价值传播。用户变现能力也是考验证券公司经营能力的一环，在面向客户的经营中，传统证券公司的利润来源主要是证券经纪业务和财务顾问业务，其中财务顾问业务主要面向高净值用户，随着人们理财意识的提高，长尾用户的理财需求难以得到满足。当用户体验较高的时候，品牌价值再传播才会产生，从而形成循环效应，使市场中移动应用端的用户规模不断分化。

证券交易类 APP 已不再局限于满足投资者交易需求，而是提供综合证券服务，背后是一整套金融服务体系，在移动端上形成从用户感知到品牌再营销的一系列闭环衔接。

（一）证券交易类 APP 功能分析

传统证券交易类 APP 的核心功能是证券交易，随着移动证券的发展，证券交易类 APP 已成为集开户引流、投资者教育、行情浏览与辅助决策、基本信息展示与新闻资讯推送、证券交易、投资理财于一体的综合金融服务应用，在多方面取代了营业部的功能。

1. 开户引流

证券交易类 APP 的引流方式主要包含低佣金开户、开户打折、新手专享、模拟炒股、融资融券礼包等，为降低用户开户门槛，多数证券交易类 APP 包含开户功能，然而整体来看，移动应用的引流方式相对简单，仍是主要依靠线上口碑宣传与线下营销。

在引流端，第三方证券服务类 APP 与券商自营类 APP 不同，第三方证券服务机构本身不能从事证券经纪业务，只能与证券公司合作，为其引流，借助券商的牌照给客户提供证券服务。除了经纪业务之外，券商的主要盈利来自佣金和客户行为产生的增值服务，如卖基金、投顾、融资等，第三方开户后，客户交易行为一般也停留在第三方证券服务类 APP，券商难以展开二次增值服务。就开户功能来说，有利于中小型券商，它们为了招揽客户更愿意降低佣金，而大型券商则倾向于自建移动应用。

2. 投资者教育

移动端投资者教育主要有视频直播、教育学堂、牛人教育、实盘讲解几种方式，每一类方式下设置有不同阶段的投资讲解，例如，视频直播包含基础知识、进阶知识、每日盯盘、K 线讲解以及量化分析讲解，投资者可根据自己的阶段和偏好选择学习。

投资者教育在短期内难以体现其经济效益，但从四个方面持续利好公司经营：第一，帮助投资者了解证券市场，从而加大资金投入；第二，提升用户满意度，降低客户流失率；第三，保护投资者利益，防止投资者承受不必要的风险；第四，投资者教育是公司投顾与投资者接触最频繁的窗口，能有效推广公司的投顾服务。

社区交流是在移动端打造的投资者交流平台，具有和投资者教育相同的作用，能够连通投资者，让普通投资者有更多的话语权，找到圈子，获得归属感，从而提高移动端的用户黏性。目前，各大券商和金融信息服务机构都有推出社区服务，然而社区交流需要一定的用户基础，大部分证券交易类APP的社区交流没有达到理想的效果，而且，社区交流还有一定的法律风险，讨论区用户的发言可能涉及敏感事件或者某些舆论信息，如果扩大，会造成上市公司股价波动，反倒影响公司经营。

3. 行情浏览与辅助决策

行情浏览为用户提供证券交易所交易行情的信息，主要包含即时成交价格、买卖报价与数量、历史成交明细、成交量、历史价格走势等信息。行情浏览是证券交易类APP的核心功能，主要考验各APP的页面布局与行情反应速度。

辅助决策是移动应用端中差异性最大、技术含量最高的功能。辅助决策包含技术分析辅助决策、基本面分析辅助决策、量化辅助决策、主题选股、资金流动选股、智能选股、智能诊股等。

技术分析辅助决策包括K线分时显示、数据指标、指标画线、大数据相似K线等由成交价和成交量计算而来的指标数据。

基本面分析辅助决策以分析上市公司经营状况为主，提供股票基本面数据筛选，第一时间为投资者推送研报与解读、调研访谈信息。

量化辅助决策是在移动端为用户提供量化选股组合，目前移动端还不能实现自定义量化策略组合。

主题选股是根据当下热门主题选股，如QFII重仓股、社保重仓股以及各种概念股等。

资金流动选股追踪市场资金流向，以主动买卖数量和价格预测未来走势，多数移动应用将资金流向以可视化数据展示，增加数据的可读性。

智能选股和智能诊股是利用大数据、云计算、深度学习和神经网络等前沿技术提供选股决策服务，相较于人工选股，智能选股具有三点优势：一是人工智能依赖的是逻辑和数字，可以有效避免人性弱点；二是人工智能可以24小时不间断处理海量信息，知识量具有明显优势；三是支持快速回测数据并修正模型提高胜率，决策更科学。

4. 基本信息展示与新闻资讯推送

基本信息展示包含公司的简介、主营业务、所属板块、历史经营业绩、历史分红信息、股东状况、机构评级、历史公告、研究报告等信息。

新闻资讯既包含实时新闻公告，也包含资讯影响解析。实时新闻涵盖国际环境、宏观政策调控、地方产业政策、上市公司公告等各种对证券市场和个股造成影响的事件。相较于系统化学习，普通投资者更热衷于新闻资讯学习，一方面了解市场最新动向，另一方面加深自我认知。且新闻资讯学习具有有趣、耗时短、用户主动选择等特点，也能辅助投资者做出选股决策。

5. 证券交易

移动端证券交易包含证券账户选择登录、银证转账、资金查询、委托成交、股票买入、卖出、撤单、申购、赎回、融资、融券、成交查询等功能。

证券交易类 APP 具有通道性质，在证券休市时间，活跃用户规模大幅度降低。

6. 投资理财

证券交易类用户投资理财需求较大，各 APP 都提供了十分丰富的理财产品，包括股票基金、货币基金、商品基金、债券、定投、活期理财、定期理财、私募等。证券交易类用户风险承受能力不同，基于不同用户的风险偏好，部分移动应用加强了科技研发投入，推出智能选基、智能投顾等智能理财应用，降低投资者理财门槛，提高风控能力。

（二）证券交易类 APP 模式分析

1. 证券交易类 APP 运营模式分析

证券交易类 APP 按运营模式可分为自营模式和平台模式。

自营模式是指券商直接为用户提供证券通道业务，接受用户的交易指令并上传至证券交易所的运营模式。券商整合好产品和服务，将其直接提供给用户，用户使用付费，服务链上只有券商和用户。只有持有证券经纪业务牌照的证券公司才能从事经纪业务，移动应用作为连接用户的新接口，承担了服务窗口的作用，各机构根据自身提供的服务，填充应用功能，重视服务体系的构建。券商采用自营模式有以下三大优势。

牌照保护，证券行业属金融市场的重要分支，具有高门槛、强监管、资金流量大等特点，在具备门槛限制的同时，也存在一定的牌照保护。

安全性高，自营模式保障证券交易在证券市场体系内运作，后台安全性高，不易出现系统故障和信息泄露风险。

行情反应速度快，因券商系统直连，指令运行时间短，行情反应速度和成交速度都更快。

平台模式是通过与证券公司达成合作关系，移动应用支持多个证券公司交易，接受用户交易指令后，上传至相应券商，再通过券商交易系统上传至交易所。为避免信息泄露和代理交易违规风险，第三方机构一般将转发＋协议转化的中间件服务程序部署在券商的服务器和机房之中，部署、运维全部由券商的运维人员处理，第三方在无券商授权的情况下无权管理。所以，大部分第三方证券服务应用端在进行交易时，直接对接了券商的交易系统。平台模式在以下几方面具有较大优势。

议价能力强，因为平台对接了多家券商，在此平台上争夺用户时，各券商只能进行品牌竞争和佣金竞争，用户自主选择范围更广，具有较强的议价能力。

服务范围广、用户规模大，平台模式突破了独家券商服务的限制，能够帮助用户享受不同券商的各类服务。

目前，采用平台模式的第三方证券服务应用已经拥有较大的用户规模，在具有一定优势的同时也面临相关风险，部分平台模式存在代理交易违规风险、信息泄露风险以及技术违规风险。未来，在行业监管趋严的情况下，平台模式会越来越规范，但不会被取缔，自营模式和平台模式的竞争会更激烈。

2. 证券交易类 APP 盈利模式分析

证券交易类 APP 盈利模式主要包含交易佣金收费、通道合作收费、增值服务收费和代理销售收费等，各机构根据自身经营模式，会选择不同的盈利模式。

交易佣金收费，券商在为用户提供代理证券交易业务时会收取相应的佣金费用，截止到 2017 年底，证券行业的平均佣金率为 0.035%，行业佣金率持续走低，但佣金收入仍是券商自营移动端主要收费模式。

通道合作收费，第三方证券服务应用在为券商导流的时候会收取相应的费用，收费项目包含引流开户收费、成交收费。

增值服务收费，证券交易类 APP 提供"主力筹码追踪""双突战法""资金博弈"等各类辅助决策工具并收取相关产品费用，除开工具类产品，部分移动端通过提供资讯类产品，如推荐投资组合、牛人跟股等方式收费。增值服务收费仍处于起步阶段，收费产品相对较少，但成长迅速，智能应用快速发展，部分应用已落地，只是目前仍处于投资者教育阶段，增值服务收费仍有较大空间。

应用下载收费，部分证券交易类应用需要付费下载，如同花顺至尊版、东方财富领先版、万得股票等。

信用服务收费，信用服务包含融资融券业务，融资融券主要收取利息费用。

代理销售收费，证券交易类应用都提供理财产品，理财产品包含基金、债券、黄金、保险等。

投资顾问收费，通过移动端连接证券投资顾问与用户，实现一对一专业服务，收取相关服务费用。

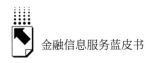

三 证券交易类 APP 现状分析

第三方证券服务公司在证券互联网化的进程中起步较早，通过与证券公司合作的方式降低自身的经营风险，具有极强的佣金议价能力。它们围绕用户需求，不断更新线上产品。年报显示，2016 年同花顺研发投入 2.97 亿元，占营收比例达 17%，东方财富网研发投入 1.78 亿元，大智慧研发投入 1.6 亿元，持续高额的研发投入，使第三方证券服务类 APP 的用户规模较大。在第三方证券服务机构获得一定的客户资源和流量优势之后，券商普遍认识到加强移动端建设的重要性，增加了研发资金投入。多家机构的研发投入占营收比例大幅度提高，其中华泰证券 2016 年研发投入金额达 2.9 亿元，占营收总额的 1.73%，广发证券、国信证券、海通证券 2016 年研发投入也超过 1 亿元。

（一）证券交易类 APP 运营现状分析

移动端证券用户多是普通投资者，活跃用户规模受证券市场行情影响明显，2017 年上证指数上涨 6.6 个百分点，其中中证 100 指数上涨 30%，中证 1000 指数下跌 17%，贵州茅台、平安银行等大盘蓝筹股涨幅超过一倍，A 股累计下跌个股超过 2000 只，占比高达 77%。经历过长期低估值之后，价值投资得到市场追捧，小盘股估值回落。2017 年两市累计成交 93.2 万亿元，较 2017 年的 127.4 万亿元降低了 26%，市场成交低迷，2017 年 12 月证券交易类 APP 活跃用户同比减少 15%。

2017 年内，证券交易类 APP 用户规模波动相对平缓，2017 年 1 月到 3 月，活跃用户由 9017 万名增至 11049 万名，3 月底，外围市场不稳导致 B 股大跌，中小板、创业板相继下跌，市场赚钱效应降低，致使 4 月活跃用户减少 10.7%（见图 8），而后，监管长期处于"去杠杆、抑泡沫、防风险"的状态，市场资金流动性受到影响，移动端活跃用户规模处于稳定状态。

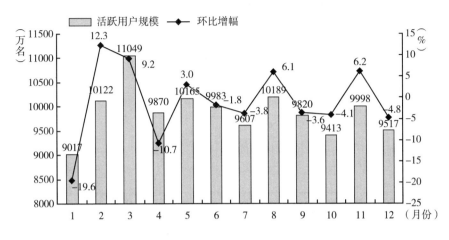

图8 2017 年证券交易类 APP 活跃用户规模

资料来源：易观千帆、易观数据库（2017 年数据）。

1. 券商自营类应用运营现状分析

华泰证券的涨乐财富通以 604 万名活跃用户位列行业第一，平安证券和国泰君安君弘分别以 348 万名和 327 万名活跃用户位列第二、第三位（见图9）。在同比增长方面，国泰君安君弘由 2016 年的行业第九上升至行业前三，活跃用户增长最多，平安证券、银河玖乐、中泰齐富通 2017 年行业排名也有提高。

涨乐财富通用户规模较大，2017 年 12 月活跃用户超过第二名 256 万名，优势明显，排名第二的平安证券与排名第十申万宏源大赢家差距约为130 万名，应用间排名竞争激烈。

券商自营类应用活跃用户规模不仅反映了移动端发展水平，也体现了公司的综合服务能力以及互联网思维。2013 年，网上开户政策松动之后，华泰证券率先推出网上开户，积极拥抱互联网，与网易等互联网公司达成合作关系，并在 2014 年上线涨乐财富通，主动降低佣金率，提出"万三开户"的口号，迅速扩大了市场份额。2014 年上半年，华泰证券就已占股基交易市场份额的 6.86%，成为行业第一。在降低佣金率的同时，华泰证券注重客户体验，重点满足用户便捷性需求，打造全业务链体系。以线上开户营

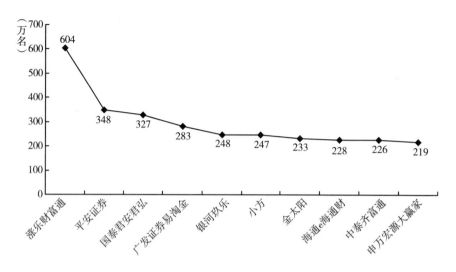

图9 2017年12月券商自营类应用活跃用户规模

注：易观千帆只对独立APP的用户数据进行监测统计，不包括APP之外的调用等行为产生的用户数据。截至2017年第4季度易观千帆基于22.5亿累计装机覆盖、5.5亿活跃用户的行为监测结果，采用自主研发的enfo Tech技术，有效了解数字消费者在智能手机上的行为轨迹。

资料来源：易观千帆、易观数据库（2017年数据）。

销、线下后续服务为宗旨，不断创新营业部业务，尤其是在信用类创新业务方面积极发展，推出股权质押融资、融资打新以及受限流通股减持方面的创新服务。对客户进行分层分级服务，面向企业机构发展综合金融业务，面向个人高净值客户发展财富管理业务，面向普通投资者提供便捷通道和投顾理财业务。利用券商与互联网的结合，充分发挥金融中介的作用，依托线上线下融合，获得较大的移动端活跃用户规模和稳居行业第一的股基交易份额，截至2017年12月，华泰证券的股基交易额和移动端活跃用户规模仍行业领先。

从某个方面来说，券商主动拥抱互联网，也是被市场环境倒逼的结果，在中国互联网用户群体快速发展的同时，各互联网公司利用自身的用户流量优势和便捷优势，迅速抢占市场份额，倒逼传统金融公司回归用户服务。

平安证券作为首批获得互联网业务资格试点的券商，在发展初期就定位为互联网券商，大力布局互联网金融业务。凭借母公司平安集团的优势，推动科技创新与金融服务融合，发挥证券公司的专业优势和交易服务优势，构建以金融投资为主题的互联网社交平台。近几年，平安证券活跃用户规模大幅度提升，由 2014 年用户规模排名 20 名开外上升至 2017 年稳居行业前三，实现了跨越式发展。平安证券主要从三个方面提升用户规模。

第一，放开流量，与互联网企业合作，自推出平安证券 APP 以来，平安证券先后与同花顺、PPTV、携程网、京东股票、雪球网等众多互联网企业进行合作。

第二，线上线下融合，券商在互联网转型的过程中面临较大的内部压力，主要源于利益冲突，互联网开户和营销会挤压营业部的利润空间。平安证券在线上线下利益分配时采用了漏斗模型，上层是 APP、微信公众号等低成本的服务，下层是电话、营业部面对面等高成本服务，以线上营销收入补贴线下营销成本，平衡双边利益关系。

第三，提升客户体验，券商在进行互联网转型和放开流量的过程中，最大的顾虑就是自身用户被抢占，互联网上用户转移成本变低，移动端两极分化会加重，用户体验好的应用用户规模会更大，反之更小。平安证券在以上三大策略的基础上，加大资金投入，加大资源整合力度，加强内部沟通协调能力，取得了良好的运营效果。

在人均单日使用时长方面，活跃用户规模前 10 中，海通 e 海通财人均单日使用 27.24 分钟，排名第一，其次是国泰君安君弘和中泰齐富通，涨乐财富通在用户规模较大的基础上，人均单日使用时长仍居前列（见图 10）。

人均单日使用时长体现用户停留在应用内的平均时长，高使用时长反映用户使用驱动因素强，有助于提高用户转化率，能够让用户接触到更多的服务和产品。然而，因证券交易类 APP 具有通道性质，所提供的服务大类相同，专利性不强，技术门槛不高，导致同质化严重。券商自营类应用的差异性很小，为摆脱同质化的恶性竞争，提高用户使用时长，各券商在产品上采用了不同的发展策略。

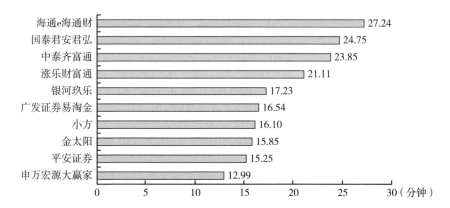

图10　2017年12月券商自营类应用活跃用户规模前10人均单日使用时长

注：易观千帆只对独立APP中的用户数据进行监测统计，不包括APP之外的调用等行为产生的用户数据。截至2017年第4季度易观千帆基于22.5亿累计装机覆盖、5.5亿活跃用户的行为监测结果，采用自主研发的enfo Tech技术，有效了解数字消费者在智能手机上的行为轨迹。

资料来源：易观千帆、易观数据库（2017年数据）。

海通证券将移动端APP海通e海通财定位于互联网与金融的充分融合，从三个方面推动移动应用端的发展。

第一，资本推动产业融合，战略投资金融科技前沿企业。2016年海通证券累计追加长期股权投资超过40亿元，投资企业多是投资机构或金融科技企业，以资本力量构建自身的金融生态体系，最终将移动应用海通e海通财打造为平台型的金融生态圈。

第二，布局金融科技。海通证券认为发展人工智能和大数据技术，争取在经纪业务中应用新技术，利用科技转型业务是公司的重要发展方向。目前，海通e海通财已经推出了智能选股、海博士、智能舆情、智能温度等智能产品，智能选股能通过超过20个维度筛选股票；海博士是首批智能客服，为用户提供7×24小时的在线服务；智能舆情和智能温度以可视化页面展示市场流动性和活跃度。

第三，自主研发。证券行业大都采用IT外包的模式，自身缺少科技研发能力，不能适应互联网金融的发展需要。海通证券在海通e海通财APP

项目上自建研发团队，以自主研发为主，核心平台拥有自主知识产权，通过整合各类优质供应商和子公司的开发能力和资源，能够持续更迭产品，具有竞争力。海通证券在以上三种策略下持续优化产品结构，操作界面简洁，学习成本低，获得了较高的用户反馈。

国泰君安"以金融服务创造价值"作为自己的使命，将成为"根植本土、覆盖全球、有重要影响力的综合金融服务商"作为发展愿景，大胆开拓创新业务。同时，国泰君安格外重视互联网零售业务的发展。2016 年，国泰君安代理买卖证券收入居行业第一，2017 年仍居行业前列，一方面体现了国泰君安用户规模大；另一方面体现出用户转化率高，变现能力强，这与国泰君安高质量的服务和正确的互联网发展理念有关。自国泰君安君弘上线以来，活跃用户规模快速增长，2017 年 12 月，国泰君安活跃用户规模同比增长 44%，人均单日使用时长稳居前列，用户黏性极高，在集团公司《2016～2018 年发展战略规划纲要战略》的引领下，国泰君安君弘客户端制定了三年三步走策略。

2016 年，做可运营的社交化投资平台，国泰君安君弘已上线牛人牛股、小君解盘、牛人圈子、君弘学堂等社区功能，以股友互动、牛人分享的方式加强投资者交流，并推出炒股比赛、经验分享、组合分享等细分功能，增大趣味性。其中君弘学堂覆盖完善的投资者教育体系，包括新手入门、基本面选股、技术面选股、理财讲堂和模拟操盘等系统化功能，并配有大咖故事，让投资者在热爱中学习，相对完善的社区功能有效帮助国泰君安君弘提高用户使用时长。

2017 年，做智能化客户端，科技＋服务是国泰君安发展移动客户端的核心战略，以大数据、智能引擎、基础服务能力为核心，为客户提供伴随式、场景化、千人千面的专业投教和投资辅助服务。国泰君安上线了智能选股、数据解盘以及君弘灵犀：智能选股通过技术面和基本面配置投资策略；数据解盘通过可视化图表展示市场市场行情；国泰君安君弘灵犀是安全场景伴随式的智能化线上服务形象，包含智能客服、智能投资和智能理财三位一体的智能服务。智能服务贯穿于用户投资的整个过程，它大幅度降低了用户

信息获取成本，提高了决策效率，帮助用户获取市场先机。

2018 年，做投资理财领域的垂直领域超级客户端。在用户规模相对稳定的情况下，如何提高用户的转化率、如何为用户提供更多的服务是证券移动端下一步思考的方向，互联网的边界正在不断扩大，金融服务的界限也在变得模糊，证券服务平台开始向金融服务平台转化，甚至需要融入相应的生活服务场景，国泰君安君弘正在不断融合更多服务，在垂直领域不断细化，满足千人千面的个性化需求，可以预见，国泰君安在用户黏性较大的情况下，用户规模和用户价值会不断提高。

2. 第三方证券服务应用运营现状分析

第三方证券服务应用用户占证券领域用户总量的 65%，具有一定优势，且用户集中度高，规模排名前三的应用用户规模占整体的 85%。2017 年 12 月，同花顺以 3399 万名活跃用户规模稳居行业第一，其次是东方财富网和大智慧（见图 11）。第三方证券服务应用间用户规模差距较大，名次相对稳定，较 2016 年没有明显变化。

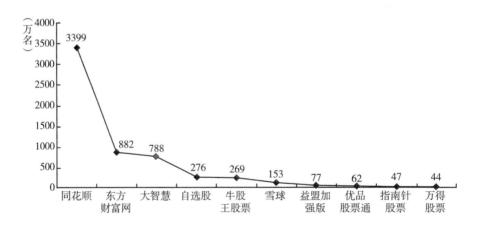

图 11 2017 年 12 月第三方证券服务应用活跃用户规模

注：易观千帆只对独立 APP 中的用户数据进行监测统计，不包括 APP 之外的调用等行为产生的用户数据。截至 2017 年第 4 季度易观千帆基于 22.5 亿累计装机覆盖、5.5 亿活跃用户的行为监测结果，采用自主研发的 enfo Tech 技术，有效了解数字消费者在智能手机上的行为轨迹。

资料来源：易观千帆、易观数据库（2017 年数据）。

第三方证券服务机构很早就布局互联网证券和移动证券，彼时证券市场还未放开网络证券业务经营资格，第三方机构就采用与证券机构合作的方式，为用户提供金融信息服务，获得了巨大的用户优势和流量优势。

同花顺通过同花顺金融服务网、交易行情客户终端和系列产品为客户提供免费和增值金融资讯，2002 年，上线了第一款手机行情交易软件，手机金融信息服务系列产品覆盖了 K - JAVA、Symbian、BREW、SMARTPHONE 等手机平台，适用超过 1000 款手机，是当时适用机型最多的产品。2009 年，同花顺与国内 97 家证券公司建立了业务合作关系，并与中国移动、中国联通、中国电信三大移动运营商建立起全面合作关系，在开放平台与多机型适配的情况下，每日使用同花顺网上行情免费客户端的人数平均约 416 万名，手机金融信息服务注册用户约 592 万名，每日手机金融信息服务实时并发人数约 28 万名，线上线下累计约有 9172 万名注册用户和 608 万名活跃用户。此时，移动端证券信息服务仍处于发展初期阶段，市场集中度低，竞争非常激烈，淘汰率高，在本身具有优势的情况下，同花顺加大投资同花顺手机金融服务网二期项目，全面提升同花顺手机金融服务产品的性能，并对系统平台的服务能力进行扩容，保障同花顺移动端的持续竞争力。

随后，移动应用快速发展，带动证券服务移动端用户规模飞速增长，在 2009～2014 年，同花顺每日手机金融信息服务实时并发人数由 28 万名上升至 380 万名，增幅超过 10 倍。与券商不同，同花顺在发展移动端用户的策略上非常单一，在 2009～2016 年，同花顺一直将产品升级与开发作为第一发展规划，持续加强公司移动端产品的研发和创新力度，提高服务质量和水平，提升用户体验，让产品成为吸引用户的唯一选项，取得了极好的发展效果。

在 2016 年 8 月到 2017 年 3 月之间，同花顺用户规模再次实现大幅度增长，一方面是证券市场行情好转，投资者入市规模增加；另一方面是同花顺整合 PC 端、移动端和金融服务端的资源，围绕客户需求挖掘新的服务点，并且加大金融科技的投入，落地部分智能产品，同时，同花顺积极与银行、券商、资管等其他财富管理机构、第三方支付公司、天津贵金属

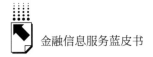

交易所、深圳黄金投资有限公司等机构开展深度合作，打造基于公众财富管理的"生态圈"，同花顺移动端已成为以证券服务为核心的综合金融服务平台。

大智慧布局线上证券服务同样较早，2009年，大智慧PC端的日均在线用户数量已超过1000万名，同期同花顺日活跃用户约为416万名。大智慧在上市时，营业收入和净利润居行业第一。上市之后，大智慧从5个方向加大研发投入。第一，对金融终端系列产品进行整合和升级；第二，完善大智慧DTS策略交易平台；第三，完善大智慧移动终端产品系列；第四，升级券商综合服务系统；第五，运营财经视频项目。在加大研发投入的同时，大智慧通过资本收购加大国内证券市场和国际资本市场的投入。在2011~2014年，大智慧先后共并购13家企业，受资本扩张过快、研发方向过多等影响，大智慧净利润持续降低。自2011年开始，大智慧就开始由金融信息服务平台向综合证券服务平台转型，计划与湘财证券合并，受多方面影响合并失败。2014年，受公司经营业绩影响，大智慧开始注重成本控制，移动端研发投入基本没有波动。

在互联网用户由PC端向移动端迁移的过程中，大智慧将移动端视为PC端产品的延伸，围绕挖掘金融信息数据、拓展产品领域、发展社交产品、提高用户黏性几方面，丰富公司产品线。大智慧一方面重视通过移动终端的金融信息数据处理和挖掘系统，提升移动产品对行情、资讯和分析工具的支持能力；另一方面，围绕移动互联网发展的特点，推出大智慧银行理财、舆情等快捷型专项移动客户端，开始进行用户分流。截至2017年12月，大智慧活跃用户有788万名，转型效果不明显。

在人均单日使用时长方面，东方财富网以人均单日使用33.66分钟排名第一，其次是雪球和同花顺（见图12）。第三方证券服务应用作为证券类工具应用，应用间的功能水平不同，用户黏性相差较大，人均使用时长也有较大差距。

在推出移动端产品时，各第三方证券服务机构会根据自身经营优势有所侧重。早期，东方财富定位为网络财经信息平台综合运营商，依靠东方财富

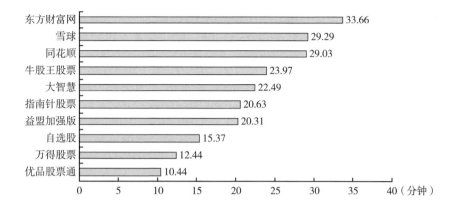

东方财富网 ███████████████████████████ 33.66
雪球 █████████████████████████ 29.29
同花顺 █████████████████████████ 29.03
牛股王股票 ████████████████████ 23.97
大智慧 ███████████████████ 22.49
指南针股票 █████████████████ 20.63
益盟加强版 █████████████████ 20.31
自选股 █████████████ 15.37
万得股票 ██████████ 12.44
优品股票通 █████████ 10.44

0　5　10　15　20　25　30　35　40（分钟）

图 12　2017 年 12 月第三方证券服务应用活跃用户规模前 10 人均单日使用时长

注：易观千帆只对独立 APP 中的用户数据进行监测统计，不包括 APP 之外的调用等行为产生的用户数据。截至 2017 年第 4 季度易观千帆基于 22.5 亿累计装机覆盖、5.5 亿活跃用户的行为监测结果，采用自主研发的 enfo Tech 技术，有效了解数字消费者在智能手机上的行为轨迹。

资料来源：易观千帆、易观数据库（2017 年数据）。

网站和天天基金网的流量优势为移动端导流。在收购西藏同信证券之后，东方财富加大证券市场投入，已经形成集证券交易、资讯、自营基金理财、证券服务于一体的综合金融服务平台。东方财富网 APP 提供专业与齐全的金融工具服务，行情端支持查看全球各类指数、股指期货、商品期货、现货、香港市场、美国市场等；数据端提供龙虎榜单、大宗交易榜单、解禁、分红、公告、定报预批等各类数据资源；在资讯端，东方财富推出热点聚焦、问答广场、个性化推荐、滚动快讯、财富号、浪客直播等全方位功能；在策略端，除了传统的技术面和基本面选股之外，还提供主题投资、短线雷达、核心内参、东方金股等投资策略选项。在提倡满足各类服务的同时，东方财富网 APP 还上线了彩票频道和实盘大赛，让用户免费报名并参与分享 1 亿元的操盘资金，以提升用户参与度。

雪球是一款社交投资网站，让用户能够自主交流，并能学习到相关知识。雪球网成立于 2010 年，发展速度极快，雪球围绕两个核心打造社区功能。第一，满足个性化需求，投资者为了提高读取信息的效率，一般都只关注自己感兴趣的股票和信息，雪球从一开始就是一个投资的、垂直的社区，利用股票代码这种天然的标准化数据标签，把和某家上市公司相关的新闻、公告准确并实时地推送给用户，把用户关注的人的发言推送给用户，允许用户屏蔽他们不想看的人。第二，打造"有水平"的交流，社区交流之中，普通人更愿意关注比自己更专业的人，希望能学习到更专业的知识进而获得投资建议，而专业是需要用户认可的，雪球借助互联网包罗万象的优点，尽可能完整客观地呈现一名用户的特点，保证用户自由选择的权利，通过用户间持续的交流，让他们知道哪些人最可能解答哪方面的问题，帮助用户找到高水平的人。

凭借社区优势，雪球获得了大量用户，在推出雪球 APP 时，雪球沿用了高水平社区投资网站的特征，以用户交流为主，在用户社交、学习与投资的三重驱动下，人均单日使用时长稳居行业前列。目前，雪球在证券开户端仅支持平安证券开户，证券交易端支持平安证券、国金证券和国联证券，证券合作机构相对较少。雪球 APP 立足社区，提供多类型交流，首页包含头条、直播、沪深、房产、港股、基金、美股、保险等主流热点题材，行情交易端支持用户购买沪深 A 股、港股、美股、基金和私募，雪球 APP 满足用户移动社区投资需求，用户规模持续增长。

（二）证券交易类 APP 用户现状分析

目前，证券类服务基本完成了移动化，证券类用户普遍更关注投资理财，且具有一定的理财意识和能力，消费水平较高，移动证券投资用户中中等消费以上占比超过 80%（见图 13），用户主要分布在一线城市。

随着移动端的发展，智能投顾、移动开户等证券服务能够触及更多的长尾用户，越来越多的普通投资者参与证券市场，证券投资群体正在向下转移，中低消费群体占比在提高，二、三线城市占比也在增大，但是，高净值人群仍是证券市场的主要参与者，满足主要用户的证券投资需求才能带来持续竞争力。

在城市分布占比中，上海市的移动端用户规模最大，占全国移动用户的

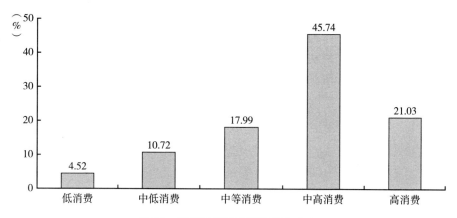

图 13　证券服务用户消费能力分布

注：易观千帆只对独立 APP 中的用户数据进行监测统计，不包括 APP 之外的调用等行为产生的用户数据。截至 2017 年第 4 季度易观千帆基于 22.5 亿累计装机覆盖、5.5 亿活跃用户的行为监测结果，采用自主研发的 enfo Tech 技术，有效了解数字消费者在智能手机上的行为轨迹。

资料来源：易观千帆、易观数据库（2017 年数据）。

8.28%，其次是广州市和杭州市（见图 14）。上海市人口规模大，证券投资氛围浓厚，移动证券普及度高，注册地点在上海市的证券公司累计有 25 家，上海市是全国证券注册公司最多的城市，同时也是中国证券市场最繁荣的城市。

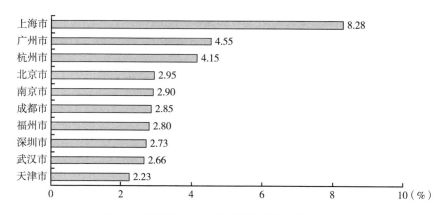

图 14　证券服务应用移动端用户城市分别占比

注：易观千帆只对独立 APP 中的用户数据进行监测统计，不包括 APP 之外的调用等行为产生的用户数据。截至 2017 年第 4 季度易观千帆基于 22.5 亿累计装机覆盖、5.5 亿活跃用户的行为监测结果，采用自主研发的 enfo Tech 技术，有效了解数字消费者在智能手机上的行为轨迹。

资料来源：易观数据库（2017 年数据）。

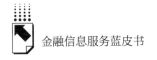

券商自营类应用和第三方证券服务应用的用户地域构成有很大的差别。

早期，证券市场只有券商，受用户开发成本和开户技术等多方面因素的制约，券商以线下推广为主，用户构成地域偏差明显。例如，在华泰证券的用户分布中，江苏占活跃用户的34.5%，其次是湖北和广东。目前，尽管没有政策和技术方面的限制，受品牌影响力、地域营销投入、用户挖掘成本等因素的限制，券商仍以营业部营销为核心、互联网自主开户为辅助，以扩大用户覆盖面积，目前，券商自营移动端开户没有完全突破地域限制。

第三方证券服务应用在发展初期就立足互联网，一方面凭借线上低成本的优势进行营销；另一方面接入多方证券服务机构，避免了地域偏差。以同花顺为例，同花顺用户较为分散，杭州、上海和广州用户占比最高，用户地域分布与券商自营类应用用户分布相似。

证券服务完成移动化之后，证券机构的营业区域扩大了，每一个经纪人都能够发挥营业部的作用，在外部制约因素减少之后，品牌影响力成为扩大营业区域、降低营销成本的重要因素，只有不断加强品牌建设，才能在下一轮证券用户规模切换之时获得更多的机会。

人群偏好TGI是指人群对相应领域的偏好程度，TGI值=1即等于全网平均水平，TGI值>1即有偏好；值越大，偏好越强。证券类用户对综合资讯领域的偏好最高，其次是浏览器和银行服务应用。在关注投资理财等金融服务的同时，证券类用户还经常使用社交网络、综合电商、安全管理和天气等应用（见图15），用户普遍表现出对生活质量和移动端安全性有较高的要求。

证券投资是信息投资，信息获取质量和速度决定了投资者的投资成果，证券类用户对资讯的需求非常强烈。在了解资讯之余，证券类用户经常使用浏览器搜集信息，从而满足获取新闻资讯和名词解释等刚性学习需求。证券服务应用与银行服务应用、支付同属金融类应用，用户具有相同的偏好，证券与银行经常涉及银证转账，属于强关联应用。

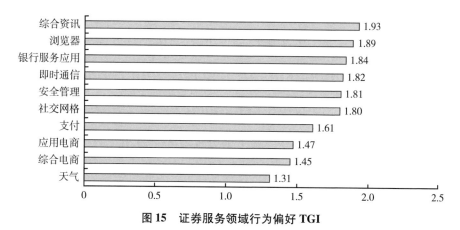

图 15　证券服务领域行为偏好 TGI

注：易观千帆只对独立 APP 中的用户数据进行监测统计，不包括 APP 之外的调用等行为产生的用户数据。截至 2017 年第 4 季度易观千帆基于 22.5 亿累计装机覆盖、5.5 亿活跃用户的行为监测结果，采用自主研发的 enfo Tech 技术，有效了解数字消费者在智能手机上的行为轨迹。

资料来源：易观数据库（2017 年数据）。

四　证券交易类应用发展趋势分析

（一）引流监管趋严

2017 年，证券机构加大了与外部机构合作力度，寻求各类平台导流。目前，移动端内包含证券开户或证券交易或证券市场行情浏览的综合金融平台有蚂蚁金服、京东金融、平安 e 账通、翼支付、天天基金网、蚂蚁财富等。券商在开放流量的同时，也产生了一些技术操作不合规、信息保密不严、非平等性竞争等问题。券商最早与互联网平台合作导流，2017 年 11 月，京东股票平台的开户及交易功能因合规问题被监管方面叫停，京东股票主要涉及两大风险点：一是有没有违规代理证券业务；二是客户信息是否在交易过程中被泄露。可见，安全性、隐私性监管将会贯穿 2018 年证券移动端交易市场。

在寻求引流端合作的过程中，2017 年证券市场最大的变化是券商大范围与银行合作。证券公司与银行的合作是互利共赢的，券商能从银行移动端获得稳定而优质的客源，银行则能将用户的第三方存管账户资金控制在自身体系内，在线下端，券商早已与银行达成了紧密的合作关系，几乎每一个银行网点都有券商营销人员。在线上端，2017年华信证券接入招行APP，工商银行牵手东方财富网，建设银行"银证e路通"最多为22家券商提供导流服务。2017年底，监管机构叫停了部分银行APP从事证券开户和交易这一银证合作业务，根据《证券账户非现场开户实施暂行办法》，开户代理机构不得直接通过第三方网站办理网上开户业务，但允许开户代理机构通过第三方网站设置链接，进入其网上开户系统。因此，券商不可以直接将开户与交易功能嵌套在银行APP上，只能在银行APP上以广告位的形式导流，开户与交易仍要到券商APP上。可见，引流模式也是监管方向之一。

在宏观金融监管趋严的背景下，监管机构会在创新发展与防范风险之间有所平衡，既不会一刀切断第三方的引流方式，又不至于放任券商的合作形式。监管机构将更加注重用户知情权，防止信息泄露，降低技术风险，在存量用户竞争的市场，也会时刻保障机构间的公平竞争关系。扩大金融平台合作关系是发展趋势，各券商将不断进行引流方式探索。

（二）智能应用加速落地，移动端门槛提高，同质化降低

人工智能在证券领域主要的应用方向有智能投顾、智能客服、智能风控、智能选股等，总体来看，智能投顾和智能客服是最受重视，也是目前能够落地的产品。一方面，我国信用信息法律制度还未健全，数据采集和使用受到一定阻碍；另一方面，股价波动源于多方位、无关联因素，所以智能风控目前仍处于初期探索阶段。各券商都会在发展金融科技的进程中根据自身优势对研究方向有所调整。

华泰证券在进一步完善涨乐财富通APP账户管理功能的同时，还相继推出智能金融终端MATIC和行情服务平台INSIGHT，组建"数字化创新实验室"，专注于在金融科技前沿领域推动数字化创新项目落地。平安证券重点研发AI智能，自建研发团队，自建大数据平台，贴合用户使用场景开发

智能工具；国泰君安以"科技＋服务"双轮驱动，推进公司零售客户综合服务体系建设，通过国泰君安君弘 APP、富易交易端、君弘金融商城、国泰君安微理财服务号组成的"三端一微"金融平台，承载起千人千面的综合金融服务体系；招商证券通过智能手机证券 APP＋新一代智能网上交易，实现互联网、金融的双轮驱动，加快推进新一代核心业务系统建设，构建可扩展的弹性架构，并逐步建立支持金融创新的沙盒机制，满足金融科技的发展需求。总体来看，证券移动端智能应用会随着研发的深入加速落地，移动端将出现更多智能化应用，应用间科技水平出现分化，不再能简单复制，同质化水平会大幅度降低。

（三）粗犷式营销转化为精细化运营

移动证券服务应用已经发展成熟，在市场行情冷淡期间，证券市场是一个存量用户竞争市场，用户获取难度加大，多数新开账户都是从其他证券公司挖掘的，机构间竞争力加大，粗犷式的营销不能带来足够的性价比，相较于新开用户，券商和第三方证券服务机构会加大对沉默用户的唤醒投入。

在数据端，相较于以往的线下服务，移动端服务能够收集更多用户行为数据，能够降低信息获取成本，能够实时获得用户动态数据，证券服务机构会越来越多地与数据服务商深度合作，围绕用户偏好，提供具有针对性的产品和营销方案。

（四）移动端用户自主性加强，券商提供工具类服务

各金融机构都在逐渐向线上转移，银行、证券行业基本完成了移动化，然而，传统企业在转型时期仍带有传统的经营模式，将互联网金融理解为线上化服务，将自己所有的业务转移至线上，以期实现一体化服务。互联网时代最大特征就是信息量大、用户自主性强、转移成本低，互联网证券也应当针对用户的不同需求，既要提供一体化的服务，又要让用户能够自主挑选服务，在移动端能够大面积设置操作界面，让用户选择自己需要的板块和服务，才不至于在信息泛滥时代造成信息污染。在证券服务应用首页界面，多

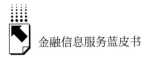

数券商都设置了开户、国债逆回购、学堂等功能，不同用户对此类功能的需求差别很大，用户一般只关注自己关心的信息，也只打开对自己有用的应用，自主设置的操作页面会更有依赖性。证券移动端服务最大的特色就是资讯、辅助决策和社区功能，各券商将根据自身特色，不断深化这三方面的服务，让用户自主选择所需要的服务工具。

B.8
我国证券指数服务市场结构、
发展成效和主要特点

张琪　彭绪庶*

摘　要：　证券指数作为反映证券市场运行动态的综合性指标，被称为国家经济发展的晴雨表，是国内外投资者进行证券投资的重要参考标准，也是证券金融信息服务的重要内容。本报告从证券交易所、证券公司、第三方平台的不同角度，分析了我国目前证券指数的编制方法、样本股选择、服务对象及其市场格局等特点，论述了我国证券指数服务在指数产业生态链、产品创新及市场影响力方面的若干发展成就，最后指出了我国证券指数服务市场的主要发展特点。

关键词：　证券市场　指数服务　股票指数

证券价格指数是运用统计学中的指数方法编制而成，主要反映证券总体价格或某类证券价格变动和走势的指标①。由于股票是证券的主要内容，规模和影响也都是最大的，因此股票价格指数，或简称为股票指数、股指，在习惯上往往成为证券价格指数的代名词②。1896 年，美国的道琼斯公司创立

---

*　张琪，女，中国社会科学院技术经济与管理专业在读硕士生；彭绪庶，博士后，副研究员，硕士生导师，中国社会科学院数量经济与技术经济研究所产业研究室副主任。

①　王庆仁：《全球股票价格指数的最新发展及其带来的启示》，《价格与实践》2007 年第 8 期，第 65~66 页。

②　证券是包括股票在内的多种经济权益凭证的统称。由于股票是证券的主要类型，虽然股票指数服务是证券指数服务的主体，但严格说来，二者并不完全相同。考虑到习惯因素，本报告在此不做严格区分。

了世界上首个股票价格指数——道琼斯工业平均数。至今为止，道琼斯工业平均数都是反映美国政治、经济和社会发展状况最重要的指标之一。1926年，标准普尔公司（S&P）编制和发布了记录美国500家上市公司的标准普尔500指数，其逐渐成为美国投资组合指数的基准之一。标准普尔其后发布的标准普尔1200指数涵盖31个国家，由6个地区指数组成，是全球股市表现的重要参考之一。摩根士丹利国际资本指数（MSCI）涵盖23个发达国家和27个新兴市场，对不同国家编制了国家指数、价值指数、成长指数、小市值指数和扩展指数，包括中国指数系列，是国际投资者使用最多的基准指数之一。1995年成立的富时集团推出的富时100指数，是当前全球投资者观察欧洲股票动向最重要的指标之一。

股票指数服务发展对金融市场发展具有至关重要的作用。首先，股票指数是经济运行的晴雨表。当上市证券公司在经济中占较大比例时，股票指数反映的上市公司运营情况，可以间接反映整体经济或特定产业的变化趋势。其次，股票指数是证券市场运行的风向标。股指波动记录股市运动轨迹，综合性股指能刻画股市的整体状况，反映证券市场发展走势，因此股票指数现在已成为投资者用来直观判断股市行情走势的基础性工具，也是管理部门监控市场风险和做出宏观决策的重要参考。最后，股票指数是机构投资者和研究人员解剖资本市场的分析工具，指数产品和指数化投资成为现代金融市场发展的重要特征。随着互联网通信技术的飞速发展，证券市场披露信息的真实性、准确性和及时性有了一定保证，股指能够客观衡量投资者投资组合的相对表现，也成为现代资本市场设计金融投资产品的重要坐标，股票指数成为投资者的追踪标的。以典型指数基金产品——交易型开放式指数基金（Exchange Traded Funds，ETF）为例，全球ETF产品规模超过3万亿美元，正在逐渐成为投资者优先考虑的投资工具。在我国，上海证券交易所和深圳证券交易所上市的ETF中超过80%是股票型。由此可以看出，股票指数服务的发展不仅对金融市场发展具有重要的引导和助推作用，其衍生产品开发对维护市场稳定、分散投资风险等都有重要意义。

一 我国主要证券指数类型及其服务模式

（一）证券交易所指数服务

1. 中证指数（中证指数有限公司）

中证指数有限公司是上交所和深交所共同出资成立，从事指数编制、运营和服务的专业指数服务公司。公司依托沪、深证券交易所的信息技术和资源优势，管理中证系列指数、交易所系列指数和客户的定制指数。

中证系列指数包括中证规模指数、中证行业指数、中证风格指数、中证策略指数、中证债券指数、中证期货指数、中证主题指数、中证海外指数、中证基金指数和中证其他指数。中证规模指数主要包括沪深300、中证500、中证全指等，部分代表性指数如表1所示。

表1 中证系列指数（部分）

单位：只

指数名称	成分股数量	样本股范围	行业权重	服务对象
中证全指	3228	全部A股股票剔除ST、*ST以及上市时间不足3个月的股票	金融地产21.86%；工业18.98%；可选消费12.94%；信息技术11.92%；原材料11.87%	面向全体市场参与者，市场代表性较高
沪深300	300	样本空间为股票在一年内（新股为上市以来）的A股日均成交金额由高到低排名，剔除排名后50%的股票，剩余股票按A股日均总市值由高到低排名，取前300名股票	金融地产38.65%；工业13.55%；可选消费11.73%；信息技术8.24%；主要消费7.98%	商标归属中证指数有限公司，推出系列指数基金、ETF、LOF、联接基金
中证A股	3447	沪、深两市全部A股，剔除暂停上市的A股	金融地产21.59%；工业19.16%；可选消费12.95%；原材料12.04%；信息技术11.92%	作为投资标的和业绩评价基准

续表

指数名称	成分股数量	样本股范围	行业权重	服务对象
中证超大	50	沪深300指数样本股中挑选规模最大的50只股票	金融地产51.23%；工业17.64%；可选消费8.6%；能源6.04%；主要消费4.54%	综合反映沪深证券市场最具影响力的超大市值公司的整体状况
中证500	500	全部A股中剔除沪深300指数成分股及总市值排名前300名的股票后，由总市值排名靠前的500只股票组成	工业21.85%；原材料17.07%；信息技术15.93%；医药卫生11.89%；可选消费11.51%	综合反映中国A股市场中一批中小市值公司的股票价格表现
中证200	200	沪深300指数成分股中剔除中证100指数成分股后的200只股票	工业23.73%；金融地产15.2%；信息技术14.12%；原材料14.02%；可选消费11.75%	综合反映中国A股市场中大盘市值公司的股票价格表现
中证100	100	沪深300指数成分股中规模最大的100只股票	金融地产50.26%；可选消费11.82%；主要消费10.13%；工业8.47%；信息技术5.21%	综合反映中国A股市场中最具市场影响力的超大市值公司的股票价格表现
中证流通	3445	已实施股权分置改革、股改前已经全流通以及新上市全流通的沪深两市A股股票	金融地产21.7%；工业19.09%；可选消费12.98%；信息技术11.8%；原材料12.04%	综合反映A股市场中全流通股票的股价变动整体情况

资料来源：中证指数有限公司。

由表1可知，除了中证全指、中证A股、中证流通外，其余规模指数都是基于沪深300指数，通过进一步计算衍生出来的指数。中证指数在编制过程中，各指数的样本空间和选样方法不同，报告期指数＝报告期样本股的调整市值/基日成分的调整市值×1000，其中调整市值＝∑（股价×样本调整股本数）。中证系列指数有定期调整和临时调整，修正公式为修正前的调整市值/原除数＝修正后的调整市值/新除数，调整市值＝修正前的调整市值+新增（减）调整市值，得出新除数，据此计算调整指数。原则上每半年审核一次，根据审核结果调整指数的样本股。

中证系列指数中综合指数面向所有市场交易者，为其判断大盘走势和开展投资提供参考，中证规模指数中，沪深300指数和中证1000指数都有相应的衍生产品，包括指数基金、ETF、LOF、联接基金等。中证指数有限公司推出的关于指数的产品服务包括指数授权、指数定制、数据服务、授权资讯商、指数衍生品，具体如表2所示。

表2　中证指数有限公司指数产品服务

指数产品 服务名称	内　容
指数授权	被动投资：以中证系列指数为跟踪指数进行指数化投资
	ETF：在沪深证券交易所推出的以中证系列指数为跟踪指数的ETF
	衍生指数：以中证系列指数为基础，加工产生衍生指数
	行情发布：指数用户对外发布中证系列指数行情
	业绩比较基准：以中证指数为业绩衡量基准的投资产品
指数定制	根据投资产品特点，用户申请定制指数
数据服务	为客户提供指数数据服务，包括指数历史、实时行情、成分股清单、成分股权重等
授权资讯商	授权部分公司，允许其通过其资讯终端向其用户发布中证系列指数的行情数据、每天收盘数据、最新成分及权重、历史成分及权重、中证行业分类等相关数据资讯
指数衍生品	包括公募基金和指数期货，公募基金包括指数基金、ETF、LOF、联接基金，指数期货目前有沪深300股指期货合约、上证50股指期货合约、中证500股指期货合约

资料来源：中证指数有限公司。

2. 上证指数

上证系列指数包括上证规模指数、上证综合指数、上证行业指数、上证策略指数、上证风格指数、上证主题指数等。上证规模指数包括上证50、上证150、上证180、上证380、上证中小等，其代表性指数如表3所示。

上证180、上证380、上证50、上证中小、上证中盘、上证超大盘均有相关指数衍生产品，产品种类包括指数基金、ETF、LOF、联接基金等。

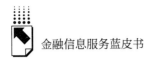

表3　上证系列指数（部分）

单位：只

指数名称	成分股数量	样本股范围	行业分布	服务对象
上证50	50	沪市A股中规模大、流动性好的最具代表性的50只股票	金融地产65.91%；主要消费10.94%；工业10.6%；原材料3.9%；能源3.23%	反映上海证券市场最具影响力的龙头公司的股票价格表现
上证100	100	从上证380指数样本股中选取营业收入增长率和净资产收益率综合排名前100只股票	工业21.8%；医药卫生19.72%；原材料14.85%；可选消费13.9%；信息技术6.6%	突出反映上海市场新兴蓝筹板块内核心投资股票的整体走势
上证150	150	在上证180、上证380指数成分股之后选择营业收入增长率、换手率综合排名前150的股票	可选消费19.2%；工业18.99%；原材料15.6%；信息技术12.02%；公用事业7.36%	集中反映潜力蓝筹板块内核心投资股票的走势
上证180	180	沪市A股中规模大、流动性好的180只股票	金融地产49.64%；主要消费8.33%；工业14.77%；原材料6.89%；可选消费6.12%	反映上海证券市场部分蓝筹公司的股票价格表现
上证380	380	沪市A股中剔除上证180指数成分股后，规模适中、成长性好、盈利能力强的380只股票	工业26.35%；原材料17.04%；可选消费14.54%；医药卫生11.06%；信息技术8.52%	综合反映沪市部分新兴蓝筹公司的股票价格表现

资料来源：中证指数有限公司。

3. 深证系列指数

深圳证券信息有限公司是深交所下属企业，负责深证系列指数的规划设计、日常运维和市场营销等业务。公司编制和发布了深圳成分指数、中小板指数、创业板指数等有市场代表性指数，发展完善深证和国证两大指数系列。

深圳证券信息有限公司的指数产品服务包括指数产品、指数授权、指数定制、数据服务、信息许可四类。指数产品包括 ETF、ETF 联接基金、LOF、分级基金、其他指数基金（增强型基金等）、其他产品（资产管理计划等）。

深证系列指数包括 177 个指数，其中深圳规模指数包括深圳成指、深证100、中小板指、创业板指等，具体如表 4 所示。

表 4　深证系列指数（部分）

单位：只

指数名称	成分股数量	样本股范围	指数跟踪产品	指数特色
深证成指	500	深圳证券市场中市值规模与流动性综合排名前500 的 A 股组成样本股	南方深成 ETF、南方深成 ETF 联接基金、申万菱信深圳成指分级基金、融通深圳成分指数基金等	深证成指兼具价值尺度和投资标的的功能。相对于综合指数，深证成指更敏锐、准确地反映市场波动趋势，具有先行指标特性。作为投资标的，深证成指的收益性和流动性指标表现较为突出
中小板指	100	中小板市场中市值规模与成交活跃度综合排名前100 家公司作为样本股	华夏中小板 ETF、易方达中小板指数分级基金、华富中小板指数增强型基金等	兼具价值尺度和投资标的功能，指数化投资有利于分散中小板上市公司的非系统性风险，让投资者分享板块市场的高成长性和高收益性
创业板指	100	创业板市场中市值规模最大、成交最活跃的 100家上市公司组成样本股	易方达创业板 ETF、易方达创业板 ETF 联接基金、富国创业板指数分级基金、融通创业板增强型指数基金、国泰创业板指数（LOF）等	创业板指数行业结构与中国新经济转型方向高度一致，新兴产业、高技术企业占比较高，成长性突出，兼具价值尺度和投资标的的功能
深证 100	100	深交所市值规模最大、成交最活跃的 100 家上市公司	易方达深证 100ETF、易方达深证 100ETF 联接基金、东吴深证 100 指数增强型基金、广发深证100 指数分级基金、融通深证 100 指数基金等	包含了深市主板中的蓝筹价值型企业、中小板和创业板的成长型优质企业，向投资者提供客观的业绩比较基准和指数化投资标的，代表性和可投资性受到市场认可

资料来源：深圳证券信息有限公司。

深交所除了主板市场外，还有中小板市场和创业板市场，因此深证指数多了一些关于中小板和创业板的指数。深证综合指数关注市场的总体走势和

大中小市值企业的总体情况，成分指数更为敏锐和准确，规模较小的指数则能给投资者提供行业收益标准，帮助其分散投资的非系统性风险。

深证指数计算方法遵循：实时指数＝上一交易日收市指数×∑（样本股实时成交价×样本股权数）／∑（样本股上一交易日收市价×样本股权数）。其中样本股权数是指样本股的自由流通量，分子中的乘积是样本股实时自由流通数值，分母项中的乘积是样本股上一交易日收市自由流通市值。

（二）证券公司指数服务

1. 中金公司

中国国际金融股份有限公司（简称"中金公司"）是我国首家中外合资证券公司，企业主要业务包括投资银行、股票业务、财富管理、研究、资产托管等，公司提供的指数服务包括中金基金旗下的指数基金、研究部对相关股票指数的研究报告和通过中金在线提供的指数实时行情与相关资讯等服务。

中金基金目前拥有的指数基金包括中金沪深 300 指数增强 A、中金沪深 300 指数增强 C、中金中证 500 指数增强 A、中金中证 500 指数增强 C。中金沪深 300 指数增强 A 和中金沪深 300 指数增强 C 均以沪深 300 指数为追踪标的，通过数量化的方法进行积极的指数组合管理与风险控制，基金主要投资范围是沪深 300 指数的成分股和备选成分股。中金中证 500 指数增强 A 和中金中证 500 指数增强 C 以中证 500 指数为追踪标的，通过数量化的指数化管理，力求控制风险，追求超越目标指数的投资收益。

2. 中信建投证券

中信建投证券于 2005 年 11 月在北京注册成立，截至 2017 年 6 月，有中信建投期货有限公司、中信建投资本管理有限公司、中信建投（国际）金融控股有限公司和中信建投基金管理有限公司等 4 家子公司。中信建投证券的主要业务范围包括证券承销与保荐、证券经纪、与证券交易和证券投资活动有关的财务顾问、证券投资咨询、证券自营、证券资产管理、证券投基金代销等。

中信建投证券提供的指数服务主要表现为指数衍生产品和指数相关资讯服务。中信建投证券提供的指数衍生产品主要包括公司托管代销的指数型基金和股指期货产品。指数型基金主要包括 ETF 基金、LOF 基金等。中信建投的股指期货产品主要是其子公司中信建投期货有限公司负责管理维护，业务包括商品期货经纪、金融期货经纪、期货投资咨询等。

（三）第三方指数服务

1. 新华富时指数

新华富时指数有限公司是新华财经有限公司和富时指数集团的合资企业，2000 年在香港注册成立。新华富时指数系列可用作业绩衡量基准，也是发展衍生产品、指数追踪基金及交易所买卖基金的基础。具有代表性的新华富时指数有新华富时 A50 指数、新华富时 200 指数、新华富时 400 指数、新华富时 600 指数、新华富时小盘指数、新华富时全指等，具体如表 5 所示。

表 5　新华富时指数（部分）

指数名称	样本股范围	指数产品服务	指数特色
新华富时 A50	选择 A 股市场最大的 50 家公司	新华富时 A50 股指期货等衍生产品	与上证 50 高度相关，根据 QFII 的需求编制，便于 QFII 投资 A 股市场
新华富时 200	市场资本总值前 200 的 A 股市场公司	博时裕富开放式股票指数基金等	采用 FTSE 和道琼斯行业分类体系，属于投资性行业分类标准。编制方法透明度高，样本选择严格
新华富时 全指	所有合格的 A 股股票	无	新华富时指数系列的基准指数，约占 A 股市场总市值的90%

2. 国证系列指数

深圳证券信息有限公司于 2002 年推出跨沪深两市的国证系列指数，此后不断发展完善，至今国证系列指数包括国证 1000、国证 2000、国证 50、国证 300、巨潮 100、巨潮大盘、巨潮中盘、巨潮大中盘、巨潮中小盘指数，代表性指数具体如表 6 所示。

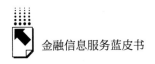

表 6　国证系列指数（部分）

单位：只

指数名称	成分股数量	样本股范围	衍生服务	指数特色
国证1000	1000	选取 A 股市场中市值规模和流动性综合排名前1000的股票	基于国证1000指数，开发了相应的市值规模指数、行业指数、风格指数、策略指数	总市值覆盖率约为68%，具有良好的市场代表性
巨潮100	100	A 股市场规模大、流动性好、最具代表性的100只股票	融通巨潮100指数基金	对 A 股市场的总市值覆盖率约为31%，为市场提供业绩基准、跟踪投资标的和交易标的
巨潮大盘	200		无跟踪产品	覆盖 A 股市场约51.96%的总市值，具有良好的市场代表性，反映 A 股市场大盘股票的运行情况

资料来源：深圳证券信息有限公司。

3. 自定义指数

同花顺、大智慧等第三方服务平台，针对投资者个性化投资需求和我国证券市场上市公司部分国有制的特色，推出自定义指数的功能，方便投资者编制出灵活的分析指数。投资者通过同花顺、大智慧等软件自行选择想要参考的股票，自行定义指数名称、基准日期、基准指数、指数类型、成分股等，定义完成后即可看到指数的 K 线走势图。

投资者利用自定义指数对自己的投资组合和自选股进行综合分析，将自选股的投资和风险与市场组合进行比较分析，判断投资组合的收益与风险是否处于合理范围之内。

此外，同花顺、大智慧等平台基于本身的网络平台数据优势，以财经媒体的独特视角为投资者提供多样化平台官方指数，为投资者观察证券市场走向提供多维度参考。2017年11月，同花顺推出"漂亮50"指数。该指数基于党的十九大报告关于经济建设的论述和中国经济的发展蓝图，选取 A 股市场中的新能源、先进制造、人工智能、5G＋物联网、生物制药、半导体、消费升级、基因科技等行业的50家龙头企业，为投资者投资中国具有发展潜力的企业做参考。

二 我国证券指数服务市场发展成就

（一）多元化、市场化和产业化的股票指数服务市场基本形成

从 1991 年上海证券交易所编制并开始发布上证股票指数、1995 年深圳证券交易所发布深圳综合股票指数开始，经过几十年与我国证券市场的同步发展，各种类型证券指数近千种，以股票价格指数为主体的证券指数体系日趋完善，在金融市场投资交易方面得到了广泛应用，更成为国内外投资者投资我国证券市场必不可少的参考工具。

从国际证券指数发展来看，证券指数问世已有 100 多年历史，从 20 世纪美国通过金融创新先后推出指数基金和股指期货开始，股票指数早已从股票市场运行的标尺演变成一套包括众多投资机构和多样化指数衍生产品的产业生态链，如图 1 所示。在我国，股票指数与金融业和资本市场同步发展，指数编制、指数发布、指数定制、指数授权、指数数据和指数研究等服务体系逐步完善。尤其是 2005 年上海证券交易所和深圳证券交易所合作组建中

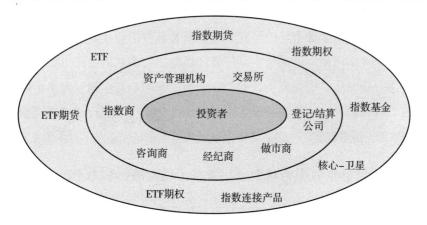

图 1　股票指数产业生态链构成

资料来源：中证指数公司《国际视野下我国指数产业的发展》，《中证指数研究报告》，2010 年 11 月 15 日。

证指数公司，这标志着我国证券指数服务开始走向专业化、市场化和产业化的发展道路，以上证指数系列、深证指数系列、中证指数系列、证券公司以及第三方指数为代表的指数服务市场格局初步建立，基本实现了股票指数服务的市场化和产业化，以股票指数服务为核心的证券指数服务也成为我国金融信息服务市场的重要组成部分。

（二）证券指数服务有力促进了金融创新和资本市场创新发展

多层次、多维度的指数不仅作为国内外投资者的投资参考标准，以其为标的的发展的各类指数衍生产品，包括指数基金、股指期货、股指期权等，成为证券市场上投资者追求投资收益、分散风险的必要投资工具。这方面最重要的应用就是指数化产品开发和指数化投资的发展。从 2002 年上海证券交易所发布第一个投资性指数上证 180，以及随后华安 180 指数基金和天同 180 指数基金发行开始，我国指数化投资产品发行数量和资产规模快速增加。据统计，仅 2017 年前 8 个月，国内新发行指数型产品即达 66 只。截至 2017 年底，我国已有各类指数基金和 ETF 产品近 600 只，资产规模超 5000 亿元。整体指数投资已占到全市场的 5% 左右，为金融市场繁荣发展做出了重要贡献。

从美国等发达金融市场的经验来看，随着证券指数覆盖类型由股票、债券进一步延伸到商品、金融衍生品等资产类型，许多新的商品指数和衍生品指数将进一步诞生，受到投资者的广泛欢迎，其影响甚至超过股票指数和债券指数。可以预计，随着我国服务资本市场的股指产品创新，指数覆盖资产类型不断增加，证券指数将发展成为金融创新和资本市场创新必不可少的工具。

（三）证券指数服务对金融和资本市场发展影响力不断提升

证券指数服务成为助推金融市场发展的重要力量。证券指数的基本功能是为投资者投资金融市场提供基本参考坐标。中证系列指数、上证系列指数、深圳系列指数，以及近年来兴起的互联网财经平台发布的板块指数、自定义指数等第三方指数服务，都极大地丰富了投资者观察我国证券市场走向、评价经济发展水平的金融工具体系。在此意义上，多样化的证券指数成为金融市场发展的最佳见证。当前我国金融业快速发展，证券指数服务体系日趋完善，通过多样化的指数产品，集聚和引导金融资源配置，可以直接促进金融交易，助推金融市场发展。以在国内资本市场影响力最大的沪深300指数为例，与其对标跟踪的产品达200多只，总资产规模超过1500亿元。从实践来看，沪深300指数每次调整成分股，都将对加入或剔除的股票价格和成交量产生显著影响。跟踪股票指数的资产规模和指数效应可知，指数服务对金融市场发展的影响日益提升。当前我国证券市场已发展成为全球第二大市场，显然离不开证券指数服务的保驾护航。

证券指数服务为证券市场健康发展提供了强有力保障。以股票指数为例，指数是股票市场运行状态的反映，不仅可以为投资者提供投资参考，同时也可以为市场监管和宏观决策提供风向标，保障证券市场的稳定和健康发展。最常见的是，当股票市场出现大幅上涨、下跌或剧烈波动时，通常直接表现为股票指数的快速和大幅上涨、下跌或宽幅波动，在此情况下，监管当局可以据此提供警示，抑制投资市场的炒作情绪或悲观情绪。甚至在出现异常情况时，如短期内大幅下跌、出现技术性崩盘，监管当局可以通过监控指数走势做出技术性暂停或休市的管理，既避免投资者损失，又保障证券市场的稳定运行。由于我国证券市场仍不完善，证券指数服务发挥管理市场风险的积极作用，促进形成市场内稳定机制，保障市场稳定运行，这些作用在近年来股票市场上的表现尤其明显。

此外，随着中国资本市场与国际资本市场的连接不断深化，证券指数服务开始走向境外市场。以中证公司管理的指数体系为例，目前境外市场指数已经覆盖全球各大洲的20余个国家或市场，境内外市场中中证指数授权开发的指数产品500余只。以中证香港100指数为代表的香港规模指数系列、以中证海外内地股指数为代表的全球中国指数系列等，都具有较大影响力。2017年6月，MSCI宣布自2018年6月起，将中国A股部分纳入MSCI新兴市场指数和MSCI ACWI全球指数，这既是中国资本市场发展的里程碑，在某种意义上也是中国整体的证券指数服务体系日趋完善和影响力不断提升的重要事证。

三 证券指数服务市场发展特点

（一）证券指数构成基本体现我国经济转型特征

研究①发现，在大国经济体结构转型过程中，股票市场存在明显的结构型行情，股票指数的走势对比基本可以同步反映出产业结构甚至是经济结构的转型过程。以美国为例，20世纪70年代至20世纪80年代，从1977年开始，代表美国新经济的 NASDAQ 综指走势明显强于代表旧经济的标准普尔500指数，如图2所示。这反映出美国从20世纪70年代中期开始由纺织、钢铁、铁路运输、汽车传统工业向信息技术及相关高新技术产业转型的过程。

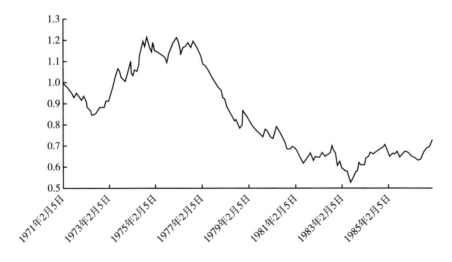

图2 标准普尔500指数与NASDAQ综指对比（1971～1985年）

注：折线表示标准普尔500指数/NASDAQ综指。

---

① 中证指数有限公司：《经济转型对指数结构演变的影响分析》，《中证指数研究报告》，2014年9月23日，http：//www.csindex.com.cn/uploads/researches/files/zh_CN/research_c_41.pdf。

我国股票指数的发展也呈现类似的轨迹和特征。例如，金融地产在上证 50 中占比超过 65%，在沪深 A50 指数中占比超过 60%，在沪深 300 指数中占比大约为 40%，在深圳 100 中占比也约为 25%。从时间上来看，上证 50、沪深 A50、上证 100 和上证 180 等指数都是在 21 世纪初推出的，指数基期多数为 2003 年前后。这实际反映出在自 2003 年开始的新一轮经济增长周期中，产业金融化的趋势开始逐步显现，地方政府也越来越依靠土地融资拉动投资和地方经济增长，大量金融资本开始投入到房地产市场，以城市化为特征的高投资带动高增长成为占主导的经济增长模式，金融和房地产成为行业景气的典型代表，企业规模急速扩张也反映出证券市场和股票指数的典型结构性特征。这从创业板指数的推出及其构成也可以看出。创业板指数推出的 2010 年，正好是我国大力推动经济结构转型和支持战略性新兴产业发展之际。在近年我国战略性新兴产业发展中，最有影响力和最具规模的莫过于现代信息通信技术产业，反映在创业板指数的成分股构成上，该指数选取 100 只样本股，信息技术类公司占比超过 45%。事实上，从创业板指数推出后的走势比较可以看出，如图 3 所示，尽管初期（2013 年前）创业板指数市

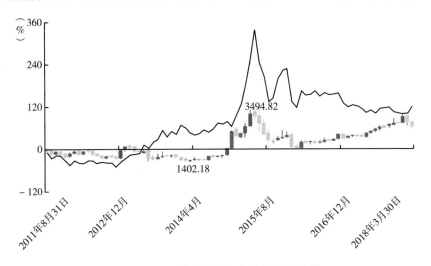

图 3　上证 50 指数与创业板指数走势比较

注：股票价格指数曲线为月度 K 线；实线为创业板指数，虚线为上证 50 指数。

场表现略逊于上证50指数，但随着以战略性新兴产业为代表的经济转型升级取得显著成就，新兴产业在整体经济中的比重越来越高，创业板指数市场表现远超过上证50指数。

（二）国有企业创新发展优势明显

中证指数有限公司是由上交所和深交所联合出资成立的，深圳证券信息有限公司是深交所的下属企业，国有化的企业拥有上交所和深交所丰富的市场交易数据资源和尖端人才技术，成为我国证券指数服务市场的领头企业。

中证指数有限公司和深圳证券信息有限公司是两个国有资本控制的公司，目前国内外市场上普遍使用的沪深300指数、上证指数、深证成指等均由这两个公司编制、管理和维护，二者是国内证券指数服务市场的创新主体。

中证公司和深圳证券信息公司提供的指数服务主要是四种类型：指数产品、指数授权、数据服务、授信服务。其服务主要集中于指数创新和数据资源提供阶段，根据市场投资交易需要编制出指数，供市场上的投资者进行追踪投资等。

（三）证券公司指数衍生产品多样化

指数衍生产品是基于指数化投资思想，通过构建指数投资组合，使得投资组合内各种有价证券的比例与标的指数的成分和权重相同，从而达到复制指数的目的。1976年美国的前卫基金管理公司推出世界上第一只指数基金——Vanguard 500指数基金来追踪标准普尔500指数。目前我国证券市场上的指数基金数不胜数，指数基金已经成为投资者必不可少的金融工具。

证券市场上的指数衍生产品种丰富多样，包括指数基金、ETF、LOF、增强型基金、分级基金、股指期货、以指数为标的的远期合约等。基于沪深两市目前广泛应用的证券指数，多层次、丰富的金融衍生工具可以满足各类投资者对流动性、收益性、风险分散程度的个性化要求。多样的指数化投资工具有利于培养投资者指数化投资理念，促进我国证券市场投资者结构由散户居多向以金融机构为投资主体转变。

（四）第三方平台指数服务更具个性化

同花顺、大智慧等第三方平台的指数服务主要是提供市场资讯和自定义指数，给投资者更多个性化投资空间。第三方平台提供的市场资讯不仅包括证券指数调整、成分股变动或样本股选样范围变化等信息，还包括市场上其他有关指数的金融资讯，如指数成分股公司的公告、指数衍生产品交易信息、影响指数成分股公司的资讯等。

此外，第三方平台指数服务更具有灵活性。基于优越的互联网数据资源和良好的资讯发布渠道，第三方指数服务平台能够根据当前的时事热点和经济形势制定指数，为投资者观察市场和评价未来经济发展形势提供及时、全面的参考。2017年11月，同花顺平台根据党的十九大报告和当时国际发展形势，推出"漂亮50"指数，以人工智能、新能源、5G+物联网、生物医药等先进行业作为成分股，旨在为市场投资具有发展潜力的企业提供及时有利的参考工具，指数发布后就迎来开门红，大幅跑赢上证指数，科技龙头企业全线涨停，有10只个股涨幅超过5%。此外，同花顺还推出概念板块指数，包括"一带一路"、智能电网、二维码识别、人工智能、区块链、移动支付、稀缺资源等新概念指数，其涨跌幅、资金流向、涨幅率等均可作为投资者投资新经济的重要参考标准。

第三方指数服务平台的自定义指数功能让投资者通过炒股软件根据自身投资需要自定义指数，实现个性化选股、专业化投资，帮助投资者实时追踪其看好行业或交易商品的市场表现。自定义指数的发展与我国证券市场散户居多的现状相契合，为散户对部分地区或行业的投资具有一定的参考价值。

B.9
从 MSCI 指数纳入 A 股看
股票指数服务发展

彭绪庶　张　琪*

摘　要： MSCI 指数作为国际权威指数，是摩根士丹利资本国际公司编制的全球影响力最大的股票指数，是国内外投资者的重要投资参考标准。本报告以 MSCI 指数纳入 A 股事件为背景，阐述了 MSCI 指数纳入 A 股的曲折历程以及 MSCI 指数纳入 A 股的影响。从 MSCI 指数体系来分析国际证券指数服务的特点以及发展趋势，并将我国证券市场指数服务与发达国家和地区的指数服务进行对比，指出我国证券指数服务在指数权威性、产业化发展、指数产品创新等方面的不足及原因，最后提出完善我国证券市场指数服务的相关政策建议。

关键词： MSCI 指数　股票价格指数　指数服务

一　MSCI 及其纳入 A 股事件

（一）中国 A 股为什么要纳入 MSCI 指数

MSCI（Morgan Stanley Capital International，MSCI，中文名为明晟）是由

---

* 彭绪庶，博士后，副研究员，硕士生导师，中国社会科学院数量经济与技术经济研究所产业研究室副主任；张琪，女，中国社会科学院技术经济与管理专业在读硕士生。

摩根士丹利资本国际公司编制的全球影响力最大的股票指数,依靠广泛的数据来源和模块化的指数结构,成为全球投资经理采用最多的基准指数。

MSCI 在全球不同的市场都有当地的指数,用来跟踪当地的股票,目前已成为国际投资基金投资地方市场的基准指数。全球证券市场的投资机构根据 MSCI 地方指数的成分股及其权重来配置指数基金中各类公司股票的比例。MSCI 中国指数则是摩根士丹利国际资本公司编制的用来跟踪中国概念股票的指数,其反映内地、香港以及台湾股票市场的股票价格变动趋势。目前 MSCI 中国指数包括 MSCI 中华指数(MSCI China Index)、MSCI 金龙指数(MSCI Golden Dragon Index)、MSCI 中国海外指数(MSCI Overseas China Index)和 MSCI 中国 A 股指数①(MSCI China A Index)。虽然这些指数与中国相关,但投资者不能直接根据这些指数投资中国内地股票市场。

据 MSCI 估计,全球超过 950 只 ETF 基金的超过 10 万亿美元资产追踪 MSCI 指数,全球 100 大资产管理者中有 97% 是明晟指数的客户。正因为 MSCI 指数的国际性和权威性,以及加入 MSCI 指数意味着国际投资者可能要购买和配置指数化产品,因此加入 MSCI 指数不仅反映了一个国家和地区证券市场的国际化水平,乃至资本市场的开放程度,在某种程度上也反映了其证券市场的投资价值。因此,一个国家和地区的股票市场被纳入 MSCI 指数产生示范效应,将带动其他国际指数更多将其纳入股票组合,推动国际资金流入,并对其金融改革和汇率稳定等产生积极影响。

(二)MSCI 指数纳入 A 股的曲折路

加入 MSCI 指数的过程实际上也是资本市场的开放过程。从后发国家和地区股票市场加入 MSCI 历程来看,过程基本上都不会一帆风顺。例如,韩国从 1988 年开始启动资本开放国际化计划,1991 年允许境外投资者通过外资托管银行投资韩国股市,1992 年首次被纳入 MSCI EM(新兴市场国家)指数,计

---

① 因 A 股将于 2018 年 6 月正式纳入 MSCI EM 指数,原 MSCI 中国 A 股指数于 2018 年 3 月更名为 "MSCI 中国 A 股在岸指数",新版 MSCI 中国 A 股指数发布,主要是追踪沪股通和深股通的股票。

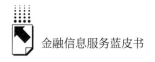
算比重仅为市值的20%，直到1998年才被全面纳入MSCI EM指数。

2013年6月12日，MSCI第一次宣布计划将中国A股纳入MSCI EM指数，但MSCI因先后认为中国在QFII资本额度分配、资本赎回、资本流动、股票停牌、金融产品审批制等方面存在不同程度的问题，于是在2014~2016年连续三年审议拒绝将A股纳入。此后经与MSCI方面沟通，调整方案，同时加快沪港和深港等资本互联互通及监管改革，最终在2017年6月20日，摩根士丹利资本国际公司宣布从2018年6月开始将中国A股纳入MSCI EM指数和全球基准指数（ACWI）。MSCI表示由于中国内地与香港互联互通机制取得积极进展，中国交易所放宽了涉及A股的全球金融产品预先审批的限制，因此将A股纳入MSCI指数得到了广泛支持。MSCI计划初始纳入222只大盘A股，这些A股约占MSCI EM指数的0.73%。

（三）MSCI指数纳入A股的影响

关于MSCI指数纳入A股，虽然境外投资者短期内持有观望态度，初期预计流入的资金规模在200亿~1000亿美元[①]。韩国和中国台湾在1992年和1996年被纳入MSCI指数后，其股票市场的海外投资者占比分别从1%上升至25%和16%。

MSCI指数纳入A股将促进中国资本市场的改革。股票流动性一直是限制中国股市发展的一个重要因素，对投机行为的严格监管、涨跌幅限制、T+1交易制度等限制了资金的流动性。MSCI指数纳入A股将促进中国资本市场深化改革，升级市场交易制度，推动中国资本市场与国际资本市场接轨，增强A股的对外开放度、自由化程度和市场化程度。

同时，MSCI指数纳入A股也会带来诸多问题与挑战。海外资金的大量涌入可能会导致股市急涨急跌，国际热钱的流动会威胁A股市场的稳定。同时，西方资本市场散户极少，趋近国际化的投资方式将严重威胁中国散户的投资利益，促使个人投资者的投资方式转变。

---

① 潘跃然：《A股加入MSCI指数对中国股市的影响》，《广东经济》2017年第14期。

二 从 MSCI 指数看国际证券指数服务
特点和发展趋势

（一）从比较看国际证券指数服务特点

MSCI 中国 A 股国际指数（MSCI China A International Index）是 MSCI 中国指数中的 A 股成分股组成的指数，其与国内著名的沪深 300 指数、深证综合指数在样本空间、指数计算公式、股价敏感性等方面有诸多不同之处（见表 1）。

表 1　MSCI 中国 A 股国际指数与国内代表性指数比较

指数名称	MSCI 中国 A 股国际指数	沪深 300 指数	深证综合指数
样本空间	在上交所和深交所上市的 A 股	沪深两市的股票	深圳交易所上市的股票
取样方法	自下而上	在样本空间内,按日均总市值、日均流通市值、日均流通股份数、日均成交金额和日均成交股份数 2∶2∶2∶1∶1 的比例,选取排名前 300 的股票	
指数加权方法	以自由流通量为权重	以调整股本为权重,用排序加权综合价格指数进行计算,调整股本采用分级靠档技术获得	以发行量为权重
指数计算公式		报告期指数 = 报告期成分股的调整市值/除数 × 1000,调整市值 = ∑（股价 × 调整股本数）	今日即时指数 = 上日收市价格指数 × 今日现时总市值/上日收市总市值
行业分类标准	基于全球行业分类标准 GICS,通过行业分类框架反映相关行业的分类结构,体现市场的经济多样性	未按行业分类	未按行业分类
股价敏感性	行业组自下而上的选样方法能广泛且公正地反映 A 股市场演变的灵活性	指数主要表现沪深两市绩优大盘蓝筹股的集合,走势强于大盘,对部分股价不敏感	纳入股票数多,国家股、法人股比例大,股价敏感性较差

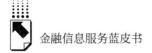

目前 MSCI 作为专业化的指数编制和服务提供商，已形成一套较为成熟、规范的指数样本抽样、指数加权计算方法。通过表 1 中 MSCI 中国 A 股国际指数与中国主要股指的简单比较可以看出，股票指数服务主要有如下特点。

一是指数服务与其他金融服务和金融信息服务发展相辅相成。A 股加入 MSCI 引起国内外资本市场高度关注，是 MSCI 指数权威性的最佳体现。这种权威性一方面是基于 MSCI 公司其他指数受到资本市场其他投资者的广泛关注和普遍采用；另一方面离不开其母公司背景。MSCI 是摩根士丹利与资本国际基金管理公司合资成立的，前者的金融咨询服务已在国际资本市场上形成了专业和权威的市场形象。与此类似，道琼斯指数的权威形象离不开道琼斯公司本身是国际上知名的商业财经信息服务商，标准普尔指数的权威形象离不开标准普尔公司既是美国历史上最具盛名的金融资讯信息服务提供商，也是美国最大的证券研究机构和咨询评级机构之一[①]。

二是指数编制的专业性和指数服务的产业化发展。与我国股票指数主要由上海、深圳两大交易所合资的中证公司编制并发布不同，MSCI 总部位于纽约，是专业证券指数编制公司，不依托于任何交易所。虽然 MSCI 的业务还包括股权投资和对冲基金等，但其编制并发布的各种指数在向其他投资者授权使用时都是收费的，这既促进了股票指数服务的产业化发展，同时也需要其指数编制服务维持稳定的专业化运营机制。这也是道琼斯、标准普尔、晨星等其他国际知名指数服务公司普遍采用的运行模式。

三是在样本股选择上强调样本股票的开放性和流动性。这主要体现在 MSCI 指数在选择成分股时极其强调该股票的可交易性，如在选择股票时不仅要考虑到其规模、行业等代表性因素，还必须考虑到该股票的停牌时间、停牌频率、交易活跃程度等因素。不同于国内主流股票指数主要根据规模等代表性因素来选样本股，MSCI 指数的自下而上选股实际上是在行业层面，

---

① 中证指数公司：《国际视野下我国指数产业的发展》，《中证指数研究报告》2010 年 11 月 15 日。

依次选择可自由流通的市值较大股票，确保自由流通股票市值不低于85%。考虑到各个国家对股票流通有不同的设计，MSCI 在选股时将自由流通定义为国际投资者可在公开证券市场买卖的股份比例，且全部基于公开的持股信息。因此，为保证流动性，MSCI 还对被选入的样本股实行最小自由流通规模（市值）限制。在此意义上，也可以认为 MSCI 对开放性和流动性的要求更甚于对规模代表性的要求。从开放性的角度看，MSCI 同时还要将指数变动甚至是异动信息及时公开。

四是股票指数更加强调投资功能。国内的上证综指、深证综指等股票指数主要是统计反映股票市场运行状况，揭示运行轨迹，为分析资本市场和股票市场运行提供参考工具和基本坐标。以 MSCI 指数为代表的国际指数服务商编制的指数主要是供国际投资商投资参考，适应了当前指数化投资需求。

五是在计算指数时加权方式日趋灵活和多元化。在国内，包括沪深300指数、上证综指等在内的大多数股票指数都是采用市值加权等方式进行指数计算，因此市值规模大的股票具有更高的权重，也对指数具有更大影响。这也是中国石油、中国工商银行等大盘股走势常常对股指产生显著影响的重要原因。从 MSCI 和道琼斯、晨星等近年来的指数编制方式来看，它们都在开始探索非市值加权方式，如根据公司利润加权、股息加权等。在单纯的指数研究中，甚至还出现市盈率加权和流动性加权等各种新的加权方式。此外，从报道来看，MSCI 和道琼斯等也都在探索等权重指数。

（二）国际股票指数服务的发展趋势

基于 MSCI 指数纳入 A 股，结合其他国际指数服务商的发展动向来看，股票指数服务的如下趋势值得注意。

1. 股票指数服务市场集中度越来越高

股票指数编制进入门槛不高，但由于市场化和产业化已成为趋势，因此先进入者有较大优势。从国际上来看，证券指数服务提供商较多，基本上各国和地区都有一些本地区的证券指数服务商，它们或者在区域细分市场上有将较大影响力，如香港恒生指数，或者是在专业细分领域具有鲜明特色，如晨星（MorningStar）和智慧树（WisdomTree）等，但真正权威、有全球性影响力的主要集中在道琼斯、标准普尔、富时和 MSCI 等少数几个指数服务商。可以说，这也是我国 A 股要加入 MSCI 的重要原因之一。显然，短期内，A 股加入 MSCI 指数可以起到一定互补作用。但长期内，对于我国证券指数服务商而言，如果区域性证券指数服务不能体现出特色，不能快速形成权威性和影响力，那么在区域市场也将面临与这些指数公司的激烈竞争。

2. 股票指数整体影响力相对下降，但与其他类型证券指数关联性日益增强

近十年来，随着产业金融化的不断深化，金融对国民经济的影响也在不断深化，以各种商品期货、贵金属期货等为基础的商品指数大行其道。在金融创新大潮推动下，股票指数和商品指数等都被开发成不同形式的金融衍生品，相应地，金融衍生品指数也应运而生。与此同时，在房地产、货币、对冲基金等受到投资者重视的同时，不同形式的指数也被开发出来，证券指数覆盖的资产类型呈现日益泛化趋势。虽然股票指数对金融市场仍然具有举足轻重的影响，被称为国民经济发展的晴雨表，但与商品指数相比，后者的变动与生产者价格（PPI）、宏观经济波动的相关性更高，因而也受到了前所未有的重视。这也导致股票指数在资本市场上的影响力相对下降。不过，股票指数与其他类型证券指数之间既非简单的竞争关系，又非替代关系，从2008 年以来的实践来看，股票指数与各种商品指数和衍生品指数之间的关联度越来越高，这既能更好揭示资本市场的运行轨迹和波动趋势，也对金融风险防范提出了新挑战。

3. 股票指数服务产业化推进投资性功能日益显著

有研究[1]将股票指数功能分为标尺性功能、交易性功能和投资性功能。股票指数设立的初衷是综合反映股票价格水平及其变动，因此通过揭示股票市场总体价格变动轨迹和运行趋势，为投资者参与资本市场提供参考坐标和

---

[1] 王庆仁：《全球股票价格指数的最新发展及其带来的启示》，《价格理论与实践》2007 年第 8 期，第 65 ~ 66 页。

基本分析工具是股票指数的基本功能。在金融创新过程中，金融衍生品的大量出现产生了基于股票指数进行套期保值和对冲避险等强化风险管理的需求，同时也直接推动大量基于股票指数的金融衍生品创新，使股票指数的功能拓展出交易性功能和投资性功能，尤其是在以机构投资者为主的欧美资本市场，众多机构投资者开始以某种股票指数为追踪标的，追求被动式投资，对股票指数的投资性功能提出了更高的需求。这既促进了股票指数服务的产业化发展，在某种意义上也是股票指数服务产业化的必然结果。

4. 金融创新与指数创新互为促进

从风险管理的角度看，股票指数交易性功能和投资性功能的上升是以金融衍生品为代表的金融产品创新推动的结果。反过来，这也可以推动金融产品创新，最典型的如股指期货。当然影响最大的是 20 世纪 90 年代大牛市直接推动形成的指数基金类产品创新，指数化投资逐步为投资者所接受。进入 21 世纪后，以 ETF 为代表的指数化投资狂飙突进。在国际金融危机后，指数化投资趋缓，但近年全球 ETF 品种创新仍处于活跃状态，产业规模年均增速超过 25%，2017 年规模超过 10 万亿美元。在此基础上，这些金融产品创新又进一步催生指数创新需求，如各种策略指数和主题指数等，形成指数—产品创新—新指数—新产品的创新路径，金融产品创新与证券指数创新互为促进，成为金融创新过程中必不可少的一条创新轨迹。

三 中国证券指数服务市场的不足及其原因

（一）指数市场权威性欠缺

中国 A 股要加入 MSCI 指数，表面原因是推进资本市场对外开放，吸引境外投资者并为其提供投资参考，深层次原因是我国现有证券指数尤其是股票指数的权威性远不及国际发达国家的指数，外国投资者投资中国 A 股愿意更多地参考一些国际指数的 A 股指数，如 MSCI 明晟 A 股指数、标普 A 股红利机会指数等。关于国内指数，如上证综指、深证综指、沪深 300 指数,指数行情走势与国家经济运行情况的相关性不显著,不能体现晴雨表特征,具体如图1和图2所示。指数对实体经济运行的敏感性较低,降低了股票指数帮助国内外投资者观察中国经济运行情况的参考价值。

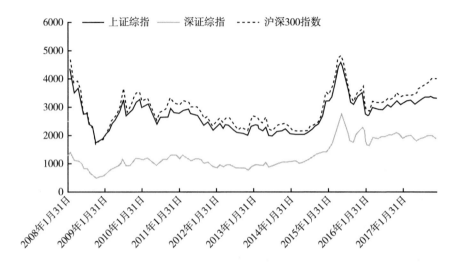

图1 2008～2017年中国股票综合指数(代表)历史交易行情

资料来源:Wind资讯。

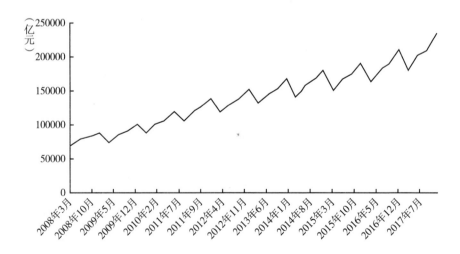

图2 2008～2017年中国GDP季度数据

资料来源:Wind资讯。

同时，证券市场信息披露的真实性、准确性和完整性存在较大问题，无中生有、以偏概全的现象层出不穷。证券市场上股价指数和相关调整公告是由相关部门授权的，但证券市场指数其他有关信息，如造成成分股股价变动的市场交易信息、上市公司经营情况等资讯发布渠道多样，很多互联网媒体和财经自媒体存在监管漏洞，导致很多不实资讯误导投资者，影响指数的稳定性。

（二）指数体系不够完善

MSCI 等国际指数体系在市场划分、行业分类等方面层次丰富，反映市场的经济体多样性。以 MSCI 供国际投资者使用的指数为例，MSCI ACWI 由 23 个发达国家和 24 个新兴市场国家（地区）组成，MSCI EMF Latin-America Index SM 由拉美地区 7 个新兴市场国家组成，MSCI EM Index SM 由东欧、中东、非洲的 10 个新兴市场国家组成。MSCI 多维度、多层次地将全球市场进行划分，方便国际投资者了解各地区经济发展情况，进行指数追踪投资和交易。同时，很多指数在行业分类标准上有国际的统一行业分类标准，便于投资者进行指数的横向和纵向比较。

我国现有股票指数体系层次单一，市场代表性和股价敏感性往往不能兼顾。上证综指、深证综指和沪深 300 指数作为我国权威的综合性指数，能很好地代表沪深股市发展的基本情况，但是对中小盘股敏感性较差，尤其是对主题指数和策略指数影响力较小。此外，我国证券指数的创新主要还是依托于上海、深圳证券交易所等国有企业，证券公司和第三方服务平台的证券指数创新有很大发展空间。目前证券公司的指数服务仅限于对已有证券指数的应用，如指数衍生产品的开发等，在指数编制创新方面尚未涉足。

（三）交易所指数服务占主导，指数服务产业化发展不足

以中证指数、上证指数、深证指数为主导的三个系列指数，是我国证券指数市场的主导产品，其在指数编制与修正、指数衍生产品、指数行情资讯、指数使用授权等方面成为中国证券指数行业发展的引领者。证券公司和

以互联网为寄托的第三方指数服务平台所提供的指数，在市场权威性、技术先进性、信息可靠性等方面都不及中证公司提供的指数服务，市场认可度和影响力不高。

目前国内整个指数产业由于市场活力不足，仅以沪深交易所系列指数和中证系列指数作为主要标的指数。与发达国家具有权威性、多样性、创新性、技术成熟性的指数服务相比，国内证券指数服务产业化发展程度低。ETFGI 报告显示，截至 2017 年 4 月末，全球 ETF 行业共有来自 68 个交易所313 家供货商的 6835 只 ETF；截至 2017 年 8 月末，全球 ETF/ETP 资产规模达到 4.8 万亿美元，和去年同期相比，前八个月 ETF/ETP 资产的涨幅达35.5%。基于指数衍生产品目前的市场规模和未来的发展潜力，我国证券公司和第三方平台的指数服务亟须勇于创新，提高技术水平，促进我国指数服务产业化发展，形成高端产业结构和规模经济。

（四）指数及其衍生产品创新水平亟待提高

证券指数的不断创新是指数能够及时、真实反映市场行情的必要保证。基于当前经济发展、宏观调控政策等背景和先进的指数编制技术，应不断创新指数，丰富指数衍生产品发展，提高证券市场有效性，促进指数产业化发展。对于传统的市值加权指数，成分股企业市值越高，其占指数比重越高，投资者容易被暴露于被高估的股票和投资集中的风险中；Smart Beta 指数以某些因子或某些策略作为权重进行加权，如风险评价指数、低波动指数、基本面指数等，能有效扩充 ETF 的投资范围，降低投资者风险暴露水平。

根据英国 ETF 数据统计公司 ETFGI 报告，截至 2017 年 6 月底，ETF 在全世界吸引的新增资金规模达 3477 亿美元，而对冲基金的资金管理规模仅增 12 亿美元，越来越多的投资者正从主动投资的对冲基金转向便宜又收益高的 ETF，指数产品潜藏巨大的市场发展空间。国际证券指数相关的衍生产品种类丰富，且市场交易活跃。截至 2015 年末，超过 790 只 ETF 追踪 MSCI指数，美国 95% 的投资权益的养老金以 MSCI 作为投资基准。

目前我国证券市场的指数产品主要有指数基金、ETF、LOF、股指期货、以股指为标的的远期合约等。指数基金的市场交易较为活跃，股指期货和远期合约的品种和流通量严重不足。市场上流通的股指期货和远期合约产品品种有限，衍生产品在流动性、收益性和投资风险等方面未能与各类投资者套期保值、分散风险的个性化需求相契合，市场交易活跃性不高。国外资产管理公司当前不断推出有关中国的指数和指数产品，满足全球投资者对中国 A股市场投资的需要。我国证券指数和指数产品创新水平亟待提高，应培育指数化投资理念，支持指数行业发展；加快交易机制创新，大力推进各类指数和衍生产品开发工作，培育证券市场核心竞争能力。

四　完善股票指数服务的若干建议

（一）加快深化资本市场改革

2017 年 6 月 MSCI 指数纳入 A 股不仅是对我国目前资本市场发展成就的肯定，而且是促进 A 股市场国际化、市场化的一个里程碑。由于我国的资本市场的 T＋1 交易制度、涨跌幅限制、证监会的交易额度限制等，A 股市场的资金流动性和股票及衍生品交易的活跃性亟待提高。资本投资收益和资本利得的税收结构存在改善空间，较重的税负降低市场交易的活跃性和投资者的积极性。以 MSCI 指数纳入 A 股作为良好契机，相关部门需要协同改善市场交易机制、监管体制和税收体制，促进证券市场与国际市场接轨，吸引境外投资者进入 A 股市场。

（二）加快完善股票指数体系

通过我国证券指数体系和发达资本市场指数体系的对比可知，我国证券指数体系在市场代表性、可靠性、股价敏感度等方面仍存在发展空间，容易产生大资金操作少数权重较大公司股票进而影响市场的现象。完善股票指数服务，首先应从中国市场特殊的限售政策和国有股控股权的角度改革样本股选择方式和指数加权计算方式，开发一批充分反映流动性和股票市场开放度的指标。其次应结合国家经济转型升级和供给侧结构性改革，加强行业指数和主题指数开发，在发挥股票指数引导资金流向和资产配置、促进战略性新兴产业发展作用的同时，以多样化的指数体系更好地满足市场需要。最后是加快开发与沪港通和深港通等相关的指数产品，研究开发跨境指数产品，探索发展跨境指数业务，进一步丰富股票指数体系，满足境内外投资者跨境投资需求。

（三）促进指数衍生品创新

证券指数的衍生产品有指数基金、ETF、LOF、股指期货、远期合约等，目前国内市场上股指期货和远期合约品种相对贫乏，产品创新严重不足，交易很容易被操纵。股指期货和远期合约是投资者对冲系统性风险的有效金融工具，应鼓励证券公司和第三方服务机构基于市场投资者投资需求，探索开发新的指数衍生品，为投资者分散投资风险提供多样化的金融工具，激活指数化投资市场。

（四）加强股票指数开发和推广合作

后发区域性股票指数要形成较高市场认可度，离不开交易所与专业性指数公司、专业投资机构和财经/金融专业媒体的合作。应鼓励上交所、深交所和中证公司与证券公司、境外权威专业投资机构等大型金融投资机构合作，加大具有投资性功能的策略性指数开发，鼓励证券公司和第三方证券指数服务平台进行证券指数的创新开发工作，共同促进从单一的指数应用研究向兼顾指数编制、应用研究的方向转变，进一步促进股票指数服务市场化和产业化发展；与权威金融类媒体合作，加大对指标性指数的宣传推广，提高指标性指数的权威性。

B.10
中美智能投顾行业发展比较分析

张 琪　彭绪庶*

摘　要：　智能投顾是人工智能技术和金融业的投资顾问业务相结合的
产物，目前国内外智能投顾所管理的资产规模和技术创新速
度都处于快速增长阶段。本报告分析了目前我国智能投顾行
业的发展格局，从智能投顾行业需求端、供给端和金融市场
环境三方面对比分析了中美智能投顾的发展差异和各自的发
展特性，总结归纳了智能投顾行业的发展优势及对行业监管
产生的挑战。最后从行业监管自律的角度提出了促进我国智
能投顾行业健康稳健发展的相关政策建议。

关键词：　智能投顾　人工智能　投资顾问　金融科技　资产管理　行
业监管

一　智能投顾的兴起与发展

智能投顾也被称作机器人顾问、自动化理财等，是基于证券市场各类金
融产品，运用投资策略等方式，针对客户的投资收益、风险承受度和流动性
偏好等个性化需求，借助互联网平台和大数据技术等新型科技，将资产投资
顾问服务模式化、产品化，并以在线的方式为顾客提供良好的产品体验和营

---

* 张琪，女，中国社会科学院技术经济与管理专业在读硕士生；彭绪庶，博士后，副研究员，
硕士生导师，中国社会科学院数量经济与技术经济研究所产业研究室副主任。

销服务。其核心是基于大数据分析、量化投资及智能算法。驱动智能投顾行业发展的主要因素包括四个方面：投资者生活方式、金融理财产品需求的变化、理财产品供给端的转型及金融科技的进步。

个人计算机和移动互联网近些年飞速发展，社会大众逐渐适应了随时在线的生活方式，习惯于通过 PC 或者移动终端在网络上进行消费、投资、工作学习等，人与人之间的交流不再局限于时间和空间。据中国互联网络信息中心（CNNIC）发布的第 40 次《中国互联网络发展状况统计报告》，截至 2017 年 6 月，中国网民规模达到 7.51 亿人，占全球网民总数的 1/5，手机网民规模达 7.24 亿人，互联网普及率为 54.3%。我国网民年龄结构偏向年轻化，10～39 岁群体占整体的 72.1%，其中 20～29 岁年龄段的网民占比最高，达到 29.7%，10～19 岁、30～39 岁群体分别占 19.4%、23.0%（见图 1）。

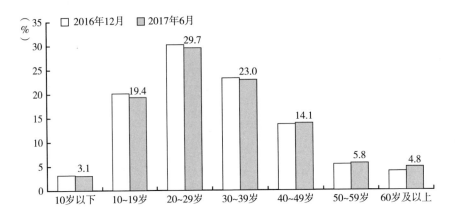

图 1　中国网民年龄结构统计

资料来源：中国互联网络信息中心。

近年来，经济发展带来居民收入大幅提升，大众对于理财的需求旺盛，而传统理财服务逐渐不能满足各类投资者在资产收益、风险承受等方面的个性化需求。截至 2017 年 3 月，中国证券业协会登记的持证上岗的投顾数量为 3.7 万人，市场上个人投资者数量超过 1.2 亿人，投顾和投资者数量的比例接近 1:3300。传统的投顾受时间和空间的限制，超过 9000 万名股民长期处于无人服务的状态。以互联网的高普及率和在线理财的高渗透率为基础，伴随着大数据、人工智能等技术的迅猛发展，智能投顾应运而生。传统的投顾服务专注于少数客户的精英化服务，而智能投顾是将资产管理扩展到长尾客户的普惠式服务，真正实现了普惠金融。据不完全统计，目前已有 15 家券商推出了智能投顾相关的服务，发展高峰时一个月内有近 10 家券商上线智能投顾相关服务。

经济发展的周期性波动和股市的阴晴不定让传统的投资咨询业务面临定价压力，传统财富管理的主动投资策略不再占据市场投资的绝对优势。对比过去十几年的交易数据，主动管理型基金近 0.8% 的平均费率高于被动管理型基金 0.2% 的平均费率，但其高昂的收费并没有给投资者带来满意的回报。以股票基金为例，过去 5 年里有接近 90% 的美国股票基金、超过 55% 的全球股票基金和接近 70% 的新兴市场基金没能跑赢指数[①]。因此指数基金、交易型开放式指数基金（ETF）的投资配置模式开始在市场上流行。

智能投顾的运行依赖金融科技的技术支撑，大数据、云计算、人工智能等概念逐渐渗入大众生活。全球金融市场上的交易数据呈现几何式增长态势，海量、高纬度、实时更新的数据随之而来，大数据的计算速度急剧提升。2015 年人工智能进入爆发期，同年 7 月《国务院关于积极推进"互联网 +"行动的指导意见》明确提出人工智能作为 11 个重点布局的领域之一。2016 年《"十三五"国家科技创新规划》和《国民经济和社会发展第十三个五年规划纲要（草案）》将人工智能列入"科技创新 2030 项目"以及"十三五"重大工程。2017 年"一带一路"会议、全国两会均将人工智能列入未来发展规划中，人工智能成为中国政治、经济、学术等领域的重中之重。2017 年 AAAI（The Association for the Advancement of Artificial Intelligence）共收到论文 2571 篇，中国学者的论文提交量和录用率均达到国际一线水平，论文来自国内高校和企业的研究人员，具体如图 2 和图 3 所示。

---

① Wind 资讯客户端、诺亚研究。

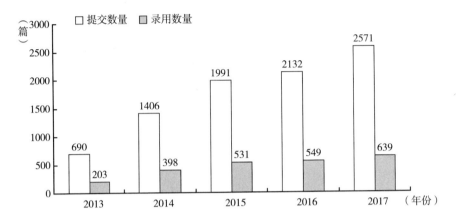

图2 2013～2017年AAAI论文提交及录用统计

资料来源：艾瑞咨询。

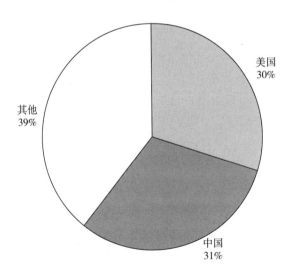

图3 2017年AAAI论文提交情况

资料来源：艾瑞咨询。

人工智能可应用于金融、电商零售、供应链物流、出行等领域，其在金融领域的应用为智能投顾、精准营销等，目前对冲基金等现实交易已经开始运用人工智能技术。未来30年的财富主要集中于千禧一代，其对网络化、智能化的产品接受度高，看重生活体验、便捷操作。传统的金融服务针对财富相对集中的人群，已不再满足新时代的投资需求。Statista 数据显示，2017 年全球智能投顾管理资产超 2248 亿美元，年增长率达 47.5%，到 2021 年全球智能投顾管理资产规模将超过 1 万亿美元；2017 年中国智能投顾管理资产超 288 亿美元，年增长率达 87.3%，预计到 2022 年，智能投顾管理资产将超 6600 亿美元。智能投顾将投顾服务与智能算法和大数据结合，降低经营成本，在中国迅速风靡起来。

二 我国智能投顾的发展现状

（一）多元化的供应商格局

智能投顾将大数据分析、计算机技术和金融结合起来，在中国很快打开了市场，从 2015 年开始，互联网巨头、基金公司、券商、第三方财富管理公司等纷纷涌入，智能投顾参与主体与日俱增。目前国内智能投顾的市场尚处于起步阶段，供应商呈现多元化的格局。以蚂蚁金服、京东金融为代表的互联网巨头最早开辟市场，近期各商业银行和券商充分利用自身的客户资源和渠道优势，逐步推进线上智能理财和财富诊断服务（见表 1）。到 2017 年 5 月初，浦发银行的财智机器人累计服务客户达 431 万人。截至 2017 年 5 月底，招生银行的摩羯智投资产管理规模超 35 亿元，服务超 6 万名中高端客户。传统金融机构在智能投顾行业崭露头角，逐渐成为引领行业发展的新动力。

表 1　中国智能投顾行业部分供应商

	代表平台	代表产品	上线时间	投资策略/标的
互联网平台	蚂蚁金服	蚂蚁聚宝	2015 年 8 月	余额宝、招财宝、公募基金、香港基金
	京东金融	京东智投	2015 年 8 月	国内国外资产
第三方理财机构	蓝海财富	蓝海智投	2016 年 4 月	国内 ETF 和 QDII、海外 ETF
	宜信	投米 RA	2016 年 5 月	全球 ETF
	雪球	蛋卷基金	2016 年 5 月	天弘基金产品
	平安金融一账通	财智喵	2017 年 5 月	将活期、定期、股票、基金、理财产品、债券、信托等各类账户汇总

续表

	代表平台	代表产品	上线时间	投资策略/标的
商业银行	招商银行	摩羯智投	2016年12月	标的公募基金
	浦发银行	财智机器人	2016年11月	标的基金、银行理财、贵金属等
券商	广发证券	贝塔牛	2016年6月	组合构建再平衡
	长江证券	iVatarGo	2017年4月	深度分析投资行为、交易数据，提供个性化资讯、理财、投资顾问服务
基金	广发基金	基智组合	2016年9月	黑盒策略

资料来源：何飞、唐建伟，《商业银行智能投顾的发展现状与对策建议》，《银行家》2017年第11期。

（二）行业集中度低

智能投顾从2015年开始在中国发展，目前行业处于发展初期，相比起美国成熟的金融市场和资产管理经验，国内金融市场在体制健全、市场有效性和产品丰富度等方面不及发达经济体，没有一个产品占据市场主要的份额。国内的智能投顾业务大多采用基于开放式基金组合的交易策略，由产品销售机构或部门推动，没有清晰的盈利模式。

国内的智能投顾产业由互联网公司率先进入，随后传统的金融机构，包括商业银行、证券公司、投行、资产管理公司等，纷纷布局该领域。银行和证券公司凭借牌照经营优势和丰富的客户资源迅速成为智能投顾行业发展的领头羊，互联网公司和第三方平台凭借流量优势和数据优势与传统机构合作或自谋发展。国内第三方财富管理公司所占市场份额不同于其他国家和地区，欧美等发达国家第三方财富管理公司占整个财富管理市场份额的60%以上，在中国台湾、中国香港地区该比例也达到了30%，国内第三方财富管理的市场份额不到5%[①]。国内智能投顾行业目前处于一个混战的时期，智能投顾资产管理规模远小于美国的智能投顾

① 陈莉、郭刚：《中国私人财富规模仅次于美国 财富管理机构已超8000家 中国第三方财富管理：行业混乱需监管》，《中国经济周刊》2015年第14期，第28~29页。

资产管理规模，传统金融机构的转型发展和互联网公司的合作必将促进产业发展。

（三）人工和机器混合模式成发展主流

智能投顾初创期的业务思路是做完全自动化的产品，实现客户资产自动化投资管理。但是随着商业银行、证券公司、投行等传统金融机构的加入，智能投顾的发展分为两个流派：目前大部分公司将人工与智能投顾相结合，尤其是针对高净值客户，智能投顾作为传统理财师或投资顾问的补充服务，混合经营的模式能够实现差别定价；部分初创公司仍坚持做完全自动化的产品来实现资产管理。从中美智能投顾产业发展来看，中国的智能投顾更多地偏向于混合模式，美国采用自动化模式的公司比例比中国高。欧美的主要智能投顾产品见表2。

表2　欧美的主要智能投顾产品

智能投顾产品	模式	所在地区
Betterment/Betterment Institutional	全自动	美国
Money Farm	全自动	英国
SigFig	混合	美国
Wealthfront	全自动	美国
Vanguard Personal Advisor	混合	美国

资料来源：BI、川财证券研究所。

（四）监管缺失限制智能投顾发展

智能投顾主要有三种功能：智能投资规划、投资顾问、投资基金。投资规划主要帮助客户了解其投资需求，投资顾问帮助客户选择合适的产品或者服务，投资基金则是直接帮助客户管理资产，实现一键购买并根据市场行情实时调整仓位。由于我国《证券法》和《证券投资顾问业务暂行规定》要求投资咨询机构以及其从业人员不得代替委托人进行资产管理，严格的分业监管限制了部分智能投顾初创公司在中国的发展，相比传统的金融机构，除了客户资源贫乏外，牌照成为阻碍其发展的另一难题。国内目前上线的智能投顾产品中，部分产品不具备执业牌照，或将面临合规风险。

目前国内智能投顾市场参与主体庞杂，商业银行、证券公司、投行、资产管理公司、互联网公司等纷纷涉足，各公司获得投资收益、控制投资风险的能力参差不齐。统一监管法律法规可以降低行业的套利空间和系统性风险，强化整个金融行业监管的权威性、有效性、统一性和穿透性。

三 我国智能投顾与美国智能投顾发展的对比

（一）智能投顾服务需求端

1. 智能投顾需求主体

无论是在美国还是中国，年青一代都渐成财富管理需求主体，青睐数字化财富管理模式。"80、90后新生代"对互联网、人工智能、云计算等前沿科技都有极高的接受度，智能投顾满足了年轻人对一流的客户体验、速度和便利性的追求，使整个金融体系更加重视以客户为中心。Accenture统计显示，未来五年之内Generation Y（出生于1982～2002年）所掌管的可投资资产将由目前的2万亿美元增长至7万亿美元[①]；在将来的30～40年内，美国将有30万亿美元金融以及非金融资产传承至Generation Y，年青一代将逐步成为主流财富的管理者，其对机器化、自动化服务和互联网交互方式具有更高的接受度和依赖性。根据Capgemini咨询公司统计，在全球40岁以上的高净值人群中有54.01%希望他们的财富管理渠道能够实现数字化，40岁以下高净值人群的这一倾向比例达到82.5%。各年龄段愿意使用智能投顾服务程度见图4。

---

① Wind资讯客户端、东北证券行业研究报告。

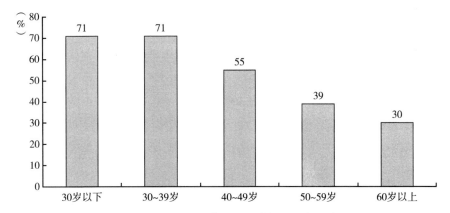

图4　各年龄段愿意使用智能投顾服务程度

资料来源：东北证券、Capgemini。

目前国内智能投顾处于发展初级阶段，根据《金融博览·财富》杂志联合数字100市场研究公司对现阶段大众对智能投顾的认知展开的调查，超过80%的受访者没有听说过或者不了解智能投顾。在参与智能投顾方面，仅有24.2%的受访者参与过[①]。国内投资者对智能投顾的了解和接受程度相比起美国还有一定差距，随着智能投顾产品的丰富和推广，投资者逐渐接受新型智能投资方式。

2. 市场投资理念

美国金融市场上的投资者大多是金融机构和大户，个人投资者比例不足5%，机构投资者投资观念倾向于长期投资以获得稳定收益。美国机构投资者主要有共同基金、养老基金和保险公司，优越的机构性资产供给条件和美国经济发展推动消费者对机构性金融资产投资需求增加，促使个人直接持有股票比例缩减（见图5），机构性资产投资份额上升。数据显示，美国个人持有的机构性资产占个人持有金融资产的比例从1946年的15%上升到2010年的43%[②]。机构性投资占主导的市场投资结构有利于培养投资者青睐长期

---

① 赵鑫：《国人智能投顾认知及参与情况调查》，《金融博览·财富》2017年第11期。

② 王志军、张波：《美国个人股票持有结构分析》，《证券市场导报》2012年第6期，第26～30页。

稳定收益的投资方式，以股东的身份介入上市公司运营，理性地进行价值投资、组合投资以获得较高收益，这种投资观念有利于智能投顾的市场推广。

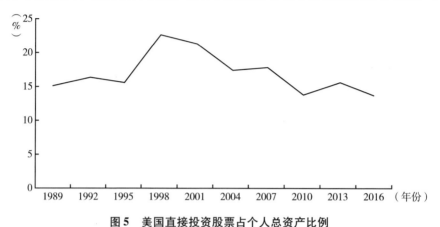

图5 美国直接投资股票占个人总资产比例

资料来源：Board of Governors of the Federal Reserve System。

目前我国投资群体中，个人投资者仍占绝对多数且高度分散，由于金融机构分业经营，市场上的机构投资者主要集中在证券市场，证券投资基金、社会保险养老基金、保险公司都有不同程度的发展。这种投资者结构与美国等发达经济体机构投资群体占主导地位的发展趋势相反。截至2016年12月末，在 A 股账户持有人中，市值为 1 万～10 万元的最多，占比达到47.87%，市值在 1 万元以下的占24.35%[①]。以散户为主的投资者结构使整个市场投资更关注产品价格的短期波动。个体散户主导，投机性强，追求短期收益，做庄、跟庄是散户的投资操作模式，部分机构企图操纵股价获得短期超额收益。以投机博弈为主的市场投资理念不利于市场发挥对资金的配置作用，也不利于智能投顾的发展与推广。

3. 客户风险承受度

美国的投资者倾向于把资产交给金融机构进行集中投资管理，偏向于长期稳定的收益，对风险的敏感度相比起短期操作获利的要弱，可以承受更长

①　Wind 资讯客户端、宏观经济百图。

久的股市波动。

目前，A股市场投资者仍以散户为主，持仓1万~10万元的投资者占比47.87%，散户拥有更高的风险偏好。波士顿报告显示，2014年中国私人财富规模达22万亿美元，大部分理财集中在银行、基金、信托等机构发布的理财产品，客户对理财产品要求保本，但同时又能承受股市的大幅波动，口头上是低风险偏好，但是我国投资者普遍表现出行为上的高风险偏好。智能投顾产品在对客户进行风险承受度检测时，很可能低估了部分投资者的风险承受水平，使投资收益与其愿接受的风险水平不对等。

4. 家庭资产配置

美国家庭财富主要以金融资产的方式持有（见图6），由于机构在市场上拥有多渠道的信息来源和交易操作专业迅速等优势，个人倾向于将资产交付给金融机构集中管理。1995~2016年美国家庭金融资产配置见表3。

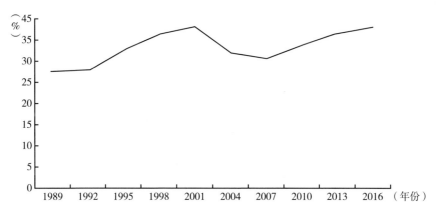

图6 美国家庭金融资产占家庭总资产的比重

资料来源：Board of Governors of the Federal Reserve System。

表3 1995~2016年美国家庭金融资产配置

单位：%

资产类型	1995年	2001年	2004年	2007年	2010年	2013年	2016年
交易账户	13.9	11.6	13.1	10.9	13.3	13.3	11.7
存款证书	5.6	3.0	3.7	4.0	3.9	2.0	1.5
储蓄	1.3	0.7	0.5	0.4	0.3	0.3	0.2
债券	6.3	4.5	5.2	4.1	4.3	3.2	2.8

续表

资产类型	1995 年	2001 年	2004 年	2007 年	2010 年	2013 年	2016 年
股票	15.6	21.3	17.4	17.7	13.7	15.4	13.6
混合投资基金(不包括货币市场基金)	12.6	12.1	14.6	15.7	15.0	14.7	23.1
退休账户	28.2	28.8	32.4	34.8	38.4	39.1	35.6
现金价值寿险	7.1	5.2	2.9	3.2	2.5	2.7	2.2
管理资产	5.8	10.8	7.9	6.4	6.1	7.6	7.7
其他	3.6	2.1	2.1	2.7	2.4	1.7	1.6
合计	100	100	100	100	100	100	100.0

资料来源：美联储网站，http：//www. federalreserve. gov。

中国家庭的财富主要以不动产的方式持有，数据显示中国家庭总资产中房产占比在 2013 年和 2015 年分别为 62.3% 和 65.3%，2016 年中国家庭房产占比上升至近 70%，相比之下 2013 年美国家庭财富配置中房产仅为 36%（见图 7）①。

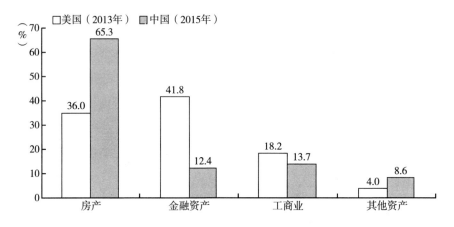

图 7 中美家庭总资产配置

资料来源：中国家庭金融调查与研究中心（CHFS）、美国消费者金融调查（SCF）。

---

① 中国家庭金融调查与研究中心（CHFS）：《中国家庭金融资产配置风险报告》，2016。

（二）供给端结构

1. 行业集中度

美国智能投顾兴起于 2008 年，Betterment 于 2010 年在纽约成立，2011 年 Wealthfront 在硅谷成立。继 Betterment 和 Wealthfront 之后，美国的智能投顾企业层出不穷，多家智能投顾公司已具备成为独角兽企业的潜质。目前在美国智能投顾的市场，行业集中度相对较高，以 Betterment、Wealthfront 等大型金融科技企业领头，各传统金融机构依靠客户资源和销售渠道转型发展，上线智能投顾业务。截至 2017 年 2 月，Vanguard Personal Advisor Services 管理资金规模达到 470 亿美元，排名第二的 Schwab Intelligent Portfolio 管理资产只有 102 亿美元（见图 8），从美国智能投顾公司管理资产规模来看，其大致分为三个梯队①。

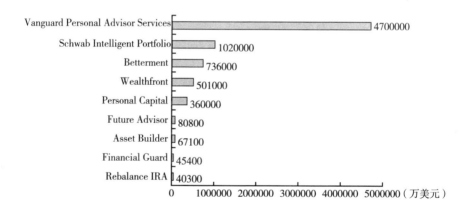

图 8　美国智能投顾公司资产管理规模

资料来源：Statista、天风证券研究所。

国内的智能投顾处于行业发展初期，市场集中度低，参与主体庞杂。传统金融机构虽然智能投顾业务起步晚，但是凭借其经营牌照和客户资源优

---

① Wind 资讯客户端、天风证券研究所。

势，已成为国内智能投顾行业的发展主体。第三方平台和部分互联网公司由于执业资格和客户资源难以获取的限制，采取和传统金融机构合作的方式共享智能投顾产业发展红利。但目前整个行业尚未有公司或产品能够主导市场发展，行业集中度较低，公司分布松散。

2. 传统金融机构和智能投顾初创公司

在美国市场上，智能投顾服务公司不断涌现。2011 年 12 月，Wealthfront 成立并在证券交易委员会（SEC）注册，公司发展重点是为个人投资者投资 ETF 基金提供自动化的投资组合理财咨询服务。此外，Betterment、Personal Capital 等公司在智能投顾领域积极探索发展之路。

美国的传统金融机构通过收购公司或者增设相关业务来拓展智能投顾业务，布局智能投顾产业。2015 年 8 月，Black Rock 宣布收购理财服务公司 Future Advisor，重组计划涉及 300 亿美元资产，约占其主动型基金规模的 11%。Black Rock 依托原有客户的品牌黏性来推动公司智能投顾业务发展，突破传统财富管理模式的掣肘与瓶颈。Morgan Stanley 与 Addepar 合作，跟踪分析客户的资产投资组合，维护客户关系。UBS 自行开发 SmartWealth 产品，投资门槛从 250 万美元降到 1.85 万美元，被动型基金产品的费率降到了 1%[①]。

中国在智能投顾领域发展较美国有所落后，2014 年成立的弥财平台模仿美国 Wealthfront、Betterment 的运营模式，是一个投资 ETF 组合、独立的第三方智能投顾平台。弥财平台通过对客户的风险承受度、投资偏好等刻画，通过大数据分析和算法模型，确定最优的投资组合。系统每天实时监管这些投资组合，根据市场指数变化及时调整投资比例。互联网平台凭借其流量优势和数据优势，在智能投顾领域积极探索。

国内传统的金融机构纷纷涉足智能投顾领域。招商银行、浦发银行于 2016 年相继推出摩羯智投、财智机器人，2017 年 5 月，兴业银行的智能投顾上线，2017 年 6 月光大集团旗下的互联网金融平台在北京发布光云智投产品。此外券商也纷纷试水，如长江证券的阿凡达狗、广发证券的贝塔牛

---

① 川财证券研究所整理。

等，拥有丰富客户资源和经营牌照优势的传统金融机构顺势成为智能投顾产业的中坚力量。

相比美国，中国在智能投顾领域虽起步晚，但是发展迅猛，发展模式与美国相似。除了专业化的智能投顾公司，各金融机构也通过各种渠道相继推出智能投顾产品。

3. 智能投顾平台商业模式

目前美国的智能投顾市场根据服务对象，其商业模式可分为两种：B2B 和 D2C。B2B 服务对象是金融机构，D2C 是直接为用户服务。其中 D2C 还可细分为三种类型：完全自动化的第三方平台、顾问协助型平台、提供智能投顾服务的传统金融平台。完全自动化的第三方平台，如 Wealthfront、Betterment、Personal Capital 等，通过完全自动化操作完成客户的信息评估、资产配置建议、执行交易、日常系统维护等，客户群体多为年青一代，他们偏爱科技体验。顾问协助型平台能结合智能投顾工具和投资者财产状况，制定个性化投资建议和财富管理计划。传统的金融机构通过其平台上线智能投顾服务，利用丰富的客户资源和产品线，实现交易、清算等系列服务。

由于在市场成熟度、监管环境、税务体系等方面与美国有诸多差别，中国智能投顾公司的商业模式主要分为四种：海外配置型、综合理财平台、第三方财富管理型、主动投资建议型。蓝海智投、弥财、投米 RA 等致力于全球资产配置，通过与海外经纪公司合作开展多元化产品配置，降低风险，为投资者带来长期稳健的投资回报。京东金融、招商银行的摩羯智投、平安一账通等综合理财平台基于自身很好的客户资源和广泛的销售渠道，以智能投顾整合原有的运营体系，吸引新的客户。第三方财富管理公司如理财魔方、资配易等，通过与大型基金平台合作的形式向客户提供适用于客户投资收益要求、风险偏好的资产配置建议，特点是通过高技术手段实现资产的合理高效配置。主动投资建议型平台商业模式与美国 Motif Investing 类似，通过利用计算机学习算法分析宏微观数据和财报等，提供垂直化的金融服务，这类平台包括百度股市通、嘉实基金金贝塔、同花顺 ifind 等。

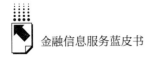

（三）金融市场发展差异

1. ETF 产品丰富度

ETF 作为主流智能投顾资产管理策略的投资标的，其产品丰富度决定了智能投顾资产组合策略的选择空间。嘉信智能组合根据一定的筛选规则从1600 多只 ETF 中选取 54 只 ETF 作为产品投资标的，资产类型涵盖了股票、大宗商品、固定收益产品、房地产、现金等，能够在一定程度上分散风险。截至2016 年底，美国 1716 只 ETF 的资产规模约为 2.5 万亿美元，占全球 3.5 万亿美元 ETF 资产规模的 71%，产品种类丰富，涵盖了国内市场、国外市场、股指、债券、商品等多个类型，是全球最大的 ETF 市场，美国 ETF 规模统计见图 9。

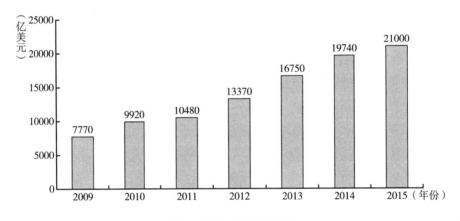

图 9　美国 ETF 规模统计

资料来源：Wind 资讯客户端、东北证券。

截至 2016 年 6 月我国上市的 ETF 合计 130 只，资产规模 4729 亿元，大多属于传统股票指数型 ETF，而债券型 ETF、商品型 ETF 不足 10 只；同期美国市场上有近 1600 只 ETF，产品包括股票指数、债券、商品等多个类型，资产规模两万多亿美元。截至 2017 年 11 月末，我国市场上共有封闭式基金 454只，开放式基金 4288 只，共计管理基金总规模达 114080.23 亿份[①]。例如，

---

① Wind 资讯客户端。

摩羯智投以公募基金作为标的资产，投资者的申购费、赎回费、管理费都会高于被动型指数基金。中国证券市场上的 ETF 产品除了少量的指数等权 ETF 外，Smart Beta ETF 产品数量极为有限，雪球网近期上线了多款公开策略的被动式投资产品，嘉实基金旗下的金贝塔的 Smart Beta 产品策略也十分丰富，各证券基金、第三方平台正积极探索丰富的被动投资产品策略。

2. 市场资产管理规模

美国等发达经济体金融资产板块的配置比例高达 60% ~ 70%，智能投顾领域呈现爆发式增长。花旗银行的数据显示，截至 2015 年底，美国智能投顾领域的资产管理规模已达到 190 亿美元。咨询公司艾特集团（Aite Group）报告显示，美国市场的智能投顾从 2010 年的 51 只产品 20 亿美元资产规模，上升至 2017 年的 2148 只产品 1400 亿美元资产规模。世界知名咨询公司 A. T. Kearney 预测，美国智能投顾行业 2020 年将管理约 2.2 万亿美元资产。参照德勤的预测，未来 15 年美国家庭财富年增长率约为 4%，2030 年全美家庭金融资产将达到 130 万亿美元，巨额的居民财富拥有量预示着财富管理市场的巨大发展空间。美国部分智能投顾产品的资产管理规模见图 10。

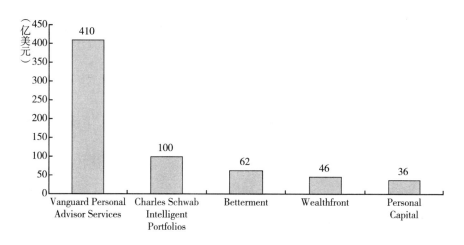

图 10　美国部分智能投顾产品的资产管理规模

资料来源：BI、川财证券。

据瑞信研究院 2017 年 11 月 15 日发布的 2017 年度《全球财富报告》，自 2000 年起，中国家庭财富每年增长 12.5%，相当于过去 17 年增长了六倍，中国将成为未来五年全球财富增长的主要来源。据 CHFS 报告，中国家庭可投资资产从 2011 年的户均 17.0 万元增长到 2015 年的 30.0 万元，年均复合增长率达 15.3%，以全国 4.3 亿户家庭计算，2016 年中国家庭可投资资产总规模达 147.5 万亿元。

尽管我国家庭财富增长迅速，但居民偏好将大量财富投资于不动产板块，金融资产占整体资产的比例远小于发达经济体（见图 11）。2015 年中国家庭可投资资产中投资性房地产占比高达 71.5%，债券、股票、基金的投资比例较低。

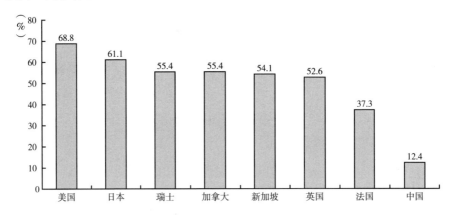

图 11　各国家庭金融资产比重

资料来源：2015 年 CHFS 和瑞信《全球财富报告》。

3. 智能投顾行业监管

智能投顾发源于美国，行业受到美国《1940 年投资顾问法》的约束，接受美国证券交易委员会（SEC）的监管。美国投资顾问监管牌照涵盖了资产管理和理财服务两种业务，避免了重复监管的成本，节省了企业申请不同牌照所需的费用。2017 年 2 月 SEC 发布对智能投顾的升级指导意见，主要有三方面：向用户披露有关该智能投顾的详尽介绍及投资咨询服务；有义务从用户处获取准确的投资信息，提供适当的投资建议；合理采用有效合规的方法解决自动化投资建议的特殊问题。

国内对于资产管理和投资资讯的分业监管，在一定程度上阻碍了智能投顾的发展。仅有投资顾问资格的企业无法从事资产管理业务，不能代替客户进行资产交易，并且从事资产管理必须要先成立产品才能募集资金。目前国内对于智能投顾尚无法律条款进行规范，行业参与主体庞杂，风险积聚。若智能投顾产业监管与创新节奏不协调，没有监管的保障，产业创新的系统性风险将会放大。

四　智能投顾产业的发展优势与挑战

（一）智能投顾产业的发展优势

1. 削减管理成本

传统的投顾服务由于人工成本、时间成本、物理网点租金等，其管理费率大多在1%以上。智能投顾采用大数据和云计算的信息技术来处理简单重复的工作，节省了人工成本，将管理费控制在0.25%~0.5%。智能投顾通常投资于ETF基金，相比起国内的场外指数基金和LOF基金，投资ETF无须缴纳印花税，场内买卖只需交佣金，且其管理费和手续费处于最优惠的水平。低廉的税金和管理手续费，进一步降低了智能投顾资产管理的成本。

以纯智能投顾企业Wealthfront和Betterment来说，若分别投资100000美元，Wealthfront和Betterment仅收取0.15%、0.25%管理费，加上组合的ETF产品收费0.11%~0.12%，总费率仅为0.26%和0.37%，远低于传统投资顾问管理费1%以上的标准。覆盖广、成本低易形成规模效应，随着智能投顾服务的客户群体扩大，其服务边际成本会进一步降低。

智能投顾对代理成本的节约不仅包括资产管理中的人力成本、时间成本、资金成本，还包括客户管理的成本。其以高效低费的投资解决方案，实现普惠金融。

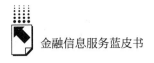

2. 扩大客户范围

传统的投顾服务是针对高净值客户的精英化服务，对投资者的资产管理规模有一定的要求，服务对象受限。高盛财富管理业务的投资门槛达 5000 万美元，一般资产管理机构的投资门槛也都在 100 万美元以上。

智能投顾服务以机器取代了传统的理财顾问，投资标的是 ETF 基金，管理费用少，手续费低，没有印花税要求。低廉的管理成本使智能投顾的投资门槛远低于传统投顾，释放了长尾市场的潜在发展空间，扩大了资产管理服务的客户范围。智能投顾产品的投资门槛和费率水平见表 4。

表 4 智能投顾产品的投资门槛和费率水平

	投资门槛	5000 美元	10000 美元	50000 美元	100000 美元	1000000 美元
Acorns	0 美元	0.25%	0.25%	0.25%	0.25%	0.25%
Betterment	0 美元	0.35%	0.25%	0.25%	0.25%	0.15%
Wealthfront	500 美元	0%	0%	0.25%	0.25%	0.25%
Future Advisor	10000 美元	—	0.50%	0.50%	0.50%	0.50%
Personal Capital	25000 美元	—	—	0.89%	0.89%	0.89%

资料来源：BI、川财证券研究所。

从本质上来看，智能投顾实现技术和人工相辅相成，降低了服务的管理费用，扩大了金融的服务半径，让大批中产阶级的客户也能够享受低门槛的高质量投顾服务。

3. 增强客户黏性

根据 EMC 和 IDC 联合发表的《数字宇宙研究报告》，2013 ~ 2020 年全球的数据量增长了 10 倍，从 4.4 万亿 GB 增至 44 万亿 GB[①]。大数据分析、云计算开源从多维度记录和分析用户的消费行为、信用记录、社交信息，更精准地刻画客户，更深入地了解客户的投资需求和风险偏好。引入 ETF 作为投资标的，智能算法给出更加多样化、个性化的投资组合建议。差异化的

---

① 杨望、董羽翀：《资管新风向：智能投顾在中国的崛起》，《金融博览》2017 年第 7 期，第 56 ~ 57 页。

金融理财产品和金融信息服务、良好的数字化平台满足了客户尤其是年青一代对一流的服务体验、速度和便捷性的要求，提高客户忠诚度。

4. 提高市场有效性

相比起传统证券基金以赚取超长收益为投资目的，智能投顾多遵循被动投资策略，以价值投资为导向，赚取市场 β 收益，对市场产生正向反馈，减少市场投机行为，提高市场有效性。

机器管理资产可以规避投资人情绪化影响。智能投顾得益于计算机技术的迅速发展，通过大数据和云计算技术，独立客观地评价各投资方案的收益与风险，设置止盈止损点并严格执行，避免传统投资顾问的情绪化投资行为，有效控制投资方案的投资风险，有利于金融市场的稳定。

（二）智能投顾对行业监管的挑战

1. 智能投顾业务经营合法性问题

目前我国对于证券投资咨询和资产管理有《证券法》《证券投资顾问业务暂行规定》《证券、期货投资咨询管理暂行办法》等法律法规来规范约束。《证券法》明确规定投资咨询机构不得代理委托人从事证券投资，因此国内市场上没有牌照的互联网企业和金融科技公司做智能投顾，只能为客户提供投资咨询服务，不能帮客户一键购买或者根据大盘波动自动调整资产投资比例。该类公司没有牌照不得接触基金销售，除非直接或间接与银行、券商等传统金融机构对接，否则就涉及违规操作。

从实际情况来看，目前国内智能投顾市场由于在法律监管上存在模糊地带，市场参与者庞杂，很多公司违规替客户进行资产买卖。监管部门应针对此类业务经营的问题给出明确指导意见，规范智能投顾行业的进入门槛。

2. 产品营销界限模糊

由于国内的智能投顾从 2015 年萌芽，目前尚处于发展初期，很多公司表面承诺利用大数据和智能算法给客户定制个性化的投资建议，实则借机销售自身的理财基金等金融产品。

智能投顾平台从业人员的收入主要源于投资咨询和基金销售的佣金收

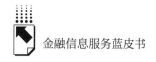

入，若无制度严加规范，投资咨询和产品销售之间的界限混淆不清，导致部分平台借智能投顾的幌子吸引客户，来达到基金销售的真实目的，极大地损伤了智能投顾所提供的投资建议的独立性和客观性。

3. 投资标的违规风险

在美国智能投顾通常用于被动型投资的 ETF 基金，在中国由于 ETF 种类相比美国较少，以 ETF 作为标的无法运用大数据算法等新型金融科技，大多公司将智能投顾本土化，引入多种证券资产作为智能投顾的投资标的。国内智能投顾的参与主体庞杂，目前普遍采用"黑盒策略"，即在资产组合和调仓时，不向客户说明或者不公开具体缘由，这违反了《关于规范金融机构资产管理业务的指导意见》中"限制非标资产投资、严禁多层嵌套、限制通道业务"的明文规定。

4. 智能投顾平台风险控制

大数据、智能算法模型能够根据事先设置的客户投资偏好和风险承受度来形成个性化投资建议，国内智能投顾行业尚处发展初期，部分公司对客户的风险承受度、投资偏好、个人资产状况、财富管理流动性要求等指标刻画得不够详尽，易引发系统性风险。没有法律法规明文规定或者行业自律标准，智能投顾公司易忽略客户的风险承受度、流动性要求，制定不符合客户的资产管理建议，扰乱金融市场稳态。

对于提供互联网智能投顾产品的公司，其告知投资者风险的义务应得到更严格的监管。同时，公司应该设置一定的投资门槛，确保客户具有满足承受相应投资风险的财富存量和流动性保证。

5. 客户信息数据安全风险

2017 年 6 月《网络安全法》实施，明文规定对于个人信息的保护"谁收集，谁负责""不得非法出售公民个人信息"。智能投顾主要基于系统内部的数据，但是行业发展和对客户投资需求风险偏好等刻画的需要，必然会使企业增加对外部数据的需求，容易滋生关于客户信息的非法交易。如何规避数据外泄风险、保护客户的信息，成为监管智能投顾行业的挑战。

6.外汇管制限制智能投顾发展

目前，由于国内目前上市的 ETF 产品种类有限，无法应用大数据和智能算法模型，很多智能投顾公司致力于全球配置资产，多样化标的产品种类，以规避人民币贬值风险。但是我国对于投资者每年有 5 万美元结售汇的额度限制，海外资产配置规模受限，外汇管理局对于分拆结售汇更是明令禁止。

五　加强智能投顾行业监管的建议

智能投顾是金融科技发展背景下的产物，其技术先进性和创新性带来了监管风险，增加了监管难度。2016 年 3 月，中国人民银行副行长潘功胜在中国互联网金融协会成立会议上强调："对于互联网金融应该实施穿透式监管，同时要实施功能监管，按照业务性质明确监管责任，堵塞监管漏洞，消除监管空白，实现金融风险监管全覆盖。所谓'穿透式'监管方式，就是要透过表面现象看清业务本质，把资金来源、中间环节与最终投向穿透联接起来，综合全流程信息来判断业务性质，并执行相应的监管规定。"美国 SEC 于 2016 年 11 月召开的首次金融科技论坛上提出 "21 世纪的技术对应 21 世纪的监管"。

（一）统一投资顾问和资产管理牌照的发放规定

目前国内关于投资咨询业务和资产管理业务是分开监管的，二者分别受到《证券投资顾问业务规定》和《证券投资基金法》等相关规定约束。智能投顾涵盖投资咨询和资产管理两项业务，目前没有相关法律明文规定其行业进入门槛，智能投顾公司若要实现为客户提供投资咨询和一键管理资产的服务，必须分别取得两个牌照。这造成了监管部门的重复监管，增加了监管成本。

监管部门应根据智能投顾业务的实质，规定行业的进入标准，统一投资咨询业务和资产管理业务的牌照发放规定，解决智能投顾的合法性问题，同

时也能消除不合法的公司借由智能投顾的名头销售理财基金产品的风险。

针对部分第三方平台目前无法获取金融牌照等问题，可以允许智能投顾创业公司向金融机构出售智能算法技术，帮助其维护系统，同时获得金融机构的客户信息，丰富自身的数据库和对客户风险偏好、投资理财的刻画，打磨自身的算法。等国内金融市场发展成熟，再允许其发展2C业务。

（二）增加产品标的选择透明度，明确智能投顾公司责任主体

鉴于国内金融市场的ETF基金的种类丰富度不如国外发达经济体，监管部门应采取包容的态度，允许智能投顾公司在资产管理的投资标的范围上本土化，加入公募基金等其他金融产品。对于市场上大部分公司的"黑盒子"资产管理操作，监管部门应当出台相关规定，明确智能投顾服务提供商有义务告知投资者资产投资范围和风险，防止公司为了追求投资收益而私自篡改投资者的风险承受参数，造成投资风险。

（三）强化信息披露要求和风险提示义务

智能投顾利用先进的技术，传统的监管手段必然在很多方面难以企及。细化智能投顾信息披露标准，在信息的真实性、准确性、完整性、及时性等方面做出特殊要求。强化主体的风险提示义务，让社会机构、市场投资者共同监督智能投顾服务的运行，防范系统性风险。

真实性要求智能投顾服务提供商在投资标的、资产管理收益、风险等方面以客观的数据为基础，详细向投资者说明投资情况。准确性和完整性要求智能投顾服务提供商提供给客户的资料准确完整，不能存在断章取义、夸张资产管理收益或向投资者做出不切实风险承诺的现象。及时性要求智能投顾服务提供商及时告知投资者相关投资建议、涉及资产收益风险的金融资讯、资产管理仓位调动等情况，告知投资者投资风险。对于实际运行中的资金池、资金募集方式、风险溢出效应等问题，智能投顾服务提供商应在签约资产托管合同前及时告知投资者，在财富管理过程中及时提醒投资者相关投资风险。

（四）建立健全评估反馈和保险机制

智能投顾的发展需要法律和监管护航，同时也需要行业自律，尽快形成行业规范和标准有助于新兴行业健康发展。

建立行业评估反馈机制，有助于监管部门对智能投顾这个新兴行业的合法性、安全性及其对金融市场稳定性影响进行全面的评估。基于我国智能投顾行业处于发展初期的事实，行业参与者庞杂，适当的反馈机制有利于监管部门合理应对行业突发事件，防止其进一步扩大影响，引发市场的系统性风险。

一方面，建立智能投顾责任主体定期汇报工作制度，由相关责任主体向监管部门汇报备案业务开展情况；另一方面，监管部门向相关责任体进行不定期抽查，评估其业务开展情况和风险控制体系建设情况。

此外，类似于银行业的存款保险制度，智能投顾是否需要建立相应的保险制度以防范行业风险，这需要监管者或行业协会鉴于智能投顾行业的发展状况做出进一步的规范。

（五）建立健全智能投顾风控体系

智能投顾在国内呈现爆发式增长，为防止智能投顾引起"羊群效应"，对金融市场的稳定性造成影响，引发系统性风险。监管部门应加强对各类风险的事前、事中、事后的防范和处理，智能投顾推广期需要关注客户的适当性教育、投资者教育，并可能需要限制投顾平台的交易额度，或者通过提高投资者的风险承受能力水平及资金门槛进行风险防范，待市场成熟后再对相应限制进行调整。

同时监管部门应该做好行业运行关节的重点防范，包括投资策略风险防范、信息安全风险防范、恶意代码风险防范。

目前由于智能投顾服务是新兴行业，从业机构人员构成复杂，加上对机器管理资产的怀疑，投资者普遍持观望态度。因此加强行业管理，让智能投顾行业规范发展，消除投资者心中疑虑，才能促进智能投顾行业健康发展，让新兴科学技术普惠于民。

B.11

结构、融合与治理：互联网
金融资讯服务发展趋势

衣 鹏 李晓峰*

摘 要： 互联网信息技术在金融信息领域的多层次应用，带来了金融
资讯服务领域的显著变化。本报告主要分析了当前互联网金
融资讯领域新的发展趋势。首先，结合典型公司案例分析，
归纳分析了金融资讯的生产方式、业态融合、竞争和监管格
局的趋势；其次，从付费资讯、出版制作等多角度论述了金
融资讯商业模式的变化；最后，结合行业的监管和发展，提
出了近期行业治理的建议。

关键词： 互联网 金融资讯 发展趋势 商业化模式 治理监管

金融资讯是向金融市场和利益相关者提供的经由信息采集、加工和分发
而形成的多媒介文本服务形态，是金融信息服务行业的重要组成部分。基于
互联网商业环境和金融市场的新近变化，行业监管框架渐次明晰，金融资讯
行业在生产、运营和监管等方面呈现新的发展趋势。

在 2018 年全国网络安全和信息化工作会议上，习近平总书记强调，要
发展数字经济，加快推动数字产业化，依靠信息技术创新驱动，不断催生新
产业、新业态、新模式，用新动能推动新发展。金融资讯领域正在发生重要

---

* 衣鹏，上海阿牛信息科技有限公司董事、副总裁，曾任 21 世纪经济报道新闻总监，有 10 年
金融资讯相关领域工作经验；李晓峰，互联网金融、金融资讯、数据领域资深产品经理。

变化，更加需要深入分析，随势而制。

金融资讯生产和信息组织结构正在变化。这些变化可以归纳为生产自动化和信息结构化，它们正在集中改变资讯服务的供给侧格局。自动化和结构化正在改变生产车间的组织方式，不仅提升供给效率，也在影响匹配和认知效率。一年多以来引起广泛争论的算法推荐，也是结构化供给信息的一种方式，但这种结构如不解决自我增强、市场真实需求和中心议题之间的平衡问题，就很难成为一种高品质、可持续的服务方案。

金融资讯服务商业化模式正在变化。这些变化主要体现在直接付费模式、出版制作模式、机构输出模式。其中直接付费模式和出版制作模式虽然主观上基于互联网知识付费对用户行为的培养，但在实际案例分析中体现了金融资讯服务产品市场与用户需求扩张尚不匹配，也可以称之为所谓"消费升级"。机构输出模式则体现了金融机构对资讯服务需求的乐观判断，的确有数据显示，金融资讯使这些机构的互联网产品对用户保持了更好黏性，但可持续性尚待观察，目前能提供深度定制的资讯服务商仅为少数。原有的广告模式并未发生显著变化，互联网营销费用中投向金融资讯服务商的广告费用可能进入了存量调整阶段。

金融资讯与各类技术、数据业态正在进一步融合。金融市场的变动最终体现在资产价格、利率等数据上，一方面，参与者在相当多的场景下，通过对于资讯的理解和认知，最后付诸行动，形成了数据；另一方面，数据和原始信息为人所理解的方式，往往是金融资讯。因此，基于用户数据的人工智能识别技术和基于金融数据的融合工作场景正在成为趋势。随着嵌套和融合愈发深入，过去数据库＋门户网站式的产品组织形态将逐渐受到挑战，业态融合进入加速阶段。

网信部门牵头的行业监管框架日益成熟，金融信息服务行业行政许可机制进入立法议程，主流的行业日常管理和长期发展都将更加稳定。随着2018年新的意识形态领域和网络安全与信息化管理框架更加明确，媒体融合机制探索有所进展，金融资讯服务领域总体呈现积极健康态势。金融信息服务行政许可和日常监管框架的设定，也将进一步影响行业发展。

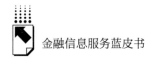

一　资讯生产和信息组织结构

金融资讯与金融市场发展紧密相关，随着金融市场改革的不断深化，金融资讯行业的结构性变化集中体现在供给侧出现的资讯生产方式和信息组织结构两个方面。

在改革开放初期，设立现代金融服务业以前，中国金融系政府管制货币、资本和信用融通体系，金融资讯的生产组织主体一直是政府性机构；非政府性机构是相对被动的接收者，大量的金融资讯与金融资产一样处于高度管制地带。在传统媒介主导时期，资本金融市场管制逐渐放开，参与主体日益丰富，需要市场化运作的媒体开始提供多维度多象限的信息。中国金融市场，尤其是资产管理领域在 15 年前更进一步对外开放后，同步也放开了部分境外金融资讯机构，并更多地关注中外金融市场的相互影响，终端和门户类机构更加紧密地服务于金融市场用户。至 2008 年国际金融危机，全球化逐渐成为金融资讯报道无法回避的叙事结构和认知图景，随之而来的移动互联网潮流则催生了又一批新兴资讯服务机构。

30 多年的历程体现了金融资讯行业的结构性变化，供给－参与主体日益丰富，市场容量和议题逐渐多维度多象限，两次媒介变迁引起产业结构性变化。随着金融市场开放，互联网技术和移动通信的普及，金融资讯产业加速衍生出更多新的变化。

（一）生产方式：分布式和自动化

金融资讯的生产正在呈现一种分布式的结构，金融资讯的提供商不再将编辑团队作为一个加工车间或者唯一的生产部门，而是按照金融市场的固有结构及参与者的利益等相关因子，通过更为广泛的信息源组织资讯生产，改变资讯获取的形式。

图谱是金融资讯生产的关键结构，一般是指具有知识关联性的信息集合。金融信息先天具有实时性、中心化的特征，与打发时间的兴趣式阅读不同，大量金融信息并非对"感兴趣"的人才重要，而是对所有人都重要。而"感兴趣"与否，又有一些非常明确的标的（资产、指标、区域）或标签，足以有效筛选信息。

与自动化生产的新闻报道不同，金融资讯的自动化生产方式并非基于传统的"替代编辑"的目标，而是基于上述分布供应和完善的知识图谱，进一步强化资讯的实时性而成。

（二）组织形态：被重构的信息流

信息组织形态最大的变化是对于信息流的重构。信息流是金融资讯的基本组织形态，由于今日头条等泛兴趣阅读的影响，各个领域的资讯产品都试图通过个性化的信息流分发，在增大资讯供给的同时，降低用户的行为成本。今日头条、和讯财经等金融资讯产品都已经在垂直领域分发信息方面有所突破。

但是，在金融资讯领域是否存在这种"滚屏"阅读行为，一直存在较大争议。因为投资者对市场的认知，是基于其相关联的市场和组合的，这些利益关联会很清晰地与资产、行业、地域、指标等因素挂钩；并且，金融领域的知识图谱具有专业性，并非简单的词频关联可以形成。

因此，金融资讯领域的个性化信息流及其背后算法，往往是吸引用户的新型推广方式。但其背后还是以定制化或扩大信息供给源头，加上部分标签匹配来实现垂直资讯供应。

同样重要的是，细分化趋势正在增强。具体而言，门户网站时代的金融资讯主要是按行业大类进行区分，近年在各大类资产的分类方面更进一步。为了迎合用户对市场热点的需求，这个分类颗粒度正在进一步细化。移动互联网用户更喜欢用"中美贸易战"去订阅信息，而不再是门户时代的"外贸""产经"频道。

但是，不同机构面临的底层信息环境是有巨大差异的，对于传统软件类和门户类服务商，底层信息大量爬取传统媒体和其他门户信息源，冗余信息的清洗成为更大的内部挑战；由于界面空间有限，交互习惯不同，一些原生于移动互联网的产品，更加注重在底层建立人工＋机器的信息选择机制。

因此，2016年中，华尔街见闻选股宝最早基于市场信息，推出数百个主题信息定制服务，其后长达一年多的时间内，没有更多机构快速跟进。与资讯服务商表现相反，雪球社区反而较早推出了"刷头条"概念的资讯信息流（见图1），并且与社区的UGC内容进行强有力结合，大大提升了用户打开率。

图1　雪球社区"刷头条"

目前，不仅原生于移动互联网的资讯服务商逐步改变信息流，上一代金融信息软件服务商，如以数据服务为"护城河"的万得终端，也于2017年末开始在自身终端增加定制化资讯频道；东方财富、同花顺等机构也都有个性化推荐信息流功能推出。

事实上，金融资讯的信息流与今日头条等泛兴趣阅读领域用算法提供的所谓个性信息流相比，最大区别在于对于底层信息的选择机制。金融资讯用户对于信息源的品质和精准度的要求，要大大高于泛兴趣阅读用户。

此前已经描述，在交互情景中，金融资讯和金融数据具有很强的黏性，因此，在数据场景下提供资讯、在资讯流中重视数据已经成为组织金融资讯的主流做法。

（三）金融资讯产品分析

以同花顺、选股宝、东方财富等典型资讯产品为例，简单分析金融资讯产品在生产方式、组织形态方面的变化趋势。

1. 同花顺资讯生产方式和信息组织特性

同花顺在 2017 年启动运营了同顺号（见图 2），目标是吸引大量外部作者入驻同顺号，主要的策略包括吸引自媒体 KOL（意见领袖）、吸引"上市公司"入驻、与 MCN（多渠道内容网络）合作。

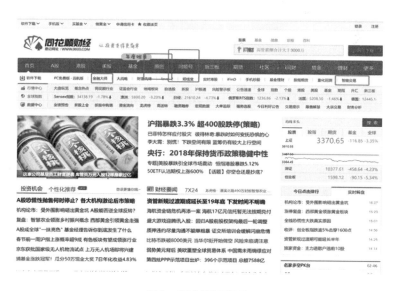

图 2　同花顺同顺号

同花顺旗下的 i 问财搜索引擎经过多年发展，在 2017 年增大了资讯搜索强度，通过大数据及 AI 技术，输出用户搜索关键词所得相关财经信息和资讯；在网页及 APP 首页均增加了入口，将形成全网资讯、财务数据、行情数据、指标数据综合的搜索结果。

2. 东方财富网生产方式和信息组织特性

东方财富网同样启动运营了旗下自媒体平台财富号（见图 3），其全部内容划分为财经、股票、基金、外汇、商品、债券、保险、房产和理财九大

图 3　东方财富网财富号

类别，支持按兴趣订阅和个性化推送。在大数据算法的支持下，财富号会对读者所感兴趣的内容做出精准推荐，优质文章将通过算法分发到东方财富网首页、股吧及 APP 客户端等位置。东方财富 APP 端也增加了直播、付费问答等产品，用户向不定向人群请教问题，大多是股票操作咨询问题。目前看来，其更像是连接用户与投顾的产品。

整体上看，东方财富网内部提出，用户自选资讯分类是基于大数据的分析和运营，推出资讯推荐频道，优化"股吧"信息流。

3. 选股宝生产方式和信息组织特性

选股宝是华尔街见闻旗下一款运用数据库产品思路构建的资讯产品（见图 4）。其资讯均在一个主题投资数据库框架下，通过对信息源可信度的人机筛选和标签化，让用户通过感知市场热点，构建起自己的定制化信息推送机制。

旗下脱水系列产品，尤其是脱水研报，则是通过将资讯与市场验证情况的历史数据进行分析后，对市场投研资讯进行简报索引的产品。与前述产品的差异在于，该类产品充分利用了用户在移动端对获取简化信息、明确框架的需求。

通过这种新的结构化产品方案，这个产品既在移动端拥有大量专业个人用户，又成为一些交易部门的日常桌面信息工具。

（四）竞争和监管格局

资讯结构的相应变化，本质是对用户场景的竞争。目前桌面－移动的用户交互行为已经进入成熟期，金融需求和用户规模也处于相对稳定阶段。金融资讯服务行业存量竞争更加激烈，这推动了资讯产品的结构性尝试。

同时，整个互联网资讯市场也进入了一个稳定的板块格局。因此，顶层平台向垂直领域发起进攻，是非常自然的商业选择。2015 年股票市场跌宕起伏，对开户数量限制、互联网金融产业治理整顿、推动金融业脱虚向实等明确的政策走向，使金融资讯领域阶段性地开始深耕存量。

调研纪要
崇达技术：珠海满产还需要两年，半年就可以盈利，覆铜……

7×24快讯直播
福田汽车携手京东物流，打造北京车展智慧物流展区

互动平台精华放送
同洲电子：公司目前没有5G产业链产品，并早已退出4G移……

电话会议精选

图 4 选股宝界面

在这一过程之中，基于互联网金融、金融稳定与发展和网络信息安全的三重监管力量（也对应了中央三个决策、议事或行动小组及其执行部门）较为有效地覆盖了金融资讯各类服务主体的日常运营，金融资讯服务进入有序健康发展阶段。同时，随着金融监管力度增强，行业治理基本思路发生变

化，行业对于金融资讯服务的需求反而大大增强。目前的金融资讯服务监管基本上符合行业发展的阶段性特征。

二 金融资讯产品服务模式商业化

在相当长的时间内，金融资讯载体和生产金融资讯的新闻媒体，并没有太过多样的商业化模式。近些年资讯服务的商业化模式明显出现了更多的选择。商业化的新模式，本质上是新需求的浮现使原有的运营服务更易于货币化。本报告从市场需求、主体意识和监管热点等角度关注金融资讯产品的商业化，就每一类型的商业化模式及其代表性公司的做法进行分析，着重讨论多重商业化初期可能遇到的问题、品质升级的关键以及对行业监管提出的挑战。

（一）直接付费

知识付费浪潮消除了中国内容行业长达数十年对于市场保护和用户习惯的争论，金融资讯服务行业全面启动了直接付费业务，主要的几种模式包括资讯产品全面收费、资讯打包收费、建立货币化工具协助作者收费。

以财新传媒为例，2017 年 11 月 6 日，财新通上线，全时收费、限时免费并行。财新传媒提出，财新通付费用户可以享受财新网、《财新周刊》的双重权益，畅读 2.8 万多篇权威优质报道（见图 5）。此后，其又将数据库服务和资讯服务打包，推出数据通收费包。由于财新传媒有超过 2/3 的资讯进入收费序列，业内称之为"全面收费"。值得注意的是，这类收费模式在全球财经媒体和金融信息服务商中，已经是运行多年的成熟模式。

相比全面收费，打包收费是更常见的产品商业化模式。一些观点认为，资讯打包收费较为符合互联网用户的消费动机和垂直需求。以华尔街见闻的付费包为例，由于其面向关注全球各大类资产的用户，针对固定收益、商品和外汇领域有专门产品，针对国内股市也有专门产品，甚至针对全球央行政策、地产楼市等也有专门的资讯服务包。这些服务较之仍然免费的资讯服务，弱化时效性、强化必读性，帮助用户节省时间。

图5 财新通付费界面

由于原有资讯流量系免费资讯吸引而来，运营方往往需要维系多数免费
服务，才能对付费产品的用户获取起到导入作用。据苹果、华为等应用商店
综合统计，资讯打包服务已经深入各类财经媒体和金融资讯服务商。

其中，以苹果应用市场的新闻类畅销榜单为例，2017年下半年到2018
年上半年，出现了华尔街见闻的两款应用和财新传媒占据新闻付费资讯产品
前列的情形，这证明不同的收费模式都有其适宜的用户群体。

实际上，新闻媒体驱动的金融资讯服务也在与互联网渠道的连接中，产
生出大量金融资讯直接付费服务。例如，证券三大报都各自基于股票市场有
类似产品布局。

对财务数据的研究则显示，在金融信息服务领域，付费内容其实早已占据较大收入份额，无论是同花顺、万得终端还是东方财富网，都有接近1/3的收入来自增值业务。这些业务存续的时间已经很长，只是因为其形态不是纯粹的资讯，而是介于投资咨询服务和数据服务之间，因此不展开讨论。

直接付费可以说是一种"内容期货"，购买只是第一步，因为引导购买付出的交互空间实际上也挤出了一些用户，因此复购率和使用率是这类产品的关键数据，由于相关业务开展时间还较为短暂，许多服务商如不提高服务水平，将面临竭泽而渔的危险。由于该领域客户付费能力较强，捆绑销售现象也屡见不鲜，对于信息服务而言，如本报告前述，使用趋势一定是高定制化、高效匹配。服务商如果堆砌看似庞大但没有实效的服务，最后只会丧失用户。

（二）出版制作

出版制作主要是围绕第三方内容的产品和运营。金融领域是一个内容生产主体相当丰富的市场，并非只有媒体和资讯服务机构拥有公开发表内容并引起市场关注的权利。在投资领域，大量的持牌从业者通过开设公众号或微博等平台，研究、分析和传播个人投资分析观点，获得大批网民的关注。

金融资讯服务商具有以下能力，能够与其他内容生产者进行合作：底层数据和信息提供能力、技术基础设施、理解互联网用户的内容和运营人员、聚集和分类各层次用户。虽然在社交网络的写作环境中，个人内容生产者可以获取诸多赋能，但在金融资讯和知识的批量化生产中，还是存在机构化服务的必要性。

2017年以来，财新传媒推出财新私房课系列，从内容维度上分为宏观财经、金融投资、理财消费、经营创业等，从形式上分为系列课、视频课、订阅课等。36Kr推出知识付费"开氪"。界面·蓝鲸传媒旗下的产品也推出了诸多外部作者承担的付费内容。

相比之下，外部出版过去在门户类的金融资讯服务商中就是一个标准板块，无论是金融界、和讯网还是新浪财经等，都曾在早期就开通了外部作者

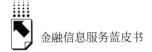

的出版业务。当时，新的基于移动互联网的出版融合了影音、直播和更直接的货币化场景，用户也更多关注这一过程中的产品体验。简单的投资策略获得网民的大量关注，其流量通过广告等传统商业化模式进行变现。

出版是一个历史悠久的行业，财经金融类题材在传统出版界属于相对较小的板块，相比商业、少儿、文学、教辅，这一题材更加难以通过传统渠道直达用户。但是，图书出版 IP 的上游格局仍然没有改变，因此，也有一些金融资讯服务商尝试与传统出版机构合作。但这种合作是否存在更大的双赢空间、走向联合开发和运营优质的金融领域作者，目前还有待观察。

（三）机构输出

过去一年，金融机构的互联网产品进一步增加资讯供应服务。互联网产品运营领域有观点认为，资讯是获得流量和活跃用户最为低成本的手段，一方面因为用户对资讯的需求简单、直接、容易验证；另一方面资讯由于没有高昂的购置成本，也没有过高的技术耦合成本，往往易于快速开发验证。

招商银行、平安银行、中信建投证券、国金证券、蚂蚁金服、京东金融、海通证券、南华期货、东方证券等各类机构，不仅向业内重要的金融资讯服务商，如财新传媒、第一财经、华尔街见闻等购买金融资讯，不少也组建自身的资讯运营团队。并且，有的机构在资讯供应方面，更进一步利用资讯服务商的核心技术能力，建立基于自身用户画像和分发系统的技术引擎。

需要指出的是，金融资讯服务商要想进一步适应机构输出市场，更加需要在底层技术和底层信息上下足功夫，因为底层的灵活性和清洗强度将直接影响信息服务的可拓展性和适应性。通过上层的媒体业务影响力，甚至与其他服务形态捆绑，均非长久之计。

此外，由于金融机构已经具有完整的合规和信息安全管理框架，金融信息领域亟待落地网信部门牵头的行政许可和日常监管体系，以确保相关领域能够更加快速合规地对接平稳服务。我们将在本报告最后部分提出建议，采取类似私募外包服务的备案和日常管理机制，解决目前金融机构引进高质量垂直性金融资讯的合规问题。

目前，监管部门对境外金融信息服务机构设有行政许可，因此其在中国市场的主体性地位实际上高于其他任何境内金融信息服务机构，这一壁垒实际上影响了大量金融资讯服务商发展机构输出业务，也不利于培育具有中国立场和话语权的服务机构。

（四）产品化和商业化

产品化和商业化是相辅相成又有内在矛盾的关系。2017 年商业化机会与模式虽然与两三年前比并未呈现过热情形，但收费浪潮对资讯服务质量带来了一定冲击，单方面寻求流量转化不顾服务品质的苗头有所呈现。如何做好产品化兼顾商业化成为行业重要的议题。

"收割用户"是影响行业持续发展的病毒性思维。金融资讯具有随机性、噪声化、多终端等特征，产品化是提供高质量服务的先决条件。目前，行业商业化机会与格局也已进入升级阶段。抓住结构、场景和资本三者的平衡之处，加强研发投入，聚焦客户服务，才是阶段性的竞争之道。

（五）存量调整

金融资讯服务相关领域的广告业务进入到存量调整阶段。无论是对于品牌型广告还是对于效果型广告，市场格局都出现二八分裂现象，仍然高速增长的主体往往是在产品服务和品牌影响力上具有绝对辨识度的机构。

这一变化是整个互联网流量规模增长缓慢的必然结果，规模增速下降后，前期高企的价格进入滞涨阶段，因为获得流量变难了，头部流量更加稀缺，因此阶段性的服务更加集中在社交、娱乐等服务领域。

此外，监管和市场对于互联网金融不当行为的整顿，也弱化了部分市场营销需求。

（六）融合与监管

在技术融合与数据应用背景下，金融资讯服务进入了与其他金融信息服务模式深度融合的阶段。金融信息行业内部的融合、整合是必然的，监管力

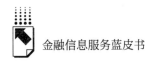

量需要审慎研判。

金融信息具有以下几个特性：时效性、关联性、隐私性、中心－边缘的持续交互。移动互联网等信息技术，则在信息存储与流动的速度、容量、颗粒、频率四个象限上，具有明显的强化效应。金融信息服务作为一个整体，均是在这样的技术条件和信息规律下进行运转的。互联网环境中信息的颗粒度变小了，交易所呈现实时交易数据，通过金融资讯客户端可以看到任意资产任意时间任意端口上的细分数据。

一方面，资讯服务商在向其他互联网优势象限拓展；另一方面，其他数据技术服务机构，也充分意识到资讯服务的重要性。最终个人和机构用户获得的服务都是上述特性融合的结果。网信空间和监管环境也需要随势而变。

具体就互联网金融信息服务而言，实际上可能分为四类业态创新过程，项目之间也存在越来越明显的融合趋势。

1.信息基础设施和信息安全创新

信息基础设施和信息安全是处于金融中枢地位的基础设施及其安全措施。这类业态是技术密集度最高的领域之一，几乎在上述四个技术象限上都大大强化，而且应该设定最严密的监管规则和行业标准。

各类清结算信息系统。其主要信息类型是价格和权属信息。任何金融交易都需要进行清结算。这一领域国产化替代率正在高速上升，根据公开信息，浪潮、华为等国内重要的 IT 制造商参与度很高。区块链技术是结算信息系统的重要创新方向。

系统重要级机构的核心系统。这是指四大国有银行和一些重要股份制银行、保险、证券机构的核心信息数据系统和服务器，其主要信息类型是流水和客户信息。

监管信息系统。在外汇管理、债券交易和票据交易等领域，监管需要及时的信息报送和跟踪。

信息安全解决方案。以美国为例，金融信息服务商如道琼斯、彭博乃至新晋的 Kensho，都逐步在信息基础设施领域与交易所和系统性金融机构开展深度合作，如 Kensho 的相当一部分产业数据，在其推出的一两年内，就在纳斯达克交易系统中可以运用。目前，由于体制机制差异较大，中国的相关融合进程较为缓慢，客观上抑制了金融信息的深度开发和应用。

这些类型的监管问题，主要存在于技术标准、技术选型和系统级安全性等方面。

2. 交易信息服务创新

交易信息服务主要是在具体金融资产交易撮合场景中的信息服务。这类业态主要是以信息服务降低交易费用，提升交易的频度，往往在信息的频度、速度、颗粒上都有较大提升。

资产申赎类。例如，过去股票投资没有一键下单、组合下单，货币基金申购没有当日净值，过去也无法在移动客户端完成交易，现在通过移动客户端和接口的配合，可以更加容易地购买产品，如牛股王、蚂蚁金服和各大证券、银行、保险等机构的移动互联网交易产品。这些新的服务形态背后都是由技术信息服务支持。

消费借贷类。例如，消费金融领域大量的个人信息采集、评估与建立的信用模型等穿插的服务。快速的借贷服务都建立在金融信息的应用基础上。

撮合经纪类。其包括众筹信息服务产品，如针对中产阶层生活方式的"开始众筹"，36Kr等机构的股权众筹信息平台，目前"开始众筹"的筹款数额已经超越了淘宝、京东的众筹平台；其还包括符合监管要求的P2P平台，目前有更多网络借贷平台是在某个产业链垂直发展，其金融信息更多是由产业微观信息来支撑。

资讯服务商切入交易场景，在商业上比较容易理解。资讯需求相对高频，与交易场景存在一定的适配性，交易实际上就是基于对各类相关信息的认知，然后做出的指令和行为。目前的监管趋势要求开展任何金融业务都需要先获取牌照，这将更好规范相关领域的创新。但是，由于风险意识的提升，持牌机构与具有较好资质的资讯服务机构的合作在某种程度上进入了一个沉默期，尤其对于有媒体属性的信息服务商，监管部门采取的是不鼓励姿态。

实际上，对于金融电商和证券外部服务等领域，也可以尝试以更清晰的

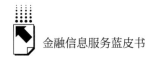

技术与合规指引加以规范，这有助于交易领域用户体验的创新提升。

这些类型的监管问题主要是与系统中枢的信息交互稳定性、安全性，信息接入成本，个人隐私相关的信息安全等有关。

3. 数据存储与应用创新

主要是通过对各类相关数据的搜集、存储、分析，为金融信息服务，对金融产品、交易和信用评价进行支撑。大数据技术在信息的颗粒度和容量上有巨大提升。

投研类。主要是运用大数据构建的知识图谱，形成投资研究方面的信息决策依据，包括人工智能和量化投资，相关数据库、智能证券咨询等。例如，同花顺下属的 i 问财、华尔街见闻的选股宝，海外有高盛投资的 Kensho；万得、大智慧等数据库终端产品也在逐渐顺应智能化趋势。

精算类。在保险等大数定律领域，通过互联网新数据和新模型，对保险模型进行更进一步的优化。例如，蚂蚁金服等与地图服务公司对车险费率的确定。

征信类。在个人和机构信用方面，通过互联网，如蚂蚁金服的芝麻信用，百度、京东、腾讯等通过各自数据提供的用户消费信贷评级，在合格投资者、合格信用主体等方面，通过互联网数据进行更大层面的信息评估。

这些类型的监管问题，主要是对数据模型的验证、对数据模型风险和适宜投资者匹配的标准、对个人与机构秘密信息的保护、对平台数据资产归属的确权等。

4. 内容服务创新

金融资讯服务产品可依据其内容划分为以下几种。

信息终端与平台。主要提供商如万得资讯、华尔街见闻、蓝鲸、界面等。从产权上看则有融合媒体、商业网站等多种不同类型。

社交和知识分享。如雪球、牛股王等。

影音类。监管主体有所不同，包括基于各类直播平台技术衍生的产品，如知牛财经、进门财经等。该类产品在路演等一些金融服务场景有一定应用。

自媒体与出版。主要是围绕从业者、专家、网红等向用户提供服务，进行相关运营出版。

监管主要是对时政新闻和宣传纪律建立主体责任、对知识产权进行保护、对信息采集和新闻采访边界加以规范、对多部门叠加管理领域实行划分等。随着党和国家机构改革的推进，相关问题已经有了较为明确的框架安排。

总体来看，传统金融机构具有较深厚的数据库和金融资讯原创采集能力，仍然是传统金融终端业务的门槛和"护城河"；在数据服务方面，境外主体仍然具有在全球市场范围内绝对的优势。但在移动互联网环境中，出现了大量新兴服务主体，它们异军突起。

新一代金融信息服务企业，更强调对于金融信息的结构化使用和数据生产传递的自动化程度，以及背后的机器学习特征和用户行为反馈。因此，对金融信息的生产消费环节，需要有更进一步理解，高度自动化和定制化的信息提供方式是未来的发展方向。

目前，传统机构服务终端具有较高收费门槛和使用难度。中国金融市场个人投资者占有相当比重，专业人士也在移动互联网向各类投资者服务，因此良好的移动客户端体验是切入机会。

2017年以来，行业融合和相互渗透的趋势逐步增强，金融资讯服务商不断深入数据、交易甚至一些基础设施领域，这一发展趋势与金融业的中心化特征有关。基于上述分析框架，互联网业界一般不再以传统的过于细分的行业分类来"抱团"，或定义其所具有的业态，而是倾向于以在上述特性强化过程中，以技术、产品如何解决用户需求（的过程）来进行业态维度的划分。这样的划分方式，与"互联网＋"，包括网信事业强化全网信息安全管理的逻辑，应该说更加地匹配。

新兴业态维度的划分标准与厘清监管重点、把握行业趋势有关，也可能符合全国金融工作会议确立的穿透导向、功能导向的金融稳定发展各项要求，是一个值得进一步探讨的话题。

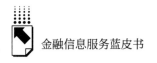

三 行业治理建议

上述分析显示，金融资讯服务领域进入了结构性、商业化和融合式的快速发展变化车道，同时，几乎在每个领域都已经出现了较为稳定的行业格局。在此条件下，虽然网络信息管理部门已经制定了较为清晰完善的日常管理框架，但由于没有正式纳入行政许可管理范畴，尚有相当层面的行业监管和主体性问题，有待进一步试点和解决。

（一）试点金融机构信息技术外包服务备案制

在互联网金融信息服务行政许可获得国务院批准前，允许已纳入日常监管的金融信息服务主体在上海陆家嘴金融自贸区、深圳前海等地区采取备案形式，向金融机构提供信息技术外包服务，在当地网信部门备案实施，同时关注不同类型产品在金融市场的覆盖率和渗透率信息，在行政许可完备和监管框架明确后，再允许其正式申请设立。

目前，由于境内服务机构缺少信息服务行政许可，在向金融机构提供信息技术服务过程中，存在一些合规流程上的不清晰不明确之处。而由于境外服务机构和传统媒体拥有行政许可，境内服务机构与二者在信息服务竞争过程中，几乎可以说存在巨大的国民待遇差距。

实际上，这一做法已有先例，资产管理行业主管部门就授权中国基金业协会设立针对私募基金的外包服务备案制度，以促进服务商帮助私募基金进行信息、交易技术等平台建设，同时受到足够的监管，保证相关信息基础设施安全可控。私募基金管理机构的合规和技术能力远远低于其他大型金融机构。

因此，我们建议参照类似办法，专门就已经纳入日常监管的金融信息服务企业或其他信息技术服务主体，在对金融机构进行信息技术外包服务时，可以在金融自由贸易区采取备案制措施。所谓外包服务，实际上就指明了服务的合规主体责任还是由金融机构承担，但网信部门可以进行相应指引，并搜集足够的行业信息，也更快推动国内行业主体加强信息技术服务能力的建设。

至于面向更广泛用户的服务准入，则可以继续按照国务院相关立法流程推进。机构外包服务也可以作为对外开放的一个重要项目，在安全可控情况下，满足一些境外诉求。

（二）重视全球开放能力平台的培育和建设

2018 年以来，全球贸易投资发生结构性变化，所谓的贸易战和扩大开放同时发生，中国决策层与金融市场参与者更需要世界的信息，世界也更需要看到原汁原味的中国市场动态。

我们建议明确金融信息服务产业门类，通过创业政策和行政许可，高度关注具有境外服务能力的机构。金融信息具有全球性，中国金融开放将进入新的平台期，股票、债券、商品市场都在更大程度上向全球投资者开放。建议注重培育具有全球信息视野和背景的服务机构，实现对境外金融投资机构的更广泛覆盖。

一方面是关注在更广泛的中文世界具有影响力的服务平台，例如，华尔街见闻 APP 产品在 8 个国家和地区的苹果应用商店新闻门类中都居于前十位置，尤其是在中国台湾、中国香港、新加坡等国家和地区，具有大量用户基础，境外用户已占到日活跃用户的 15%。

另一方面要积极培育支持英文等外文的金融信息产品，随着金融领域对外开放，目前，财新传媒、第一财经等都建设了英文网站和产品；随着中国金融市场的开放，行业有机会去直接接触更多境外金融市场需求，需要接入更多境内权威信息和数据，通过互联网产品化和工程师红利，更好提供给境外用户。

（三）全面把握业态

更多的金融信息服务场景将在移动设备上实现，这几乎是不可逆转的趋势。过去有一种观点认为，金融信息服务主要是桌面终端服务，主要应为软件制造企业提供许可。而事实上，软件制造企业的大量收入也正在转移向移

动端接入的各类增值服务。

通过新的移动终端形态，提供金融信息服务的主体也有不少已经成为市场渗透率高、资讯品质优良的中坚力量。金融信息的主要传播渠道在向移动客户端、社交网络等场景迁移，传统的桌面终端场景只是场景之一。

事实上，大量金融业从业人员对金融信息的生产和传播也都密集发生在移动设备上。甚至有的证券分析师戏言，已经不再需要为客户发送研究报告电子邮件，而是每天在各种社群和朋友圈进行互动。

因此，虽然桌面终端有治理上的便利性，也往往被机构用户采用，但我们认为在相关立法准入中，应该顺应目前的业态发展趋势，将桌面与移动终端一并考量。

（四）关注数据成本

互联网大数据领域是一个充满共享机制的空间，虽然也有诸多数据产品供给，但在很多原始数据领域，只要数据不涉及用户个人隐私或危害公共安全，数据集成方往往选择只对符合条件的深度加工方开放数据。这是互联网领域较有共识的一种结构，数据一定要经过清洗、加工和应用，才会有更大的价值。

中国涌现出诸多共享机制下的创业案例，也诞生了在应用层领先的诸多独角兽。但是在金融领域，全球市场都存在数据获取成本畸高的现象。数据、资讯的融合应用有大量符合商业逻辑的场景，但数据的接入成本已然很高，授权费用也一直居高不下。

金融数据授权费用较高，被交易场所机构垄断，在一定程度上影响了金融数据的广泛创新使用，对后进的金融信息服务商和行业创新有一定抑制。主管部门可以吸取中国其他产业发展初期的一些优良做法，通过体制机制优势，为行业创造更多有价值的共享数据基础序列。

专题篇

Subject Reports

B.12
金融大数据对金融信息
服务的影响及应用现状

左鹏飞 *

摘　要：　　大数据不仅仅是新一轮全球革命最重要的生产资料，还是全面掀
　　　　　　起各行各业巨大变革的重要驱动力。大数据以全新的数据处理方
　　　　　　式对海量繁杂的数据进行分析，挖掘数据背后的联系与规律，创
　　　　　　造更有价值的产品和服务。金融行业拥有海量的数据存量和不断
　　　　　　增长的数据流量，因此，金融行业具备拥抱大数据的天然基础。
　　　　　　金融信息服务是大数据和金融业交叉融合的最佳应用场景。本报
　　　　　　告首先简要介绍了金融大数据的概念、内涵、特征及其类型，并
　　　　　　分析了金融大数据在不同金融机构的应用现状；其次，分析了金

---

* 左鹏飞，北京邮电大学管理科学与工程专业博士，中国社会科学院数量经济与技术经济研究
　　所助理研究员，研究方向为互联网经济、电子商务和信息化。

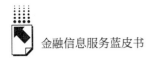

融大数据对金融信息服务产生的影响，并总结了当前金融大数据在金融信息服务方面的应用瓶颈；最后，提出了促进金融大数据在金融信息服务业应用的对策建议。

关键词： 金融大数据　金融信息服务　应用现状

一　金融大数据概述

（一）金融大数据的概念和内涵

1. 金融大数据概念

大数据一词最早出现在阿尔文·托夫勒（Alvin Toffler）1980 年所著的《第三次浪潮》一书中，托夫勒将大数据推崇为"第三次浪潮的华彩乐章"，并提出超前的观念——"数据就是财富"①。2008 年《自然》杂志开辟了"大数据"专刊，专门介绍大数据所带来的机遇与挑战，更是广泛引起各国关注。近十年来，大数据浪潮以难以想象的速度席卷全球，大数据技术也不断渗透到经济社会的各个层面。虽然，大数据已经成为全球各国科技、经济、社会等不同领域研究和应用的焦点，但到目前为止，对于大数据仍然没有一个共识性的概念，计算科学、数据科学、信息科学、资源科学等不同领域的研究者，均从各自的领域出发对大数据做出了诸多定义。本书根据国务院 2015 年颁布的《促进大数据发展行动纲要》中关于大数据的论述，对大数据概念进行了界定，认为大数据是"具有规模巨大、种类多样、形成快速、真实度高的数据集合"，可以通过使用新的信息技术手段从中发现新知识、创造新价值、提升能力的一种新兴的信息服务业态。

---

① 阿尔文·托夫勒：《第三次浪潮》，黄明坚译，三联书店，1983。

金融行业拥有海量的积累数据，每天也不断产生巨量的交易数据，无疑成为大数据应用最深的领域之一。根据对大数据概念的界定，我们认为金融大数据是在金融领域推广和应用大数据的核心理念和关键技术，对海量金融活动产生的数据集合进行采集、存储、计算、分析、应用等，挖掘海量数据的内在价值，以满足金融市场中更高的洞察需求和更高的决策需求。当前，大数据技术几乎应用在所有金融领域，包括金融资讯、第三方支付、网络信贷等各种金融服务，通过对海量数据进行模型构建，发现金融市场的变化规律与动态趋势，预测金融市场波动起伏，对可能出现的金融风险进行监督与防范。

2. 金融大数据的内涵

伴随大数据、云计算、物联网、人工智能等新一代信息技术的迅猛发展，数据的应用广度和深度都在日益加深，大数据理念也不断深入各行各业，虽然大数据的内涵伴随技术的进步不断深刻与丰富，但是大数据的双重基本内涵仍然存在，即大数据的技术性和思维性。具体到金融大数据的内涵，一方面，从技术角度切入，金融大数据是一种新兴的信息技术，一种在海量金融交易数据中寻找有意义关联、挖掘事物变化规律、准确预测事物发展趋势的能力；另一方面，从思维角度来说，金融大数据是一种全新的思维方式，一种通过大量经验性数据归纳分析，提升人们行为决策能力的思维变革。

（二）金融大数据的特征与类型

1. 金融大数据的特征

根据对现有研究资料的总结分析，大数据有五大基本特征，分别是数据规模大（Volume）、种类多（Variety）、速度快（Velocity）、真实度高（Veracity）以及价值大（Value）（见图1）。与环境大数据、工程大数据、能源大数据等类型的大数据相比，金融大数据除了具有大数据的基本特征之外，自身还具备时效性（Validity）、波动性（Volatility）两大特征（见图2）。具体来说，金融大数据有如下特征。

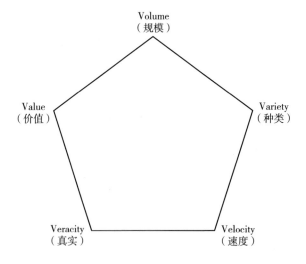

图 1　大数据基本特征（5V）

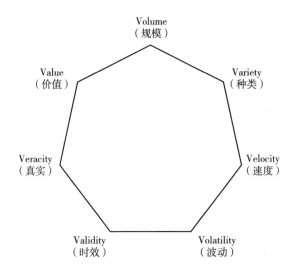

图 2　金融大数据的特征（7V）

（1）数据规模大（Volume）：银行、证券交易所、保险等金融机构每天的业务开展都会产生的海量数据。据不完全统计，我国大型商业银行和保险公司的数据量已经超过100TB，同时，伴随新一代信息技术在金融领域的不断渗透与融合，每日新增数据量还在不断扩大。

（2）种类多（Variety）：由于来源众多，金融大数据的种类繁多，不仅涵盖股票、基金、债券、期货等传统金融业务的结构化交易数据，还包括图像、音频、视频、生物识别、地理标记、笔迹等非结构化数据。

（3）速度快（Velocity）：由于计算机和传感器技术的快速发展，金融行业的数据生成、采集、传输、存储、分析速度大大提升，同时数据的完整性和一致性也得到有效提升。

（4）真实度高（Veracity）：金融数据是重要的经济社会数据，很多金融统计数据都是衡量经济社会发展的关键性指标，也是很多企业和个人进行投资理财、资产管理的重要参考，因此，对金融数据的处理有着严格的要求，对数据录入审核更严格和数据维护更严密，可以有效过滤掉噪声、异常、错误等"脏数据"，数据的真实度非常高。

（5）价值大（Value）：数据日益成为国家和企业的战略性资源，对其价值的认可也在不断加深，金融领域的市场波动，包括客户身份、资产负债情况、资金收付交易等数据更是无论在宏观层面还是在微观层面都具有巨大的分析价值和应用价值。

（6）时效性（Validity）：数据的时效对分析问题、优化决策具有直接的影响。当下处于数据井喷时代，尤其是在瞬息万变的金融市场，每一秒钟都有大量的数据生成，因此，只有及时有效的数据才能发挥最大的效果。

（7）波动性（Volatility）：波动是金融市场的常态，金融大数据不可避免地也具有起伏波动特征。因此，金融大数据除了考虑时效性，即多长时间的数据有效，还需要确定一定的波动周期以确定这些数据不再与当前的分析有关。

2. 金融大数据的类型

金融数据的来源众多且数据处理方式不同，加之积累的海量数据规模和每日新增巨量交易数据，因此金融大数据有很多类型，可以从金融机构、金融市场、融资方式、统计方式等不同的角度对数据类型进行划分（见表1）。本报告按照大数据最常见的数据结构划分方法，将金融大数据分为三类：结构化数据、半结构化数据和非结构化数据。

表 1 金融大数据类型

分类视角	数据类别
金融机构	银行、证券、基金、保险、期货等
金融市场	资本、外汇、黄金、货币等
融资方式	直接、间接
统计方式	存量、流量
宏微观	宏观、微观
结构化	结构化、半结构化、非结构化

（1）结构化数据：所谓结构化数据是以二维表结构为逻辑表达现实的数据，通常可以用关系型数据库按照固定的模式，如数字、符号来表示和存储[①]，结构化数据通常可以直接用传统数据处理平台来构建模型和处理分析，常见的金融结构化数据主要包括行情数据、研报数据、绩效数据、指数数据等。

（2）半结构化数据：半结构化数据是一种介于结构化与非结构化之间的数据，即存在一定的结构但是不方便进行模式化的数据，这类数据通常一部分可以用数字、符号来表示，另一部分则需要通过文字描述来表示，常见的金融半结构化数据主要包括金融资讯数据、金融社交数据等。

（3）非结构化数据：所谓非结构化数据无法按照一个预定义的数据模型或固定的组织方式对数据进行表示，无限定的结构形式，大数据挖掘的重点和难点就在于非结构化数据。非结构化数据涵盖范围较为广泛，占据数据资源的80%以上，常见的金融非结构化数据主要包括图片、音频、视频、新闻等。

二 金融大数据的发展现状

当前，大数据全面渗透辐射到金融领域各个方面，已经成为我国金融业

---

① 关系型数据库：建立在关系模型基础上的数据库，借助集合代数等数学概念和方法来处理数据库中的数据。

发展的新增长点和引爆点。大数据能够深度挖掘金融大数据冰山下的金矿，充分利用金融领域生成的海量数据发现数据所蕴含的情报价值，形成更为精准的用户需求、用户评价、金融风险等不同报告。大数据彻底颠覆了金融领域基于数据的传统业务，重塑了金融服务的发展方向，极大地释放了被抑制的金融创新。本报告从具体应用角度出发，分析金融大数据在我国不同金融机构的发展现状。

（一）金融大数据在银行业的应用现状

银行业是受大数据影响最深的行业之一，以中国银联公司为例，其业务涉及全球 160 个国家和地区，银行卡数量超过 43 亿张，持卡人数量超过 9 亿人，每天近 7000 万条交易数据，核心交易数据都超过了 TB 级。一方面，银行业在开展业务过程中，积累了大量客户个人情况、资产情况、交易情况等高价值的数据，因此，利用大数据技术挖掘和分析银行数据更能产生商业价值；另一方面，银行业拥有充足的资本采用大数据技术和引进大数据人才。因此，大数据在银行业应用较为广泛。具体来说，金融大数据在银行业的应用主要有三个方面。①优化业务流程。大数据技术可以高效处理海量繁杂的银行业务，银行业可以利用大数据对众多具体运营数据进行深入分析，不断优化运营细节和创新服务模式，改进业务处理流程和重塑业务规则，缩短服务时间，提高决策效率，提高整个服务的自动化程度（见图3）。②驱动银行业务增长。数据是新的生产资料，坐拥海量数据的银行一方面可以利用数据提高核心业务水平，以更强的洞察力和更精准的营销更好地服务客户，提升用户黏性；另一方面，也可以把数据变成更加丰富的差异化金融产品和金融服务，促进银行业从规模经济向范围经济转型，创造更多增值业务，驱动银行业务增长。③提高银行风险管控能力。在互联网时代，银行、企业、个人以及中介机构之间的交互与联系更为密切，局部风险容易扩展成系统性风险，银行业面临的挑战和风险日益增加，传统的风险管理框架在互联网时代显得缺少前瞻和预测能力。大数据技术在银行信用风险管理上的广泛应用，可以逐步建立以大数据分析替代个人判断的新型信用风险模式，重组与再造银行信用风险管理架构，为企业和客户提供全面深入的信用风险分析。以中国工商银行为例，2013 年中国工商银行围绕风险大数据重构银行风控体系，研发并投入使用外部欺诈风险信息系统，截至 2017 年 3 月，该系统累计预警业务风险 129 万笔，涉及资金 435 亿元，有效保障了银行与客户的资产安全。

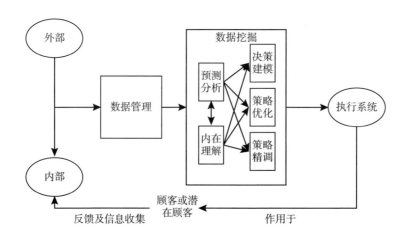

图 3　大数据分析决策过程

资料来源：工信部电信研究院，《大数据白皮书（2014 年）》，2014 年 5 月。

（二）金融大数据在证券业的应用现状

现代证券行业具有资本密集、数据密集、智力密集等特点，不断发展的大数据技术对证券行业的重要性与日俱增。证券行业的大数据往往具备细节化、多维化、动态化、随机化等特征，只有通过大数据技术才能及时高效地处理海量证券交易数据。具体来说，金融大数据在证券业的应用主要有四个方面。①提高营销服务水平。伴随金融机构间合作的日益加深，加上大数据抓取技术的不断发展，券商机构可以采集和整合更多的客户信息，如身份、信用、行为、喜好、经营状况、社交群体等，将大量非结构化数据转换成结构化数据，建立客户潜在需求模型，形成立体化客户画像（见图 4），从而实现精准营销甚至交叉销售。以国泰君安为例，其智能化服务平台可以在 2 秒种之内对 2200 多万名用户、1000 多万名客户进行识别、画像、需求感知并进行选择预判。②提升客户关系管理能力。凭借大数据技术，券商机构可以对不同客户群体进行更为细致的聚类分群，如可以根据客户的账户状态、交易习惯、资产情况、投资收益等不同条件，对客户群体进行细分，挖掘不同的客户交易模式，寻找最有价值和具备潜在价值的客户群体，提供适合的金融产品和服务。同时，可以通过挖掘历史交易数据与客户流失数据的关系，预测客户流失情况。例如，海通证券 2012 年就自主开发"给予数据挖掘算法的证券客户行为特征分析技术"，应用在客户深度画像以及基于画像的用户流失概率预测方面。③增加金融产品和服务的定制化程度。在大数据的背景下，证券机构将有能力挖掘不同客户的产品和服务偏好并根据其风险承受能力，设计出更符合客户需求的投资、理财、融资、消费等多种金融产品和服务，如光大证券推出智投魔方、华林证券推出智投机器人 Andy、平安证券推出金融服务 AI 慧炒股等。④探索量化投资应用。量化投资的本质是定性投资的数量化分析过程，传统量化投资借助计算机和金融工程建模从历史交易数据中探索出"大概率"收益的投资组合。传统量化模型多是基于传统财报和市场报告等结构化数据，大数据进入量化投资领域后，一方面可以充分使用舆情、搜索、语义文本等非结构化数据，满足日益复杂多样的证券建模需要；另一方面，可以促进大数据量化投资策略更加精细和专业化。

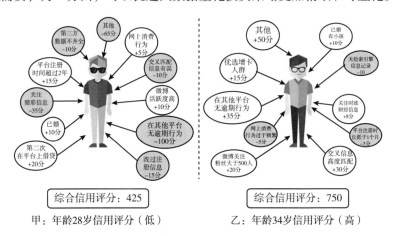

图4　基于大数据的用户信用画像

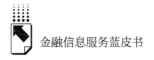

（三）金融大数据在保险业的应用现状

相比于电商行业、券商行业、银行业等较早应用大数据的行业，保险业的大数据在我国起步较晚。然而，保险行业的诞生与发展从来离不开统计与数据，而大数据逐步在保险行业推广和应用。具体来说，金融大数据在保险业的应用主要有三个方面。①合理制定保险费率。当前，保险公司的保险费率多是基于样本统计的历史数据来预测保险标的发生损失的概率，进而通过精算精准确定的。然而，这种传统计算方法存在一定的弊端，由于保险标的风险状况是动态变化的，而历史数据难以准确反映最新情况，所以，保险标的不能完全准确地反映出面临的风险现状。大数据在保险行业应用的不断加强，使得保险公司可以获得更多维度的全量数据，有效提高风险评估的准确性，因此，可以更加合理的制定保险费率。如美国利宝互助保险集团（Liberty Mutual Insurance Group）通过和汽车企业合作，对车主的驾驶习惯进行大数据分析，以便精准地确定车主每年需要缴纳的保费。②提高保险反欺诈效果。保险欺诈既给保险企业带来巨大损失，也给社会带来严重的危害和不安定因素，长期以来，保险公司投入了大量人力物力来进行反欺诈，通过大数据来进行保险反欺诈已经成为行业共识。凭借大数据技术，建立投保人的信用评价体系，再挖掘保险欺诈行为的规律特征，开发建立反保险欺诈大数据系统，可以准确、及时识别出欺诈案件。以中国平安为例，平安集团拥有8.8亿人数据，其生物识别技术被广泛用于反欺诈，在小额贷款业务，已对超过3000万例人脸识别核身，将冒办率由29%降至0；在大额贷款业务方面，已对超过30万人进行表情面审，效率提升了10%。③提升保险营销能力。投保人购买保险的前提是对未来风险的一个预期判定，而大数据无疑为这样的风险判定增加了准确性。以大数据为基础的保险服务将最大程度激活保险市场上的潜在需求，让保险机构对客户行为、客户状态、兴趣爱好等客户个人情况有全方位的了解，再通过行为倾向性营销建模，从而成功预测客户的保险需求。典型代表是美国州立农业保险公司（StateFarm），美国州立农业保险公司建设了统一的信息中心，将各种金融保险业务的数据进行有效整合，借助大数据将其他业务精准推销给其用户，使其银行业务的客户中有98％都是原有保险业务的老客户。

（四）金融大数据在金融监管部门的应用现状

金融行业是大数据的先行者，金融监管部门也是大数据的首批试水者。随着大数据技术的应用在金融领域的日趋加深，部分金融机构和互联网巨头凭借其在互联网领域的固有优势，掌握了海量的数据资产，容易产生数据寡头现象，因此，金融监管部门必须运用大数据改变传统工作方式。具体来说，金融大数据在金融监督部门的应用主要有三个方面。①重塑金融监管模式。大数据技术在金融监管领域的应用改变了传统监管模式的"滞后性""一刀切""高成本"等弊端，提高金融监管的效率与准确率。大数据技术可以扩展渠道来源并实时追踪金融市场与企业的动态变化，全方位采集数据，保证监管的及时性，降低监管面对的信息不对称难题。例如，ZsetFinance公司可以进行多源数据采集，既包括传统的信贷记录数据，也包括社交、购物、交易等非传统数据，让信用评估更加准确可靠。同时，基于大数据和机器学习技术构建智能监管监测系统，能够提升监管过程的智能化水平，极大地提高监管效率。②降低金融监督管理机构的管理和运行成本。大数据通过对监管数据的深入挖掘和全面分析，形成科技监管框架，制定有针对性的措施，改进金融机构内部管理缺陷，降低运行和管理成本，加强和优化金融监管职能，提升监管手段的精准性和落地性。③增强风险控制能力。通过大数据技术增强金融监督部门的风险管控能力，既能有效规避系统性金融风险，又不形成对金融科技公司的发展制约。如2017年底，九次方大数据服务公司研发的省市金融风险预警大数据平台投入运营，在国内多个省份政府金融办、发改委、经信委等部门进行试用，逐步实现我国金融风险相关舆情及时预警分析和精准化区域监控。

三　金融大数据对金融信息服务的影响

大数据与金融行业正在加速融合，对金融服务业发展产生了巨大冲击，

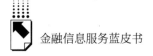

金融大数据对金融信息服务也产生了深刻影响，对其服务可视化程度、服务模式、服务边界以及服务创新都带来了巨大变革。

（一）提高金融信息服务的可视化程度

数据可视化是一种借助图形化手段表达数据的变化、联系或者趋势的方法。随着大数据时代的到来，越来越多的数据需要得到有效利用，大数据对数据可视化产生了巨大冲击，也推动数据可视化技术不断应用到各行各业，医疗、航天、环境、金融等领域都开始用更高效的信息处理算法表示数据的价值。当前，金融大数据推动了数据可视化技术在金融信息服务中的应用，提高了金融信息的可视化程度，促进了金融信息服务效率的提升，主要包括如下三个方面。①更有效率的数据展现形式。以大数据技术为引领，综合使用数学算法、数据挖掘、图形处理等一系列信息技术，从海量结构化与非结构化并行的金融大数据中，提炼出有效数据并以信息动态集成方式展示出来。②更有效率的运营体系。可视化金融服务正逐步应用到不同金融服务场景当中，数据可视化可以实现多项服务的数据共享共生、同步并行，减少设备故障率，降低资源浪费，提高业务衔接水平，不断优化运营体系，大大提高金融信息服务体系的效率。③更有效率的业务监控。金融大数据可视化系统可以追踪金融机构从总部到各分支机构的运营动态，实时监测设备和业务的效能情况、运行情况、完成情况，面临异常情况时，能够及时反馈、迅速应答。

（二）提升金融信息服务的定制化水平

金融行业竞争异常激烈，产品和服务的同质程度非常严重，随着80后、90后逐步成为金融信息服务的主要用户，对服务的个性化定制的需求也在不断增加。金融大数据提升了金融信息服务的定制化水平，主要体现在如下三点。①更多普通投资者享受的差异化服务。受人力成本的限制，传统的定制金融信息服务通常面向高价值客户群，而金融大数据可以根据客户的多种行为偏好数据和网络抓取数据进行交叉验证和数据建模，形成更为精准和立体的客户画像，再经过用户风险承受度测算，为普通投资者制定出符合自身偏好的投资分析信息。②更加盈利的增值业务。差异化服务往往带来更多额外收益，基于大数据对大量用户信息的挖掘和分析，设计研发出符合大众需求的金融信息服务和产品，根据不同客户需求差异开展个性化定制服务，这一服务是金融信息服务中的增值业务，也将成为未来金融信息服务业的主要盈利模块。③更加智能的服务推送。金融大数据处理平台可以对用户搜索、消费习惯、市场热点等数据进行有效记录和智能分析，向用户智能推送差异化的金融信息服务，实现服务与用户的精准匹配，有效降低用户搜寻成本。

（三）拓展金融信息服务的服务边界

2015 年 9 月国务院颁布的《促进大数据发展行动纲要》提出，我国将在 2018 年底前建成国家政府数据统一开放平台，要求率先在信用、金融等重要领域实现公共数据资源合理适度向社会开放。金融数据资源的开放性增加，也进一步拓展了金融信息服务的边界，主要体现在如下三点。①服务对象和范围扩大。大数据的高效性以及渗透性，使金融信息服务的对象和范围得到大大扩展。例如，高频的理财服务、存款服务、支付结算等交易活动难以在传统的金融信息服务中实现，而由于大数据技术在金融领域的深度应用，这些服务目前都已经实现。②推动跨界合作。大数据提高了数据采集的准确率，降低了市场分析的错误率和成本，让金融与非金融业之间跨界合作的门槛得以降低，产生出新的融合价值，这也使得金融信息服务不仅仅服务于金融相关领域，也可能会服务其他产业。③打造开放服务平台。伴随金融业务载体与电子商务、社交媒体的融合程度日益加深，各行各业对金融信息服务的实时性和准确性要求越来越高，因此，通过大数据技术打造开放金融信息服务平台，以利用数据价值为核心的商业服务模式正在逐步形成。

（四）增强金融信息服务的创新能力

金融信息服务创新是以新的变革方式，促进服务更加高效、方便和准确，大数据有力地提高了金融信息服务创新能力。①服务理念的创新。大数据技术的发展改变了传统的信息服务模式，从主动性、差异性、集成性等方面对服务提出了更高的要求，让金融信息服务业有条件也有能力更好地服务客户。②服务载体和路径创新。大数据技术整合移动社交、移动支付等功能，充分利用微信、微博、论坛、知乎等社交网络所提供的金融机构的服务入口，创新金融信息服务的载体和路径，创建直面更多更复杂客户需求的平台。③服务手段创新。一方面，以优质的服务手段满足客户，凭借大数据技术，金融信息服务中不断融入社交、时事、偏好等非结构化数据，开发更符合客户习惯与特征的金融信息服务产品；另一方面，以更高黏性的手段绑定客户，金融机构通过大数据分析将提供适合客户之间交流以及客户与服务商之间相互交流的服务平台，增强客户黏性。

四 金融大数据在金融信息服务应用中的瓶颈

当前大数据在全世界范围呈现井喷式增长，大数据应用渗透到金融行业的方方面面，成为推动金融信息服务变革的重要动力。大数据的演进与生产力的提高有着直接的关系。当然，由于大数据本身处于技术发展初期，加上我国金融信息服务业自身发展的不足，大数据在金融信息服务应用方面存在一些瓶颈。

（一）数据人才匮乏

随着大数据重要性的日益凸显，越来越多的企业投入大数据业务拓展中，随之而来的就是大数据人才匮乏问题。相关统计数据显示，未来 3～5 年，我国数据人才缺口超过 150 万人。虽然目前国内已有多所高校设立"数据科学和大数据技术"相关专业，然而，一个新兴专业从设立到成熟，再到为社会输送合格的人才需要一定的时间，因此，金融行业大数据人才稀缺的局面也将持续一段时间。同时，当前大数据发展还呈现新的特点，即从技术攻克逐步转化为商业应用，对大数据落地人才的需求更加强烈。金融大数据在金融信息服务领域的应用是数据分析转化为商业价值的过程，是典型的大数据落地应用，数据人才匮乏成为制约金融信息服务业发展的重要瓶颈之一。

（二）数据共享难题

国家"十三五"规划纲要明确指出"把大数据作为基础性战略资源"，要"全面实施促进大数据发展行动，加快推动数据资源共享开放和开发应用"。然而，长期以来，不同金融机构间的数据共享存在法律、技术、标准等一系列障碍，具体来说，金融领域的数据共享主要面临三个问题。首先是共享的法律问题，数据共享的很多法律问题至今没有解决，主要是数据产权问题和隐私保护问题。其次是利益问题。数据日益成为企业重要的重要资产，数据共享相当于将重要的资产共享出去，企业担心难以获得相应价值的回报。最后是共享平台问题。不同机构间标准的不同，加上大量非结构化数据的存在，造成缺乏一个高效的共享平台。金融大数据发展的核心要求是对金融各领域数据资源的积累与共享，如果无法实现不同金融机构间、不同金融企业间、不同金融服务环节间数据的共享，则无论是对市场波动的预测分析，还是对个人行为习惯的判定都将大打折扣。

（三）数据质量问题

数据质量决定数据的价值。近年来，电子商务、社交平台、新零售等新兴领域与金融行业的融合不断加深，加上金融行业自身的快速发展，产生了海量数据资源。然而，由于数据标准、数字监管、非结构化数据转换等问题的制约，数据质量难以提高，海量的金融数据未能产生海量的数据价值。数据质量不高制约着金融大数据的分析效果，同样也影响着金融信息服务业的发展。

五 促进金融大数据在金融信息服务业应用的对策建议

数据作为互联网时代的新能源，是推动金融业转型升级、催生行业新业

态、挖掘商业新价值的重要引擎。金融大数据对金融信息服务业的冲击不局限于某一环节，而是带来整个业务流程的系统性变革，对此可以提出如下对策建议。

（一）加强大数据人才队伍建设

大数据的应用范围和应用深度日益扩大，人才短缺成为制约大数据发展的最大瓶颈。只有加快建立大数据人才培养体系，强化人才培养机制，才能满足金融信息服务业日益增长的优质大数据人才需求。为建设一流的大数据人才队伍，应根据我国现阶段大数据发展现状和大数据人才需求现状，加快制定大数据人才队伍建设专项规划，确立大数据人才队伍整体方案。加快制定大数据与金融行业交叉复合型人才培养计划，优先引进熟悉大数据又从事金融信息服务行业的人才，优先培养大数据与金融交叉复合型人才。加快整合高等院校、科研单位、企业资源，以培养高质量大数据人才为目标，创新人才培养模式，建立健全多层次、多类型的人才培养体系。加强国际高端人才引进，促进大数据项目的交流与合作，推动我国大数据人才培养体系与国际接轨。

（二）加强大数据商业模式创新

现阶段，应抓住大数据从技术攻克过渡到挖掘商业价值的产业转型机遇，推动金融大数据在金融信息服务领域的创新应用。为加强大数据商业模式创新，应充分提高数据处理能力，通过数据挖掘、数理统计等方法，深层挖掘数据规律，设计全新的价值创造机制。加强模式创新保护，通过商标、版权以及专利产品等相关措施直接或间接保护商业模式创新，激发企业的创新动力。促进金融机构提供更加有弹性、有效的融资措施，保障模式创新资金，降低模式创新风险。推动科技创新与商业模式创新有机结合，充分发挥二者的互补优势，以科技研发的突破和商业模式的创新确保大数据商业模式的可持续性。

（三）加快金融数据资源开放共享

数据资源开放共享是大数据深度应用的前提条件和发展基础。金融机构掌握大量数据资源，通过金融数据开放共享，推动金融机构和金融科技公司更深层次地协作，充分挖掘数据资源价值，增加金融信息服务的灵活性和可塑性，实现用户利益最大化。为加快金融数据资源的开放共享，应打破现行体制机制障碍，促进金融监管部门、金融研究部门、金融企业间数据资源的互联互通、开放共享，培育更多金融大数据应用新业态。加快制定金融数据资源开放共享管理办法，推进金融数据开放共享相关标准建设，逐步建立数据开放共享体系。积极打造金融企业与其他行业的数据交换共享平台，加快不同行业间数据对接，激发交叉融合的大数据应用创新。

（四）加快数据治理体系建设

数据治理是一种将技术与管理相结合以提高数据质量的重要手段，只有高质量的数据资源才能在大数据技术作用下发挥更大的价值。为加快数据治理体系建设，要加强数据标准化工作制度建设，逐步制定落实数据标准化的工作规范，强化标准在整个数据治理体系中的作用。建立健全数据治理组织，成立数据治理业务组和技术组，保障数据治理各项工作的全面推进。大力借鉴公共管理、企业管理等多领域的数据治理经验，整合各方面数据治理成果。制定数据质量管控规范，明确数据在采集、清洗、存储、分析、应用等环节的工作内容和工作流程，提高数据治理的执行效率。

B.13
人工智能对金融信息服务的影响及应用现状

左鹏飞 *

摘　要: 人工智能的兴起，给几乎所有的行业都带来了巨大变革。现阶段，人工智能最显著的应用就是通过大数据技术、机器学习和神经网络等技术将海量繁杂无直接价值的数据，转化成有直接价值的信息，而金融信息服务在业务开展过程中积累并不断生成海量数据，因此，金融信息服务业应用人工智能具有天然优势，人工智能对金融信息服务的影响也是全面而深刻的。本报告首先简要介绍了当前人工智能的发展情况，并归纳了人工智能的基本特点及其发展阶段；其次，分析了人工智能对金融信息服务产生的影响，并总结了当前人工智能在金融信息服务方面的主要应用类型；最后，指出了现阶段人工智能在金融信息服务应用中存在的一些瓶颈，并根据全文分析提出相应对策建议。

关键词: 人工智能　金融信息服务　应用现状

---

* 左鹏飞，北京邮电大学管理科学与工程专业博士，中国社会科学院数量经济与技术经济研究所助理研究员，研究方向为互联网经济、电子商务和信息化。

一　人工智能概述

（一）人工智能的概念和基本特点

人工智能（Artificial Intelligence）概念起源于 1956 年的达特茅斯会议①，人工智能从被提出开始就引起了广泛关注，从此之后，无数研究者致力于让机器像人一样具有智能，能够与人进行自然的人机交互。人工智能研究虽然已经有了 60 多年的时间，但目前仍未有关于人工智能公认的定义，即使"人工智能之父"艾伦·图灵（Alan Turing）成功定义了什么是机器，但不能定义什么是智能。不同时期的计算机科学、人类学、系统科学、脑科学等不同领域的研究者，根据各自领域的研究成果也对人工智能做出了诸多定义。本书根据我国 2017 年 7 月颁布的《新一代人工智能发展规划》对"新一代人工智能"的描述，将人工智能定义为建立在大数据基础之上，受脑科学启发的类脑智能机理的理论、技术、方法综合形成的智能系统。

当前，研究人员通常根据智能程度的不同，将人工智能分为三类：弱人工智能（Artificial Narrow Intelligence，ANI）、强人工智能（Artificial General Intelligence，AGI）和超级人工智能（Artificial Super Intelligence，ASI）②。弱人工智能是基于大量数据积累，按照设定好的标准流程，可以深度处理专门任务。强人工智能则能够理解信号与数据的意义，并具备人类所有或大多数的能力，目前人工智能还未发展到强人工智能阶段，国际上普遍认为强人工智能的成熟应用还需要 30 年左右的时间。超级人工智能则是"在几乎所有领域都比最聪明的人类大脑都聪明很多，包括科学创新、通识

---

① 达特茅斯会议（Dartmouth Conference）被公认为是人工智能的起源，达特茅斯会议基于符号逻辑的演绎系统，认为人工智能是用计算机模拟人的逻辑思维。

② 将人工智能划分为弱人工智能和强人工智能是由美国著名哲学家约翰·塞尔（John Searle）在《心灵、大脑与程序》一文中提出的，超级人工智能的概念由牛津大学人类未来研究院的院长尼克·波斯特洛姆（Nick Bostrom）在《超级智能：路径、危险性与我们的战略》一书中提出。

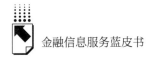

和社交技能"①。目前，人工智能技术处于从弱智能到强智能的过渡阶段，现阶段的人工智能具有以下五个基本特点。

（1）大数据驱动。依托越来越多的传感器和移动终端，人工智能将在海量数据资源的基础上，通过深度学习，实现智能化程度的跃升。

（2）多领域深度融合。在智能互联时代，只有不断地跨平台跨行业，实现多领域深度融合，才可以不断优化提升决策，提高智能系统的可解释性、鲁棒性②和通用性。

（3）人机智能融合。现有的人和机器的单向性理解将逐步变为双向性，人的优势和机器的优势将重新组合，人类智能与机器智能相互赋能增效形成一种新的智能形式。

（4）群体智能凸显。以网络平台为纽带，以大数据、物联网、云计算等新一代通信技术为助力，社会化深度连接正在逐步形成，无数个人智能得以集聚融合形成群体智能，提供了一种在复杂开放情境下即时最优解决办法③。

（5）自主性增强。伴随自主无人系统的研发推进，自主无人系统的智能化水平提高将更能够体现人类特征④，人工智能的自主性将进一步加强。

总结来说，现阶段的人工智能是一种"赋能化智能"，即人工智能技术正在引致技术链式突破，改善经济社会发展所需要的一些技术条件和发展功能，推动不同领域从数字化、网络化向智能化加速跃进，促进金融业、制造业、医疗业、家居业等不同产业的智能水平提升。

（二）人工智能发展阶段

人工智能并不是一个新概念，发展至今已经有 60 多年时间，按照时间

---

① 尼克·波斯特洛姆：《超级智能：路径、危险性与我们的战略》，张体伟、张玉清译，中信出版社，2015。

② 鲁棒性（robustness）可理解为系统的健壮性，指控制系统在异常和危险情况下，维持某些性能的特性。

③ 李未、吴文峻：《群体智能：新一代人工智能的重要方向》，http：//stdaily.com/index/kejixinwen/2017－08/03/content_ 564559. shtml。

④ 吴澄：《中国自主无人系统智能应用的畅想》，《光明日报》2017 年 7 月 13 日，第 13 版。

脉络和技术重点来划分，可以将人工智能划分成三个主要阶段。

1. 人工智能1.0阶段

20世纪50~70年代是人工智能发展的第一个阶段，我们称之为人工智能1.0阶段。在这一阶段，研究者认为只要机器被赋予逻辑推理能力就可以实现人工智能，属于人工智能的"逻辑推理"阶段。人工智能1.0阶段的核心是符号推理与机器推理，即用符号表达的方式来研究智能、研究推理，奠基人是希尔伯特·西蒙（Herbert Simon）。人工智能1.0阶段为以后的人工智能发展奠定了坚实的基础，具体体现在：一是形成了人工智能的基本概念；二是集中诞生了许多基础理论，确立了人工智能发展的基本规则；三是明确了人工智能的发展本质——模拟人脑学习、推理、归纳总结、决策过程的计算机算法；四是诞生了基本的人工智能技术开发工具，计算机与编程算法在这一阶段相继出现，从技术层面为日后人工智能研发工具的升级打下坚实基础。

达特茅斯会议之后，众多研究者在算法程序和计算机语言方面极大的热情进行相关研究，新兴的计算机也被广泛应用于数学和自然语言领域，在解决代数、几何、物理、语言等问题方面展现出显著优势，人工智能研究的第一次浪潮由此掀起。然而，受限于当时计算机性能和数据资源的严重不足，人工智能的研究项目难以取得突破性进展，因此人工智能1.0与智能化应用还有很大差距。

2. 人工智能2.0阶段

20世纪70年代至2006年是人工智能发展的第二个阶段，我们称之为人工智能2.0阶段。在这一阶段，研究者认为只要机器能学习知识就可以实现人工智能，属于人工智能的"知识学习"阶段。人工智能2.0阶段的核心是神经元网络与深度学习，实现类人神经系统进行信息处理，奠基人是马文·明斯基（Marvin Minsky）。人工智能2.0阶段对当前的人工智能热潮有着重大影响，BP算法的提出使得多层人工神经元网络（Artifical Neural Network）的学习变为可能，这也是当前人工智能研究的主流：模仿大脑的神经元之间传递、处理信息的模式。

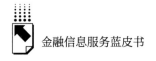
多层人工神经元网络和 BP 算法的提出使人工智能发展重新出现曙光，语音识别、语音翻译计划出现了。然而，由于神经元网络可以解决单一问题，不能解决复杂问题，因此很多人工智能应用仍然处于设想阶段，第二次浪潮又破灭了。

3. 人工智能3.0阶段

自 2006 年至今是人工智能发展的第三个阶段，我们称之为人工智能 3.0 阶段。这一阶段是人工智能 2.0 阶段的直接延续，其核心是基于互联网大数据的深度学习，属于人工智能的"数据挖掘"阶段。当前人工智能发展具有四大有利条件：一是计算机性能的大幅度提升，尤其是计算机处理器设计的不断改进，带来计算力上的进步和突破，为人工智能技术发展提供动力支撑；二是卷积神经网络（Convolutional Neural Network）领域的快速发展，卷积神经网络是人工神经网络的一种，是当前语音分析和图像识别领域的研究前沿；三是大数据技术的迅猛前进，大数据是人工智能的关键基础，近年来大数据技术的突飞猛进，使数据呈现指数级的增长态势，海量的训练数据助推人工智能不断提升；四是深度学习（Deep Learning）技术的发展，深度学习是人工智能发展的重要领域，机器能够通过大量数据分析，从而自动学习知识，帮助计算机理解大量图像、声音和文本形式的数据。目前，人工智能的技术在实验室条件下很多已经取得了非常好的成绩，然而，由于外部实际条件比实验室环境要复杂和恶劣得多，需要处理各种异常和干扰因素，从实验室走向实际应用，需要克服的问题很多，还有很长的路要走。

人工智能技术在过去 60 多年的发展过程中历经数次大的峰谷轮回，在神经网络、大数据、深度学习和计算力条件成熟的条件下，人工智能开始真正解决问题，切实创造经济效果。人工智能也再次站在了引领人类科技潮流的风口上，成为全球主要国家之间竞争的焦点。我国在人工智能技术研究和商业应用上都取得了很大进展。2017 年，国内人工智能技术层的研究主要集中在计算机视觉、自然语言处理以及机器学习等方面（见图1），在关键的深度学习方面，我国在深度学习领域发表的论文数量已经超过了美国。同时，美国调查公司 CB Insights 的数据显示，创业不久的中国人工智能（AI）相关企业 2017 年融资额已超过美国，首次跃居全球首位。

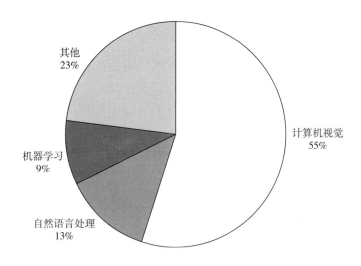

图 1   国内人工智能技术层研究占比

资料来源：淡马锡旗下 Vertex，《2017 年中国 AI 产业生态报告》。

二　人工智能对金融信息服务的影响

当前，人工智能最显著的应用就是通过大数据分析、机器学习和神经网络等技术将无直接价值的海量繁杂数据转化为有直接价值的信息，而金融信息服务在业务开展过程中积累并不断生成海量数据，具备应用人工智能的天然优势。因此，人工智能对金融信息服务的影响将是全面而深刻的，会成为其行业变革的触发器，对其服务能力、服务效率、服务成本、服务边界以及风险防范与化解产生巨大影响。

（一）人工智能提升金融信息服务能力

在传统技术模式下，受人力资源和数据处理能力的影响，金融行业往往只能对少数高净值客户提供定制化服务，而对绝大多数客户仅提供标准化服务。人工智能的兴起，可以通过信息技术赋能金融信息服务，对处于服务价值链高层的金融带来深刻影响，使大规模个性化定制服务得以实现，极大地提升服务体验。新一代人工智能提高金融信息服务的能力主要体现在三方面。①提升数据的挖掘与分析能力。长期以来，金融行业沉淀了海量、异构的"沉睡"数据，包括各类金融交易、客户信息、市场分析、风险控制、投资顾问等数据，为机器学习提供了足够的训练样本，通过运用人工智能的深度学习系统，增添风险管理与交易方面的处理能力，提升金融信息服务的及时性和精准性。②市场的行情分析与预测能力。通过深度学习技术从海量交易数据中学习规则，预测交易变化趋势，为客户和机构提供交易安全保障。③客户的需求分析及服务能力。面对复杂的经济市场环境及繁多的金融产品与工具，普通消费者很难做出好的投资理财选择。人工智能技术能够重新解构金融服务生态，简化业务流程，改变现有人与信息系统的交互方式，更加主动地判断单个客户的需求，并根据客户的信用能力为其选择适合的金融产品和服务。因此，金融机构可通过人工智能技术精准应对客户需求，批量为特定客户提供个性化、定制化的金融信息服务，从而有效提升服务体验。

（二）人工智能提高金融信息服务效率

人工智能发展的使命不是替代人类工作，而是全面普及提升人的工作效率。人工智能促使金融与科技的深度融合进入一个全新阶段，在提升金融机构服务效率的同时，实现了传统金融服务的智能化、个性化和定制化。人工智能可以极大地提高金融信息服务流程效率。①在前端，人工智能解决了原本需要进行手工操作的大量繁杂工作，极大地提高了金融相关内容和资源的整理效率。进入移动互联网时代后，商业公司对数据的需求变得前所未有的庞大，但是整理这些大量非结构、无逻辑的数据是一件烦琐且困难的工作，这恰巧是人工智能的强项。例如，摩根大通利用 AI 开发了一款金融合同解析软件 COIN，原先律师和贷款人员每年需要 360000 小时才能完成的工作，COIN 只需几秒就能完成。②在中端，人工智能大大提高金融数据处理效率。面对复杂烦琐的信息，相对于人类，人工智能将更加稳定、持续和及时，伴随着大数据处理技术的不断提高，存储利用的全流程效率提升。例如华尔街独角兽公司 Kensho 借鉴 Google 的信息处理方法来分析资本市场，设计出了 Kensho 人工智能平台，能够让任何用户都可以和在谷歌进行搜索一样，他们只要在文本框里输入问题，就能获取相应的答案。③在后端，以自动化、智能化的算法为投资者提供服务，通过降低公司获客成本、减少投资者支出与风险、提升投资者体验等，提高整体决策效率。例如成立于 2010 年的美国公司 Narrative Science 致力于通过多重数据源为用户自动生成可读性文本，Narrative Science 旗下的人工智能系统 Quill 平台可以根据股票的行情走势，为投资人和监管者撰写极具深度的分析报告，成为重要的金融信息服务提供商。

（三）人工智能降低金融信息服务成本

人工智能技术不断精进，逐渐从实验室走向生活领域，不断渗透到各行各业中，其中金融行业是受到冲击最大、影响最深的领域之一（见表1）。目前国内外有不少金融机构都在尝试使用人工智能来代替传统的人工操作，以大幅度降低金融信息服务成本。①有效降低人力成本，可以大幅削减金融信息服务流程中重复性工作岗位，如信用评估、银行贷款、个人金融、量化投资等。深度学习在算法上的突破则掀起了人工智能浪潮，从而推动计算机视觉、机器学习、自然语言处理、机器人技术、语音识别技术的快速发展，使人工智能系统处理复杂任务的分类准确率大幅提升。高盛公司 2000 年在纽约总部的美国现金股票交易柜台雇用了 600 名交易员，但由于人工智能技术发展，2017 年这里只剩下了两名交易员。②有效降低营销成本。凭借人工智能技术，通过用户画像和大数据模型，金融信息服务可以被更加快速有效地提供给用户和社会，实现信息内容的精准触达和用户需求的充分挖掘。③有效降低运行成本。人工智能改变了传统的金融信息服务运行模式，新的运行模式具有平台化、非网点、轻资产、重数据等多重特性，合理减少中间环节，有效拉近了和客户的距离，尽量减少人为干预，实现大量操作过程的自动化，充分赋权客户。

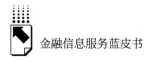

表1　人工智能在金融信息服务方面的典型应用

应用领域	应用功能	代表公司
信用评估/直接贷款	人工智能技术进行信用评估	Upstart、Affirm
个人金融/金融助理	智能自动化、金融业务自动化	WorkFusion、Sherpa
量化和资产管理	人工智能算法、投资策略	Cape Analytics
保险服务	机器学习与大数据分析融合起来,提供更加精准的信用评分	ZestFinance
情绪分析/人脸识别	情感人工智能:利用情感识别技术将情感智能带入数字世界	Affectiva、SenseTime
数据处理	大数据商业智能	Trifacta
决策优化	神经网络、社会网络分析、非结构化数据聚合	CognitiveScale
预测分析/风险投资	机器学习模型	Numerai、Merlon Intelligence
监管、合规和欺诈识别	数字身份验证解决方案	Socure、Onfido

资料来源：CB Insights，《2018 年全球人工智能公司 TOP 100》。

（四）人工智能拓展金融信息服务边界

移动互联网的兴起打破了金融信息服务时间和空间上的制约，极大地扩展了服务边界。人工智能则进一步释放金融信息服务业的发展潜力，从广度和深度两个方面拓展服务边界。从广度上来看，人工智能促进金融信息服务业运营成本的下降并引发运营模式的变革，使金融信息服务边界朝着普惠化方向发展。以往受到技术能力和成本限制，金融信息服务业多倾向于高端客户群体，而通过人工智能技术则可以向更多普通客户提供更多人性化、个性化的服务，让更多的群体享受到金融信息服务。从深度上来看，通过人工智能技术挖掘和匹配更多客户的全新需求，降低客户需求成本，将使金融信息服务业获得更多价值创造机会。

（五）人工智能强化金融信息服务风险防范与化解能力

金融是现代经济的核心，金融风险尤其是系统性金融风险危害巨大。目前，金融风险监管信息化虽然取得了显著的进展，但仍然是金融信息化应用的薄弱环节。人工智能的应用可以将金融风险预警能力提高到崭新的水平，强化金融信息服务风险防范与化解能力主要体现在如下几点。①增强客户电子身份信息验证能力。2012 年创立的 Socure 公司是一家专注于提供实时数字身份验证解决方案的行业领导者，通过其领先的社会性生物特征验证技术设计人工智能和机器学习算法，使用来自消费者数位足迹的可信任数据，包括社交媒体数据，可以精确高效同时实时地验证消费者的身份信息。②增强金融预测反欺诈能力。深度学习技术可利用海量金融交易数据，优化改进传统金融的反欺诈风控模型，自动识别欺诈交易行为，对欺诈行为进行及时拦截和预先处理。③增强风险防范服务能力。虽然金融机构积累了大量客户的个人信息和交易信息，但传统金融的风险处理系统并不能处理这些信息。人工智能将融合大数据、云计算技术，对数据信息收集、识别、判断，实现实时处理。由此，用户的日常金融行为可被迅速数字化收纳到银行的数据池中，经过人工智能的及时处理，对个人信用产生边际影响，最终形成客户的自我征信体系，防控潜在风险。

三 人工智能在金融信息服务方面的应用类型

人工智能对金融行业的渗透不断加深，整个金融领域正在发生一次根本性变革。金融信息服务业态也被深度卷入这场科技革新的浪潮中，当前人工智能在金融信息服务方面的主要应用类型有智能投顾、智能量化、智能客服、金融预测与反欺诈、投资决策和授信融资。

（一）智能投顾

智能投顾（Robo-Advisor）① 起源于美国，是基于现代投资组合理论（MPT），依托人工智能技术和大数据分析技术，根据客户个人偏好和预期收益而自动计算并提供组合配置建议的一种新兴投资模式，预计到 2020 年

---

① 澳大利亚证券投资委员会在 2016 年 8 月 30 日公布的一份针对智能投顾监管指南中使用了"数字建议"（Digital Advice）一词。与智能投顾相关的其他名称包括"自动化的投资顾问"、"自动化的投资管理"、"在线投资顾问"和"数字投资顾问"。

全球智能投顾行业资产管理规模将接近16000亿美元（见图2）。智能投顾在华尔街快速崛起并逐渐成为大众投资的主流方式，据德国统计公司 Statista 测算，未来5年中国智能投顾资产管理规模及覆盖人数的年复合增长率均超过100%。

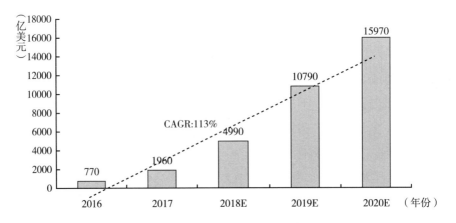

图2 2016～2020年全球智能投顾资管规模预测

资料来源：My Private Banking Research。

伴随着金融市场的不断深入发展，金融产品层次、交易工具和交易策略的复杂性也日渐增加，普通投资者越来越难以跟上市场的步伐，因而，对专业投资顾问服务的需求量日益增加，但受传统金融信息服务能力的限制，传统投顾方式无法满足大众投资者的投顾需求。人工智能的崛起打破了这一投顾市场上的供需不平衡。与传统投顾的算法交易和量化投资相比，智能投顾显著地提升了投顾的服务能力，具有四方面显著的竞争优势。①体验感良好。根据投资人风险承受度与预期收益的不同，提供服务快速、便捷、个性化的最优资产配置方案，对于"与科技一同成长"的新一代人来说，他们可以获取良好的服务体验。②进入门槛较低。传统的人工投顾服务由于成本较高，因此通常对客户有最低的资金门槛要求，智能投顾则以一系列算法代替昂贵的基金经理佣金、管理费用，且服务具有可复制性，可以有效降低进入门槛，让更广大的普通投资者享受投顾服务，增加长尾市场覆盖范围。③

人为因素较少。智能投顾是通过机器深度学习，凭借大数据技术的理性分析，减少了人为因素的干预，得出最佳投资建议。④道德风险较低。传统的投资顾问通常根据交易的频次来获取更多佣金，因此投顾服务双方存在潜在的利益冲突。智能投顾面向巨大的长尾市场，盈利模式发生改变，且服务过程透明度大大提升，可以有效降低服务供给方的道德风险。

智能投顾作为一种将在国内金融市场兴起的智能服务模式，能为投资者提供多元化的投资组合及自动化的资产配置，但其本质上仍是一种投资顾问服务，在发展中也面临一些瓶颈，主要表现在两方面：一方面是监管问题，智能投顾作为一种新兴的投资模式，现阶段法律监管相对滞后，监管不到位则难以切实保障投资者的权益；另一方面是恶意推荐风险，尽管有智能系统自动推荐，但智能投顾的源头仍然由人来设定操控，仍不能排除设定人员在利益诱导下，恶意向投资者推荐不良理财产品的风险。

（二）智能量化

量化交易兴起于 20 世纪 70 年代，是一种主要依托计算机技术、金融工程、数学模型等手段协助投资者进行决策的一种投资方式，这种方法的开创者是世界级数学家詹姆斯·西蒙斯（James Simons）①。长期以来，量化交易一直是利用计算机对海量数据进行分析，海选出能够带来超额收益的多种"大概率"事件以制定投资策略。人工智能的兴起让量化交易在技术处理和数据分析上进一步得到提升，量化模型更加完善（见图 3）。智能量化的优势主要体现在以下几点。一是利用知识图谱技术，从知识关联的角度进行分析，分析市场动态、资金流向、公司基本面等信息之间的关系，建立起不同数据间、股票间、股票与信息间的动态关系模型，可以通过即时追踪网络信息热度变化来分析股票下一步的走势。二是利用机器学习技术，对构建的金融模型进行参数训练，自动优化模型参数。金融市场瞬息万变，机器学习可以对历史数据和即时生成的数据进行学习，可以更高效地应对市场波动。三

① 丁鹏：《量化投资——策略与技术》（修订版），电子工业出版社，2012。

是利用自然语言处理技术，解析大量非结构化数据，扩展量化模型使用范围。当前，金融市场的信息传播途径已经发生改变，很多信息存在于社交媒体和社会舆情中，形成了大量非结构化数据，自然语言处理技术可以即时解析非结构化数据，既增加模型数据资源，又能优化模型参数。

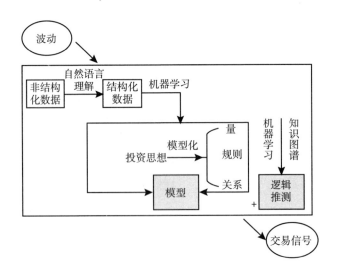

图3 人工智能技术在量化交易中的应用

资料来源：亿欧智库。

（三）智能客服

智能客服是基于大数据分析技术、深度学习和语言处理技术，在超大规模信息处理基础上发展起来的一项在企业与海量长尾用户之间建立的一种快捷交流方式，腾讯的微金小云客服是智能客服的典型代表（见图4）。人工智能对传统金融信息服务模式产生深刻影响，智能客服已经成为金融领域典型的应用场景。在日常客服工作中，客服与用户之间的对话内容大部分都是重复的，且常常集中于某些特定问题，因而使其成为自然语言处理和智能客服机器人的最佳应用场景。智能客服可以解决用户的大部分问题，面对不确定问题时再由人工客服进行解答。人工智能机器人可以全天候应对客户的咨询，可以达到实时服务、快速高效、稳定精准的效果，实现 7×24 小时智能应答。蚂蚁金服 2017 年发布的数据显示，支付宝智能客服的自助率已经达到 96%~97%，智能客服的解决率达到 78%，比人工客服的解决率高出 3 个百分点。在客服效率和用户体验双重提升的同时，人力成本也进一步降低了。以招商银行为例，招商银行拥有每天上百万次的交互量，大约需要 2000~3000 人的客服队伍，在使用智能客服后，只需要 10 人左右的维护团队。同时，通过智能客服机器人与大量长尾用户的沟通交流，可以发掘用户的更多需求，对金融信息服务过程进行升级，或者开发新的服务或产品。

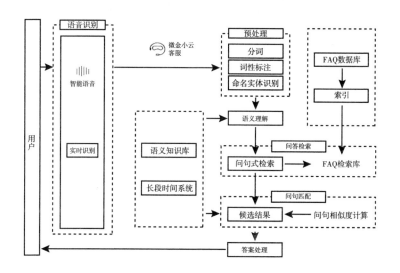

图 4　微金小云客服

注：微金小云客服是微众银行借助腾讯云推出的基于云计算的 SaaS 智能机器人云客服产品，为其用户提供在线智能客服服务。

（四）金融预测与反欺诈

当前，移动互联网正不断渗透到人们的日常生活中，网络欺诈行为也呈现出移动化、扩大化趋势。芝麻信用 2016 年披露的数据显示，消费金融、互联网金融公司坏账超 50% 源于欺诈。与此同时，以经验判断为依据的反欺诈模型对于用户规模以千万级、亿级为单位的小额信贷平台来说已经难以适用。人工智能的出现弥补了这一不足，具体表现在四个方面。①对用户信用进行评价。融合大数据、云计算技术，将用户日常金融行为中的大量交易数据和非结构化数据迅速数字化并存入数据库中，经过智能系统的即时处理，建立模型对用户进行全方位画像，进而形成用户的信用评价。②对用户行为进行预测。利用计算机对海量以及高频次交易数据的处理能力，采集用户个人信息、行为信息和交易习惯，判断用户电子身份真伪、风险承受能力、还款意愿与能力、还款周期等，对用户行为进行全面预测。③对风险点进行规避。智能平台通过多维度获取用户交易数据、网络留存信息、行为数据，依据模型评分结果对用户进行评级、评估，运用知识图谱监测数据中的不一致性，规避风险点。④对欺诈行为进行拦截。大规模采用机器学习分析海量金融交易数据，使用深度学习技术，从金融数据中自动识别欺诈交易行为的共性特征，对符合一定特征的交易行为进行实时拦截，以降低风险。

（五）投资决策

在投资机构和投行部门中，日常的工作如资料整理、数据分析、报告撰写等，往往占用了大量的时间和精力，而在处理海量的数据信息时，机器学习的天然优势得以发挥：处理更多的输入信息，考虑更全面的信息，达到更高的效果上限。具体来说，人工智能在投资决策方面的优势表现在如下几点。一是在短期和中期决策中具有明显优势。摩根大通 2017 年 5 月发布的一份报告显示，人工智能最适合在短期和中期做出交易决策，"机器可以快速分析新闻源，处理收益报表，搜索网站，并瞬间完成交易"，而在长线投资中"人类仍然会保持自己的优势"[1]。二是能够更好地发挥历史数据的辅助作用。人工智能可以根据收集到的市场历史数据，挖掘出数据中所蕴含的规律并进行预测分析，分析判断企业的成长性，从而辅助投资决策。举一个典型案例，美国最大的信用卡公司第一资本投资国际集团（Capital One）的两名员工利用公司历史数据，分析了超过 170 家上市零售公司的信用卡消费

---

[1] 摩根大通：《大数据与人工智能战略：机器学习和其它投资数据分析方法》，2017 年 5 月。

情况，并据此预测这些公司的营业收入，然后提前购入看涨期权或看跌期权，三年内投资收益率高达1800%。三是投资决策更加科学和理性。人工智能算法带来的一个巨大优势是在决策中可以回避人的主观因素干扰，如性格、情感、偏好等因素，保持稳定、客观、理性的投资态度。市场的波动必然对普通投资者产生心理冲击，进而对投资决策产生影响，导致一些非理性决策出现。人工智能方法不会受到市场波动的剧烈冲击，市场的波动会转化成客观的数据，算法会一致地贯彻既定的交易策略。

（六）授信融资

授信融资是指金融机构给予用户一定的信用额度，在这一额度内用户向银行借款可以减免一些检查程序，这项工作过去大多由人工来完成（见图5）。人工智能的兴起改变了这一业务，一方面，智能平台对用户信用进行评价，以决定检查程序的自动化程度。智能系统通过提取个人及企业在其主页、社交媒体等地方的数据，并基于用户提交的个人信息和历史交易数据，对用户信用水平进行评价，进而由智能平台自动决定减免哪些检查程序。以蚂蚁金服为例，花呗与微贷业务使用机器学习把虚假交易率降低了近10倍，为支付宝的证件审核系统开发的基于深度学习的OCR系统，使证件校核时

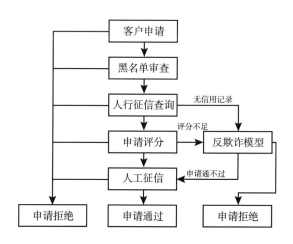

图5　传统信贷审批流程

间从 1 天缩小到 1 秒，同时提升了 30% 的通过率。另一方面，通过机器学习对借款用户进行实时跟踪监督，防范信贷风险的发生。由于缺乏有效的技术手段，传统金融机构难以做到对借款人还贷能力的实时追踪，从而无法掌控借款人的还贷行为。借助机器学习和机器视觉，可以对借款客户的行为进行全天候监控，有效降低无法还贷风险的发生。

四　人工智能在金融信息服务应用中的主要瓶颈

当前，由于人工智能本身处于技术发展初期，加上我国金融信息服务业自身发展的不足，造成人工智能在金融信息服务应用方面存在一些瓶颈。

（一）人才瓶颈

从全球范围来看，人工智能已经正式成为巨头们的新战场。2018 年初，微软、亚马逊、谷歌、Facebook、苹果等 IT 巨头发布的 2018 年年会主题均是人工智能，并相继建立 AI 实验室，人工智能领域的竞争归根结底是人工智能专业人才的竞争。腾讯研究院和 BOSS 直聘 2017 年联合发布的数据显示，全球 AI 领域人才总数约 30 万人，而目前市场的需求则在百万量级，AI 人才供应存在很大缺口[①]。在当前，推动人工智能技术发展有诸多因素，包括资金、数据、计算能力等，然而人才始终是人工智能发展的关键。人工智能作为新兴的前沿科技，专业人才极其稀缺是短期内难以改变的问题，因此这也是当前人工智能在金融信息服务应用方面遭遇的最大瓶颈。

（二）算力瓶颈

2006 年，深度学习算法获得突破后，大众看到了人工智能崛起的曙光。然而，人工智能在技术发展当中面临的算力瓶颈仍然存在，当前计算机虽然计算能力很高，有千万亿级甚至百亿亿级的，但现在的处理结构带来了很多

---

① 腾讯研究院、BOSS 直聘：《全球人工智能人才白皮书》，2017 年 12 月。

新瓶颈，如学习效率问题①。以 2016 年 3 月的人机大战为例，在 AlphaGo 与李世石的对弈中，谷歌调用了上千台服务器资源。人工智能的计算能力还不够，具体需要提升两方面能力。一方面，用单位价格能买到的技术能力。只有单位价格下降，人工智能才能够广泛地应用，才能把价格降下来，才能做到万物智能。另一方面，在单位功耗下取得一定的计算能力。金融领域本身就具有高密度数据，近年来算法领域也取得了很大进步，然而，算力瓶颈导致人工智能在金融信息服务业的应用也受到限制。金融信息服务活动中有许多偏重复性、偏体力性的劳动或者缺乏创造性的劳动，其中大部分活动未来将被人工智能替代，而替代过程发生的关键则是现有算力水平的提升。

（三）数据瓶颈

近年来，我国金融信息服务业高速发展，积累了海量数据资源，但是由于标准体系建设滞后和规范缺失，我国金融信息服务相关数据的标准化程度较低、质量水平不高，不同金融机构之间的互操作性非常低，"碎片化"和"数据孤岛"状态较为普遍，因而金融信息服务业缺乏高质量的数据集。当前，算法和开发工具的获得较为方便，而大规模、特有的数据集则被普遍需要。机器学习模型需要接受大量数据的训练以确保它们的准确性，高质量数据集的缺失无疑限制了人工智能在金融信息服务业的应用。

五 促进人工智能在金融信息服务业应用的对策建议

借力人工智能进一步释放价值，在下一代科技革命中实现弯道超车，是我国金融发展的最重要课题之一。加速推动人工智能引领的金融业变革，推进人工智能在金融领域落地发展，促进人工智能的深入应用是我国金融信息服务业发展的重点之一，对此可以提出如下对策建议。

---

① 怀进鹏：《人工智能仍有计算瓶颈 智能汽车值得关注》，光明网，http：//tech. gmw. cn/2016 – 08/29/content_ 21691598. htm。

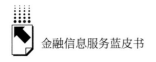

（一）推动人工智能在金融信息服务业应用与实践

当前，人工智能仍处于初始发展阶段，仍处于萌芽状态，众多技术难题亟待突破。因此，要结合现阶段人工智能技术发展的成熟度和应用难度，充分考虑金融信息服务业的业务重心与发展趋势，针对金融信息服务存在的难点与痛点，坚持"全面推广，重点突出，逐步推进"原则，加大人工智能相关技术布局和研发，大力推动人工智能技术在金融信息服务业的应用与实践，具体应从三方面入手：首先，优先推广语音识别、自然语言处理等较为成熟的人工智能技术，提升金融信息服务业场景智能识别程度，推动业态向"轻资产、重数据"转型；其次，着重推广应用机器学习、神经网络技术等正处于探索阶段的人工智能技术，积极掌握技术发展的动态与前沿趋势；最后，侧重基于知识图谱、生物特征识别等技术的场景应用，加强金融信息服务业的自我优化和风险管控。

（二）加强人工智能人才培养

人工智能领域的竞争主要体现为人才之争，从整体情况来看，我国在人工智能领域人才较为缺乏，具体到金融信息服务业，人工智能型人才就显得更加稀缺。因此，需要加强人工智能人才培养：一是积极储备建立核心技术人才培养体系，加强专业开发人员、数据科学家、基础设施架构师等专业人才的引进与培养，加强企业和学术界的人才流通，打造坚实的人才基础；二是培养人工智能与金融交叉复合型人才，应制定人工智能与金融交叉复合型人才培养计划，优先引进熟悉人工智能又了解金融领域的专业人才，加快复合型人才队伍建设；三是推进产学研合作的新培养模式，发挥领军企业的人才培养作用，鼓励金融机构创办研究机构，与一流高校和科研单位联合建设实验室，培养人才。

（三）加快金融信息服务业数据标准化工作

标准化水平是影响数据质量高低的重要因素，高质量数据集是人工智能深度应用的关键，因此金融信息服务业需要加快建立一套完备的数据标准体系。一是要成立数据资源管理机构，设置数据运营官岗位，转变传统数据中心以技术支撑为主的状况，加强数据资源的统一管理与开发利用。二是要根据国家在信息服务、信息安全、数据管理等方面的标准规范，实施数据标准化建设与管理。三是建立数据标准化工作制度，强化数据标准化在整个数据治理体系中的作用，不断形成数据标准化的思维理念，逐步制定数据标准化的工作规范，推动金融信息服务业数据标准化工作。

（四）加强智能金融监管力度

人工智能的兴起一方面对金融信息服务产生颠覆性变革，另一方面也给行业监管带来了全新的挑战。金融信息服务的发展关系到用户隐私和财产权益保护，也关系到企业发展和新兴产业的培育。因此，应提前制定具有前瞻性和强约束力的行业监管措施。一是要借助互联网金融科技提升风险的防控、识别和应急处理能力，对用户进行风险承受力全面评估，从业务上提升金融信息服务安全性。二是要充分利用人工智能领先企业的技术优势，持续深化与监管部门合作，输出金融科技能力，既要让金融信息服务更加安全，还要发挥信息在防范金融风险中的作用。三是要借鉴国外监管经验，保证监管的灵活性，如参考英国、新加坡等沙盒监管（Regulatory Sandbox）方式，在促进金融创新的同时，将金融风险限制在特定范畴之内，即在确保投资者权益的前提下，允许机构将人工智能在金融信息服务业的应用迅速落地，随后金融监管部门根据这些业务的运营情况，再决定是否予以推广。

B.14
互联网金融市场的反思和大数据风控建议

蒋庆军 *

摘　要： 资本借贷的风险控制水平关乎金融市场整体的平稳运行。本文首先介绍了我国金融信贷行业的总体发展趋势；其次回顾了我国金融借贷市场的发展历程，指出借贷金融市场在服务客户群、金融产品设计、客户信用管理等方面存在的问题；最后总结了在互联网和大数据技术快速发展的背景下借贷金融市场发展的新格局和风险控制策略。

关键词： 资本借贷　金融市场　大数据　风险控制　互联网金融

一　金融市场概述

（一）金融信贷行业总体发展趋势

1. 经济快速发展，信贷需求急剧增加

随着中国经济的快速发展，居民收入不断提高，居民的消费也一直在快速增长。在这样的背景下，消费金融也高速发展。

2016 年国内消费信贷金额近 7 万亿元。2017 年消费信贷爆发，全年居

---

* 蒋庆军，上海算话征信服务有限公司 CEO。

民消费贷款增加 1.83 万亿元，同比增长 181.8%。个人贷款年均增长率为 20%，其中有将近 75% 是住房贷款，除去房贷和车贷后居民消费信贷占比仅为 5%，相比美国等发达国家 20% ~ 40% 的比例，中国居民短期消费贷款增长空间巨大。

其中，年轻人由于生活环境的不同和消费观念转变，已经成为个人消费信贷的主力军。据 2017 年的数据，20 ~ 34 岁的青年群体消费贷款额所占比重为 70% 以上，未来消费贷款业务前景巨大。

2. 信贷需求上升，风控需求增加

2017 年，我国消费信贷规模（不含房贷）已经近 9 万亿元，随着消费信贷需求的快速上升，对消费信贷的风控需求也快速增加。一方面，消费金融规模越来越大，另一方面，消费场景也越来越多样化（既有线上场景，比如网络购物、外卖预订、酒店预订、房屋短租等，还有线下场景，包括旅游、安居、教育、汽车、医疗等）。

同时，随着科技的不断进步，欺诈的风险也随之增大，新式欺诈手段更是层出不穷。中国在过去的三年中，由欺诈导致的损失率每年都在以两位数的速度增长，这也越来越需要有新型的专业风控服务机构来帮助信贷机构控制风险，降低欺诈损失率。在后监管时代，对优质客户的甄别、控制信用风险的需求也大大增加。

3. 大数据风控已成趋势

在所有消费信贷申请人中，没有信贷历史和信用记录的年轻借款人比重占到了 50% 以上，一人多贷的比例更是高达 60% 以上，信贷机构已经很难再从传统的风控服务机构获得风控所需的数据和服务，他们迫切需要新型的反欺诈技术手段来甄别借款人的身份，杜绝病毒式的风险扩散。

当前的信贷市场是充分竞争的市场，机构较多，获客的成本很高，能否在最短的时间内筛选出优质的客户，是决定机构营收的重要因素，这就需要机构能够结合自身巨量的数据，运用专业的风控经验与人工智能的技术手段来构建智能风控模型，帮助机构实现业务目标。

同时，借款人对贷款服务机构的要求也越来越高，促使贷款机构需要在很短时间内做出信贷决策，而借款人本身也比从前更多样化、复杂化。因此，即使银行从事传统放贷业务或者未来大力拓展线上业务也需要获得更多的外部数据支持来进行风控，打破信息孤岛和割裂效应，多维度地了解个人客户在各个领域的资产、消费、负债、信用情况，所以并非只有新兴的互联网金融机构才需要大数据风控，传统银行更需要，而且银行是政策风险偏小的市场。

（二）金融信贷行业2017年大事回顾

截至2017年6月，我国手机网民有7.24亿人左右，使用移动支付的群体约为5.02亿人，约50%的人使用手机上网，其中70%左右使用移动支付（例如支付宝、微信），但是其中活跃在互联网金融借贷市场的不足1亿人。

移动互联网和大数据收集、分析技术的发展及逐渐成熟为互联网金融借贷提供了沃土。互联网金融市场经历了P2P网贷平台、有场景的消费金融、非Payday Loan（发薪日贷款）的现金贷（贷款期限长于1个月）依次出现和爆发式增长，最后一种贷款期限在一个月内、金额小无担保的发薪日贷款在2017年爆发式增长。正是因为其短频快，发薪日贷款年化利率非常高（都在100%以上），在风控不足的情况下也能获得可观的利润，由于贷款期限短，借贷人对高利率的压力感受不够深刻，但是一旦逾期则会发现利息和罚金都相当惊人。以上积累贷款在2017年拥有万亿级市场，5000～10000家公司参与，近百家公司的月均放款量在10亿元左右，其中Payday Loan的客户大约有4000万。

虽然互联网金融贷款的金额和银行相比不算非常大，金额体量上无法和银行的房贷及信用卡相比，但由于其广泛性对民众的影响非常大，国家也一直对之逐步加强引导和规范，这种监管在2017年最后两个月达到了高潮。2017年11月21日互联网金融风险专项整治工作领导小组下发了《关于立即暂停批设网络小额贷款公司的通知》。2017年12月1日，互金风险整治小组又下发了《关于规范整顿"现金贷"业务的通知》。这一系列监管文件的出台，对未来的现金消费贷业务模式做了"需要有指定用途和消费场景、年化利率不能超过 36% 法律红线，运营机构需要持牌具有正规贷款资质、严控资金杠杆率"等描述，后续文件也全面限制了现金贷公司从银行、P2P和消费金融公司获取资金的渠道。从风控方式上，监管提出了对大数据风控方式审慎使用的原则。要求放贷机构需要"了解自己的客户"，要求银行资金放贷的风控不能外包。在金融基础建设的征信数据行业，2017 年 11月，中国互联网金融协会审议并通过了协会参与发起设立个人征信机构（简称"信联"）的事项。"信联"由央行主导，中国互联网金融协会牵头筹建，联合 8 家个人征信业务机构共同发起成立，计划收集的是互联网金融机构的个人信用信息，旨在将央行征信中心未能覆盖的"征信空白"人群的个人金融信用信息归纳在一起。

一系列政策的下达几乎使互联网金融一夜之间冰封，市场似乎一夜回到2016 年的格局。各个机构立刻开始合并重组，纷纷进行产品转型，对自己积累的客户进行再分析，重新甄选、分类、营销，进行风控从而放贷。因为国家并没有要使这个辅助性金融市场停顿，只是要更加规范化、国际化。所以这是一个转折的时代，对于业内各个参与者而言，既是危机和挑战，也是更上一层楼的机遇，但这都需要对市场进行深刻反思，哪些问题是已经解决了的，哪些还没有。

二 关于借贷金融市场的反思

互联网金融市场经历了 P2P 网贷平台、有场景的消费金融、非 Payday Loan 的现金贷、发薪日贷款的依次出现和爆发式增长，2017 年 12 月之后又回归到需要有牌照资质、有场景、有自有资金的 P2P 网贷平台和有场景的消费金融上。互联网借贷市场看似经历了一个轮回或者回归，需要有一定的反思，而非简单地回到原点。

（一）互联网金融对熟人社会借贷的颠覆性影响

在互联网金融到来之前，国人借贷主要依赖银行体系和熟人社会的民间借贷，银行体系服务不到的人在我国比例较高，借贷严重依赖后者，在互联网金融时代，有余款的人开始在平台上理财，缺钱的人开始在平台上借贷，加上城市化进程的加快，无数人离开故土熟人在陌生环境中工作谋生，整个社会开始向西方社会的模式转化，熟人之间的直接借贷变成隔着一个金融机构进行。2017年末对互联网金融借贷的监管使后者的借款渠道受到影响，但前者受的影响并不大。这就使得传承千年的熟人社会借贷突然陷入了一个尴尬的状态：亲戚朋友的钱因为可以在投资理财平台上获取较高的回报，以亲友之间的关系（无息或者低利息）借出去会发生比从前更高的机会成本，往日的熟人借贷机会变窄，新兴的借贷机会又变严重少，破旧立新已经发生但需要资金的弱势群体的获款渠道并不太稳定，这是一个很大的需求，正如当年美国完成城市化的进程也是整个银行和金融体系快速增长的时期。

（二）银行信贷的服务对象是否存在过度不平衡

银行是否对于低风险人过度授信，而对中风险人开发不足，导致资源分配不平衡，既因为客户拓展不足而影响了银行收益，也没有满足民众的需求？

无论一国金融体系多么发达，由于资源的限制和风控的原因，中外各国都会有正规银行体系服务不到的人群，除了信用存在问题的人外，其他得不到银行服务的人群的主要特点是收入低且不稳定、风险高，征信体系内信息不足或者完全无信息（白户），银行为规避风险一般谨慎给次贷人群授信，给了银行之外的金融机构发展的机会和空间。2015年底，我国13.75亿人口中，被央行个人征信系统收录的人数约为8.8亿人，有信贷记录的约为3.8亿人，这意味着大部分人（57%）很难从传统银行获得借款服务。

首先以信用卡为例，根据中国人民银行的数据，虽然中国的信用卡发卡量已经达4亿多张，信用卡的末期应偿还余额从2012年的1.4万亿元增长至2016年的4.06万亿元。但人均持有信用卡只有0.3张，而且持有人群分布不均衡。持有信用卡的人群往往拥有多家银行的信用卡或者拥有一家银行的多张不同类型的信用卡（一般实行共享额度管理），银行对这些人群反复营销，导致信用卡未激活、睡眠账户比例非常高，有的在50%左右，明显供给过剩而需求不足。所以仅仅看信用卡的张数和余额是不够的，也需要看其真实人群分布和使用率。相比之下，美国人均持卡量为 3 张，美国只有约20% 的人是薄征信或者没有信用分，说明美国的信用卡发放已下沉到了次级人群，能享受到的金融服务是较为多样和均衡的。

其次以信用类消费贷款为例，银行的消费贷款分属于零售信贷部门，与信用卡中心是完全分开的，近年银行信贷产品的互联网化主要集中于信用卡产品，而零售部门的线上化程度并不高，其申请流程相对复杂和所需材料较多，需要人工核实和窗口服务，导致了一定的地域性限制，而且会导致银行把贷款设计成循环贷反复向老客户营销，但复贷率并不高。所以同样的信用贷款，在信用卡中心最近几年大力发展的消费分期、现金分期和外部互联网现金贷的竞争挤压下，零售部的信用消费贷款的状况并不理想，并没有得到充分发展。银行在压力之下的确采取了一些积极措施希望突破这个困境，例如成立独立核算的消费金融公司，但这些公司对消费场景的要求导致其获客依然比较困难、使用频率不高。还有助贷方式，银行出资、互联网金融机构获客且兜底，间接地服务更广泛的人群，但是这些人群是被划分到互联网金融客户的，入口被助贷机构控制，风控往往也是依赖助贷机构，很容易受市场和政策影响，2017 年 12 月的政策也证实了这一风险。

总而言之，银行信用卡普遍采用了比较保守的风控和营销方式，导致对低风险客户过度授信（一人多卡多贷，使用率不足一半，卡的睡眠率非常高），而对中风险者授信不足（授信金额偏低或者干脆不通过），从而导致"银行服务不到的人群"变得非常庞大，信贷需求没有完全被满足。如果银行的风控和营销在国家征信及大数据的帮助下能更上一层楼，可以将这个群体中潜在的客户需求释放出来。

（三）征信白户人群的循环困境如何打破

因为现实中监管部门对银行的坏账率要求非常严格，坏账率直接关系到许多人的业绩和去留，在拓展服务对象和保持不良率之间的平衡问题上，银行对不良率的担忧更甚，所以银行内部的获客和风控对白户和只有互联网金

融贷款经历的客户是比较严厉的。

在近年的风控中，在人行无征信的白户人群就推广渠道而言其待遇是不同的。例如在优质高等院校毕业生和研究生群体中推广的或者在知名单位内定点入户推广的，即使白户一般也相对比较容易得到发卡，只是额度较低，而其他非定向的渠道，尤其路边摊位和网络申请的客户往往很容易在最初的严格审批阶段就被拒绝了。这是比较常用的风控手段之一。体现在央行数据上，被央行个人征信系统收录的人数看似增加很快（因为有申请就有查询记录），但真正由银行自己直接发出信贷产品（发放信用卡或者贷款）的新人群其实增长并不快，因为大部分人被拒绝了，这部分人并没有完整的征信报告，依然是白户。

这部分无法取得央行征信报的人是有借贷需求的，互联网借贷公司正是抓住了市场机遇，从而实现了发展。

究竟应该怎么对待征信白户？他们是国家普惠金融政策的对象吗？

在资金存量不变的情况下，丰富且征信记录良好的人群有可能被过度授信，因此通过小额分散风险的方式惠及这类人群是非常有可能的。这就涉及如何甄别这类人群的风险，可利用大数据和最新的风控技术弥补信息不足的短板。一些银行做出了很大的努力，例如浦发银行信用卡中心是第一个利用支付宝渠道入口进行线上获客的，浦发并没有一味拒绝薄征信人群以规避风险，也不一味拒绝在互联网借贷市场有记录的人，而是利用第三方大数据资源，例如蚂蚁金服、腾讯征信、算话等，并运用科学算法，实现控制风险及有效获客的最优平衡。

利用大数据可以补齐信用数据的短板但不能完全替代征信。政策一方面应该鼓励更多银行像浦发一样逐步给白户客户授信，另一方面应确立专门的考核指标，给予市场和风控部门以适当的学习、摸索和创新的时间。

（四）需求挖掘和产品设计需符合经济规律

为何近年互联网信贷如此蓬勃发展？一般的答案是城市化进程加快，成长起来的新一代消费者消费观念发生巨变，消费金融需求增加，同时很多人群不在银行服务范围内给互联网借贷提供了发展空间。在互联网借贷行业迅猛发展的同时，为何 2017 年突然严厉监管落地？答案是互联网借贷行业无序发展催生了一系列问题。

1. 市场需求的挖掘需遵循经济规律

以新生代 90 后、00 后为代表的新一代消费者消费观念的转变使借贷需求爆发，但并不意味着这个需求本身一定是合理的，从而对其无限挖掘也就不一定是符合商业规律的。

哪里有需求哪里就有供给，商人逐利本身并没有任何问题。以 90 后、00 后为例，这个群体并不是很成熟的金融市场玩家，如果借贷机构非理性地对一个缺乏金融教育的群体反复营销导致过度授信，会造成逾期事件、催收事件，甚至酿成悲剧。正是在这种背景下，政府出台了强监管政策，以规范市场有序发展。

2. 了解客户需求，进行差异化产品设计

市场上各个年龄段、不同背景的人群都可能需要互联网金融服务，如何在不对老客户进行反复营销的情况下获取收益呢？差异化产品设计就是一个可以考虑的方向。

在互联网借贷行业发展初期，机构将更多的资源和人力放在争取流量、进行多样化营销上，但在后监管时代，监管层对利率、风控的要求将促使行业实现转变。如何拓展客户群体，满足其差异化需求就是盈利的关键之一。Payday Loan 客户和原有的消费现金贷客户群体（包括信用卡代偿客户）有很大的差异，他们贷款的需求曲线并不相同，前者需求曲线比后者更加垂直，前者的需求价格弹性（Price lasticity of demand）比后者小，后者对利率和额度都更加敏感。

由于这种特征，针对前者的产品设计可以简单一些。针对后者，需要利用风险定价模型对利率和额度进行更加精细化的设计。

（五）回到起点还是螺旋式上升

回顾历史会发现，现金贷和发薪日贷款是市场不断突破困境的产物，其

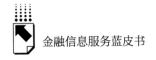

出现并非偶然。政府出台的监管政策促使市场出现分化，困境还存在吗？原来的发展瓶颈已经解决了吗？

2007年中国第一家P2P网贷平台成立，2010～2015年，利率市场化、消费者理财投资需求和中小企业融资需求同时上升几大因素，促使P2P网贷平台呈现出爆发性增长的态势，但虚假标的、非法集资、平台跑路、项目金额大期限错配等问题也随之而来。2015年底针对P2P网贷行业，监管层开始进行排查，要求借款余额上限不超过20万元。虽然小额分散有利于降低风险，但是大大压缩了平台的盈利空间。

"消费金融"的概念2009年开始出现，相关部门均给予支持和鼓励。其蓬勃发展主要体现在场景分期产品上，主要涵盖购物、装修、教育、租房、旅游和医美分期等领域。参与者主要包括银行、消费金融公司、互联网消费金融机构等。然而由于很多场景设计并不是针对用户的刚需，其消费金额较大，获客和贷款频率成为一大难题，同时不同利益相关方的接入使产品本身存在欺诈风险，从而风控难度大。例如，医美和教育分期曾经发生虚假消费骗贷事件。此外，场景分期一般利率较低（在24%以下），大多平台盈利困难。

一方面，P2P网贷和场景分期发展艰难，另一方面，很多真正需要短期资金周转的人却得不到贷款，发薪日贷款便是转型的产品。但因其暴利特征与中国的金融发展主流方向并不吻合，受到严格控制。市场是简单地回到原点还是螺旋式上升？这个问题值得思考。

回答是螺旋式上升，互联网金融产品面临着再一次创新的机遇，需要监管层、金融机构等参与促进市场的有序发展。

（六）金融基础设施建设的努力方向

金融基础设施是金融发展的基础，征信建设尤为重要，目前应该整合各方面力量打破信息孤岛，减少机构和个人之间的信息不对称，帮助信贷机构加强风控管理，降低坏账率，在银行体系和互金体系中避免过度授信、过度负债的问题。允许部分持牌机构上报和查询人行征信信息，由互金协会牵头和其他民营机构联合组成"百行征信"都是努力的方向。

机构也需要正确运用这些信息，而不是一味地给市场拓展让步，从而实现稳健的发展。

三　借贷金融市场的新格局和风控

（一）互联网金融市场的洗牌和重组

互联网移动端和大数据信息结合的新技术革命把中国的信贷市场带到了一个新天地。随着金融风险专项整治和监管力度的加大，互金网贷潮一时消退，并非风口浪尖上的现金贷，银行和非银的金融信贷产品都受到严格监管。

金融借贷市场格局已经发生变化，而且还会因政策变化而继续演变。借方机构自我收缩、合并重组，有新力量加入，贷方客群则经历了现金狂潮、逾期狂欢、金钱恐慌、四处寻找机遇、在更严格的风控面前被分离后各自沉淀的过程。第三方数据和风控服务公司也因为市场收缩和政策变化而对产品和技术进行重新定位。多元化获客渠道、综合多维度数据、科技智能风控是其中的关键点。传统银行要做到这些，必须从以下三个方面把握当前的形势。

第一，很多借款人的借贷理念已经在互联网大潮的洗礼下发生了改变，其中大部分养成了互联网借贷的习惯，成为未来金融消费的潜在客户。原本难以贷到款的征信白户也被吸引到了金融市场，一方面因为大数据技术留下了很多行为和信息痕迹，同时也在和借贷机构"斗智斗勇"的过程中变得更加成熟和难以辨别，并且不会轻易地退出市场，从而对借贷机构的风控构成了很大挑战。

第二，互联网金融机构面临的最大盈利压力就是坏账率和风控。很多机构的风控环节薄弱，只有基本的黑名单和反欺诈检查，靠高利率覆盖高坏账率带来的损失。目前以年化利率最高36%计，必须对原有客户进行筛选，而且必须考虑反欺诈之后的信用风险和贷后风险。很多金融机构开始转变观

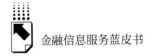

念，快速接通银行征信、非银行征信、各类外部数据，使用第三方数据以及与风控服务机构合作控制自身风险。

第三，在贷方新生力量方面，在解决牌照的前提下，掌握大流量入口且有消费场景的非放贷机构在这次金融市场整顿之后，也可能通过联合等手段跨界进入金融业。但是他们大多没有足够的放贷和风控经验，想在与借贷无关的流量中筛选出优质信贷客户，同时不影响客户对主流产品的体验、合法获取个人信息等，依然是其面临的挑战。所以它们也需要信贷数据和风控技术支持。

（二）互联网金融市场的风控

1. 金融机构内部的风控

新格局下的各机构都需要总结过去，在新的金融环境下调整资金和风控策略，新崛起的机构则需要加快学习，赶上互联网发展节奏和把握政策监管重点。

而对传统银行而言，谁越早开始布局线上业务，谁就可以越早开始积累线上客户及放贷经验，充分了解其与线下传统客户大不相同的风险特征，从而在这新一轮发展中占据先发优势。前文提到的浦发银行就属于先行者。

得到数据后如何运用海量的信息则是对专业能力的考验，需要有前瞻预判及迭代创新的能力。例如运用机器学习、集成法、决策树、冠军挑战、置换分析等多种方法，以及运用多种类跨品类数据、降维组合等手段，在征信缺失的情况下实现对风险的预判，快速完成对海量申请的差异化自动授信，在保证风险低容的情况下精准获客，提高征信白户的有效转化率和综合收益水平。另外，海量申请还需要有强有力的系统支撑，能快速响应并支持业务创新策略的高效迭代。

对于互联网金融机构而言，过去由于贷款利率很高可以承受较高的坏账率，所以很多机构几乎没有什么风控（只有一些强拒绝规则）或者只针对最严重的欺诈情况进行重点防控。但是在利率降到36%以下、贷款期限变长、金额变大的后监管时代这些是远远不够的。不但需要在老客户中甄选出适合新产品的优质客户，还需继续加强反欺诈（因为被 Payday Loan 发掘出来的高风险人群没有退出市场），学习银行对整个信用周期各个阶段进行完整风控的技术，关注申请信用风险和贷后逾期风险，没有风险团队的也需要建立自身的风控队伍。对于没有信贷经验、刚进入市场的互联网流量机构而言，对风控的学习更为重要。

2. 第三方数据和风控服务公司的优势与方向

近年互联网金融业务的蓬勃发展、银行业和非银行业的孤岛效应、征信白户客群的加入，使得大数据产品和风控服务公司发展红火，能存活到现在的往往有被验证过的产品和技术，从而能为各大银行和互金机构提供更好的服务。

（1）历史数据的积累

衡量数据积累不仅涉及"数量"，还涉及"时间"、"维度"和"持续性"等维度。数量在接到一个大数据源时很容易实现，但是"时间"是不可逆流的，"维度"是需要事先设计的，一旦错过或者遗漏便难以弥补，"持续性"则更需要有高瞻远瞩的眼光来判断政策和市场的走向、寻找牢固可靠的合作伙伴。这都成为后入者难以逾越的门槛。

市场上的优质数据机构大多积累了多年的数据，差异在于绝对量的大小、内容和使用效果。例如，算话的历史申请数据和贷后数据已经积累了 4 年以上，客户量几千万，对互金借贷市场客户的覆盖率在 80% 以上，而且因为对政策的预判和市场策略的提前部署，最新政策对其使用量虽然有影响，但在同业中是下降幅度最低的，而且模型的区分力完全没有受影响，甚至更好。同时，这些信息的丰富程度在市场上是遥遥领先的，还覆盖了线上线下客户。另外，通过跨行业的合作获取了多维数据，能够知晓客户在各个金融领域的借贷、支付、资产、保险、消费方向的贷前和贷后信息。目前市场上对贷后信息的渴求是算话数据可以满足和解决的，而且也可以适用于非信贷方向和行业。

（2）历史经验的积累

各种用户的苛刻测试、线上使用效果的反馈、模型的定制和优化、系统

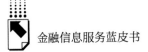

的部署和维护管理，这些实战经验都是新的机构很难一时快速复制和模仿的。如果原本就有低利率产品的风控经验，加上对高利率产品的风控经验，两者结合，在2018年新的金融环境下能够稳定发展。

（3）数据挖掘和建模的新技术

近年人工智能、机器学习、大数据平台技术日新月异，大数据分析和建模方法也有很大的发展。大的放贷机构、银行、风控服务公司都全力以赴地进行技术研发，而且因为不同的产品设计和定位，各家都有自身的特点，有竞争但也有差异，甚至互补，所以很多放贷机构同时接入了不同公司的产品，便于高密度地拦截坏客户、获取好客户。

四 简要小结

近年互联网金融的蓬勃发展给中国的金融借贷行业带来了新气象，为传统金融服务普及不到的人群提供了金融服务，是一个非常有益的补充。整体上看，国家应该继续支持互联网金融发展，严格监管有利于市场的规范化，防止造成系统性金融风险。一方面，应鼓励传统银行等金融机构向互金公司学习获客和风控技术提供线下线上服务，另一方面，鼓励互金机构利用自己的优势继续产品创新和提升风控能力，为其他人群提供更符合社会总体利益的、稳定的金融产品。

附　录

Appendix

B.15

金融信息服务产业创新状况调查问卷

金融信息服务产业创新状况调查问卷

尊敬的被调查对象：

　　您好！创新驱动是新时期国家重大发展战略。创新是实现企业差异化发展，提高金融信息服务行业竞争力的关键。本次问卷调查的目的是了解我国金融信息服务行业创新水平和创新能力现状。调查所获得资料经专业统计分析后编写调查报告，仅用于学术研究和为政府相关部门提供政策建议。对您填答的信息，我们将严格保密，绝对不会泄露给第三方。

　　感谢您抽出宝贵时间来填写这份问卷。为了给我们提供一份有参考价值的资料，请如实、完整填写问卷，谢谢您的合作！

中国社会科学院数量经济与技术经济研究所

中国经济网

2017 年

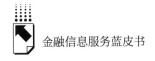
问卷填写说明

创新：是指企业通过新技术、新产品、新流程、新服务、新事业等方式将创意变成价值的过程。本调查创新主要包括科技创新、商业模式创新和管理创新三种类型。

定义：金融信息服务是指对与金融相关信息内容和资源进行生产或收集、加工处理、存储利用，提供给用户和/或社会，或直接提供信息工具服务，以促进金融活动，直接或间接影响金融市场的经济活动。

本调查的金融信息服务类型主要包括：互联网金融/财经新闻资讯、金融/财经信息门户、金融/财经新媒体或自媒体、金融信息集成、金融搜索平台、金融大数据服务、金融投资社交、金融平台服务、信用管理服务、财务投资管理服务和在线金融教育等。

对象：国内金融信息服务从业企业，或大型综合性企业中与金融信息服务相关的业务部门。

时间：如未经特殊说明，所有数据或信息均截至 2016 年底。

金融信息服务产业创新状况调查问卷

基本信息	企业名称： 填表人：职务： 联系电话：电子邮件： （＊＊＊上述信息请至少填写一项）
成立时间	年
企业注册登记类型	□国有企业□有限责任公司□集体企业 □股份有限公司□股份合作企业□私营企业 □联营企业□其他请说明
注册资本	□ 1000 万元及以下□ 1000～5000 万元□ 5000 万元以上
2016 年从业人员	□ 50 人及以下□ 50～200 人 □ 200～1000 人□ 1000 人以上
研发人员规模	□ 10 人及以下□ 10～50 人 □ 50～200 人□ 200 人以上
2016 年盈亏和主营收入	盈亏：□ 盈利□ 亏损 收入：□ 500 万元及以下□ 500 万～3000 万元 　　　□ 3000 万～1 亿元□ 1 亿～5 亿元 　　　□ 5 亿～10 亿元□ 10 亿元以上
研发支出占人员费比重	□ 2% 及以下□ 2%～5%　□ 5%～8%　□ 8%～15% □ 15%～30%　□ 30% 以上
研发支出占主营业务收入比重	□ 2% 及以下□ 2%～4%　□ 4%～6%　□ 6%～8% □ 8%～10%　□ 10%～15%□ 15% 以上
用户资产和规模	□ 机构用户数量：（千） □ 个人用户注册规模：（万）
主要业务（产品或服务）描述	
创新重点	□ 科技创新□ 商业模式创新□ 管理创新
企业创新特色简要描述	
企业技术水平评估	□ 世界先进□ 国内领先 □ 国内先进□ 一般或无法评估

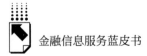
续表

技术获取主要途径	□ 购买专利或技术成果□ 企业并购□ 引进人才和培训 □ 技术入股□ 委托和合作开发□ 自主研发
对技术开发人员奖励方式	□ 岗位技能工资□ 项目开发承包奖励□ 开发署名 □ 收益分享□ 技术入股□ 技术成果有偿转让 □ 其他
研发机构	设立独立研发机构□ 合作成立研发机构□ 无 □
专利情况	注册商标:□ 有□ 无 独立品牌:□ 有□ 无 发明专利授权:□ 没有□ 1~5 项□ 5~10 项 □ 10 项以上
创新信息来源	□竞争对手□ 其他外部市场/商业源 □企业或企业集团内部源
创新目标	降低成本□ 提高产品(服务)质量□ 开拓新市场 □ 提高市场占有率□ 加速或实现产品(服务)更新 □ 在主要产品(服务)领域拓展产品(服务)范围 □
创新环境	1. 对国家和所在地创新扶持政策了解程度 比较了解□ 了解一部分□ 基本不了解 2. 企业是否接受或享受过国家和所在地创新扶持政策: 包括:□ 财政奖补□ 抵扣或减免税□ 人才引进 　　　□ 参与项目申请□ 政府采购□ 购买服务□ 没有 3. 企业未能享受创新扶持政策支持的原因是: 不了解信息□ 不符合条件□ 手续烦琐□ 激励不够 □ 4. 下列因素中影响贵公司创新的最重要因素是(最多选两项): 竞争对手竞争战略和技术水平 市场需求和市场环境变化 行政管制和相关政策变化 新技术应用变化 人才引进和人力成本 5. 行政管制和政策对贵公司创新活动影响程度 □ 影响很大□ 有一定影响□ 基本没影响 6. 您觉得是否有必要根据企业技术能力和技术水平对金融信息服务行业从业企业进行分级管理? □ 完全有必要□ 需要完善配套政策□ 完全没有必要 7. 贵公司最希望获得的政策扶持是(最多选两项): □ 财政奖补□ 税收抵扣或减免□ 人才引进与培训 □ 参与政府科技项目研发□ 创业孵化政策 □ 其他,请具体写出:

技术预测	您认为未来影响金融信息服务最重要的技术或技术领域是(请简单写不超过3项):
企业创新满意度	目前您对企业自身创新状况是否满意? □ 满意□ 基本满意□ 不满意
创新政策建议:	贵公司对加强金融信息服务业创新能力的政策建议:
近3年接受监管情况:	如有,请简要列出近3年企业(部门)接受金融或网信与金融相关监管情况:
金融信息服务行业监管政策建议	请简要列出企业(部门)对加强金融信息服务行业监管的建议:

Abstract

Innovation is the primary engine of development. At the crucial moment of the new round of global technological evolution and industrial transformation, innovation is a key element in promoting the industrial transformation and upgradation and achieving high quality development. In recent years, the rapid development of financial information service industry plays a vital role in pushing forward the supply-side structure reform and the financial industry development. A new generation of information and communication technology innovation represented by Internet and the institutional innovation represented by Internet plus policy become two crucial driving forces. On the one hand, traditional financial institutions set about transformation towards financial information service. For instance, both banking and securities industry take the financial information service as primary way to add business value seeing that the banking App and securities App has served as significant platforms for traditional financial institutions' transformation. On the other hand, massive emerging Internet enterprises have incorporated, which brings fresh energy to the development of financial information service industry and plays the leading role in the process.

From the current circumstance of industry innovation and development, medium, small and micro enterprises predominate the financial information service industry that is typical of the emerging innovative industry. The investigation we have performed can back up this point. The study illustrates that the vast majority of enterprises have laid great emphasis on the investment in research and there are more than half (about 72%) of the enterprises whose R&D expenditures account for over 5% of stuff. In general, the level of investment in industry innovation remains high. Enterprises have an intensified awareness of innovation while the scientific and technological innovation capacity and output level are relatively low. More than half (54.5%) of enterprises put innovation emphasis on business model and the amount of patents they hold is poor. Owing to the short period of establishment for primary companies, the main source of information for enterprise innovation is from opponents and other extraneous markets. Hence, taking advantage of the external channels and industry-university-research collaboration becomes the principal way for enterprises offering financial information service to boost technological innovation. Simultaneously, from the perspective of enterprises and industry, increasingly more significance is attached to the role that management innovation and technological innovation play in advancing the overall innovation capacity. The environment for innovation and institution innovation has a far-reaching impact on enterprises' innovation capability and outputs. In particular, the infrastructure construction for the development and application of modern information technology such as broadband networks environment and data center still has noticeable shortcomings, whose influence on the innovation and development of financial information service cannot be overlooked.

As we look into the future, the financialinformation service industry mainly distributes in four cities—Beijing, Shanghai, Hangzhou and Shenzhen, which enjoys high density of innovation and financial elements. The combination of these two factors will further promote the formation of financial information service innovation clusters, which then play the leading role in financial information service development in China. To be specific in the application of information technology, the industry values the applications and influences of financial technology like big data, artificial intelligence and block chain in the financial information service. The innovation chain and industry chain has been elongated constantly, which transforms the original financial information service featuring financial news and information terminal into diversified business model. Particularly when the applications of financial technology innovation and the business model innovation are synthesized, the line between financial service and financial information service gets increasingly blurred. It means that the definition of financial information service is broadened, which in turn poses new challenges to supervision.

This report puts forward several proposals to optimize the regulation of financial information service. First of all, in view of the financial information

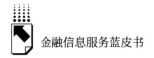

service industry as an emerging industry, the development is uneven and there is space for further progressions. We are supposed to achieve a balance between promoting the industry development and industry supervision. In addition, the innovation of financial information service has dual effects, which cannot only propel the innovation of financial products and market, but also give off misleading signals in the market that intensify the fluctuation of markets and amplify risks. The authorities should look at overseeing financial order. The bottom line is to prevent and diffuse financial risks while enterprises and markets can address other problems. Thirdly, as the financial technology is changing the connotation, boundary and industry ecology of financial information service, the financial technological innovation is undergoing rapid development. The focus of policy and regulation should correspond to the trend of financial technology development and application, so should the focus of financial information service innovation. What's more, the application of information and communication technology matters a lot in the reform of regulation methods and measures. The regulator ought to actively develop and apply the technology for monitoring and exploit the regulation model that takes regulation technology to explore the innovation of financial information service. Moreover, since multiple departments are involved in the development and innovation of financial information service, the authorities should cement the integral coordination of regulation and collaborate together. Finally, to heighten the function that intellectual property performs in the development and innovation of financial information service, not only should laws and regulations at the national level be perfected, but also the awareness and capacity of intellectual property in enterprises should be strengthened.

Keywords: Financial Information Service; FinTech; Finance Innovation; Finance Regulation

Contents

I General Report

Abstract: Innovation-driven development strategy, as a major national development strategy, plays a vital role in guiding the financial information service industry to enhance competiveness and enterprises to achieve differentiated operation. Based on the questionnaire sampling and survey results of key enterprises, this report discusses the development characteristics of the financial information service industry from an innovative perspective. At present, the investment in innovation in the financial information service industry remains high while the corresponding output desires to be raised. Factors such as institutional environment and industry-university-research collaboration are significant influencing factors of innovation activities. Finally the report points out the developing trend of the financial information service industry in terms of industrial structure, business model and so on.

Keywords: Financial Information Service; Industry Innovation; Investigation Report

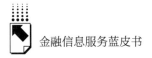

Ⅱ   Theory Reports

B. 2   The Financial Innovation and Financial Technology Analysis from
the Perspective of Innovation Theory

Peng Xushu / 021

Abstract: The innovation and technological innovation are economic concepts in theoretical study. In consideration of specific practices and contexts, innovation, technological innovation and scientific and technological innovation have both connections and differences. The narrowly defined financial innovation mainly refers to financial product innovation and instrument innovation. From an innovation perspective, financial innovation is a process that adapts to the changes in external technologies and regulatory environment and creates a more efficient capital operation and management system involving the revolutions in products, service, tools, markets, organizations, technologies, management and supervision. Financial innovation and scientific and technological innovation interact with each other where the latter provides technological support for the former and especially the scientific technological innovation represented by modern information communication and Internet technology is a significant driving force to promote the financial innovation.

Nowadays the financial technology attracts a massive amount of investment and the traditionalfinancial institutions and emerging Internet enterprises to be involved, which has aroused great concern among financial strategy makers across countries. The study shows that from the perspective of innovation theory, there are different forms of financial technological innovation in different periods. The current financial technology is essentially the financial technology innovation formed in the financial service industry with the application of the information technology innovation represented by the new generation of information and communication and Internet technology, which is still a model of the combination of scientific and technological innovation and financial innovation.

Keywords: Innovation Theory; Scientific and Technological Innovation; Technological Innovation; Financial Innovation; Financial Technology

B. 3   Financial Technology Innovation Promotes the Innovation

of Financial Information Service   *Peng Xushu* / 039

Abstract: The information and communication skills first and mainly apply in the financial industry. The information technology innovation on behalf of the information communication and Internet plays a vital role in promoting the modern financial innovation. The financial product and instrument innovation designed for risk averse and avoiding regulations predominates the financial innovation, the high risk of which desires the signal guidance of financial information service. Strengthen the innovation of financial science and technology to provide technological support for the risk management of financial innovation and thus the innovation of financial information service and financial technology innovation will become the predominant developing direction of financial innovation in the future.

Modern finance is an industry of high density of information. Only the steady innovation of modern information technology can satisfy the demand of innovation in financial information service. Whatever the traditionalfinancial institutions to elevate the competitiveness confronted with transformation of information service, or the emerging Internet technology enterprises to promote the integrative development of information technology innovation and financial service, the financial technology serves behind as a driving force. Nonetheless, the law of value-added in the information processing, the historical practices of financial information service and the developing trend of current financial technology innovation all indicate that financial science and technology innovation will play a increasingly vital role in financial information service development and innovation. The report points out the development direction and several key developing fields of financial information service innovation now and later.

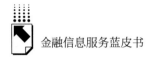
Keywords: Finance; Financial Technology Innovation; Innovation of Financial Information Service

Ⅲ Industry Reports

B. 4 Banking and IT Services: Interaction, Problems and Improvements
Hong Di, *Li Wenjun* / 060

Abstract: The banking industry, as the main body of financial market in China, lay great emphasis on the innovation and upgrading of its information service that result from the mutual promotion and integration of banking industry and information technology. Information technology can do banks a favor in identifying customers efficiently, promoting the sale of financial products, lowering the operation risk and cost. Simutaneously, the demand for information technology during the application encourages the development and innovation of information technology. This chapter studies the mutual protomotion relationship between banks and information techonology and service development. Then we explore the current situation of the combination of banking industry and information techonology industry and analyze the circumstance of cooperation between banks and internet technology finance corporations in China. Finally we elaborate the existing problems of the development of information technology service in China's banking industry and propose the advancement approaches corresponded.

Keywords: Banking Industry; Information Technology; Financial Technology

B. 5 Analysis on the Development of Chinese Banking Service APP
Dong Xu, *Ma Tao*, *Li Zichuan and Tian Jie* / 074

Abstract: In the mobile Internet era, the continues change of information technology forces the traditional banking to upgrade their service so as to constanly adapt to the trend of moblile development. The banking service App is the carrier of banking service transformation, which affords traditional financial service and emerging financial financial information service and has become a vital platform for consumer consumption and wealth management. This chapter starts from analyzing the major types and functions of banking services App in China. Then we elaborate the current development pattern and service condition of banking service App based on the mobile service, direct banking and credit card service. The innovative practice and effectiveness of banking services App are also expounded. Finally we point out the development dilemma and advancement measures of banking service App in China.

Keywords: Banking Industry; Service APP; Innovative Practice

B. 6　Information Service in Insurance Industry: Theoretical
Analysis and Practical Inspection　　　*Wu Wei*, *Li Wenjun* / 100

Abstract: The insurance industry is a special financial industry. The high density and frequent exchange of transaction information trigger the demand of information service in the insurance industry. Financial innovation and Internet information technology innovation have promoted the innovation and development of insurance information service. Ditigal and intelligent information service not only can elevate the service efficiency of the tranditional insurance business, but also can promote the innovation and expansion of new insurance business. This chapter discusses the development of insurance service and the generated demand and changes of information service. Then we deeply analyze the significance and function of insurance information service to the development of insurance industry. The development and evolution of insurance information service providers are also elaborated. Finally we summerize the problem existed in the insurance information service and propose countermeasures to promote the development of insurance information service.

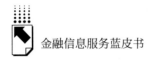

Keywords: Insurance Industry; Insurance Information Service; Online Insurance

B. 7   The Current Situation and the Development Prospect for China's Securities Trading APP

Dong Xu, Ma Tao, Li Zichuan and Tian Jie / 125

Abstract: With the development of Internet information technology, securities companies and investors prefer to turn to the mobile terminal to afford or obtain the latest trading information. As a result, not only a new trading platform for the traditional securities business the securities trading App serves as, but also as a vehicle for the transformation of the traditional securities business to the information service business. This chapter analyzes the major function and development pattern of securities trading App in China. Based on the securities companies' self-operation and the third-party securities services, we discuss the current client operation status of Chinese securities trading App and analyze the characteristics of their users. Finally, combined with industry supervision, artificial intelligence and management model transformation, the article elaborates the growing trend of securities trading App.

Keywords: Securities Transaction; APP; Operation Model; Application Client

B. 8   Market Structure, Development and Characteristics of China's Stock Index Services

Zhang Qi, Peng Xushu / 157

Abstract: As a comprehensive index reflecting the dynamic operation of stock market, stock index, called a barometer of national economic development, serves as a significant reference standard for investors at home and abroad to invest in securities and is an indispensible composition of securities financial information service. From the different angels of the stock exchange, the securities company and the third party platform, this chapter analyzes the methods of complying the stock index, the selection of the sample stock, the object of the index service and the market pattern of stock index in China. What's more, we discuss the several development achievements in ecological chain of index chain, product innovation and influences of markets. Finally major developing features of stock index service market are pointed out in China.

Keywords: Stock Market; Index Service; Stock Index

B. 9　The Development of Stock Index Service from the Perspective of a Share being Included in MSCI Indexes

Peng Xushu, Zhang Qi / 174

Abstract: As an international authority index, MSCI index, complied by Morgan Stanly Capital International Corporation, is regarded as the world's most influencial stock index and a vital investment reference standard for investors at home and abroad. Taking the MSCI index to include A-share events as the background, this chapter briefly introduces the rough course and influences of the events. Then we take the MACI index system as an example to analyze the features and developing trend of international stock index service. Additionly, we compare the index service in Chinese securities market and in developed countries and point out drawbacks of the index service in China in several aspects such as the authority of index, industrialization development and index product innovation. Finally we put forward relevant policy recommendations to advance index service in Chinese securities market.

Keywords: MSCI Index; Stock Price Index; Index Service

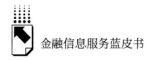
金融信息服务蓝皮书

B. 10　A Comparative Analysis of the Development of Sino-US
　　　　Intelligence Investment Consulting Industry

Zhang Qi, Peng Xushu / 187

Abstract: Robo-advisors are a class of financial adviser that integrates the artificial intelligence technology into the investment consulting services in the financial industry. Currently the asset scale managed by robo-advisors both at home and abroad and technological innovation rate are in the rapid growth stage. This chapter analyzes the development pattern of robo-advisors industry in China. From the aspects of the demand side, supply side and financial market environment, we compare and analyze the development differences and each characteristic of robo-advisors in China and America. Then the article summarizes the advantages for the development of robo-advisors industry and challenges proposed to the industry supervision. Finally, from rhe perspective of industry supervision and self-discipline, we put forward several relevant policy recommendations for guaranteeing the health and steady development of robo-advisors industry in China.

Keywords: Robo-advisor; Artificial Intelligence; Investment Counselor; Financial Technology; Assets Management; Industry Supervision

B. 11　Structurization, Integration and Governance: The Trend
　　　　of Internet Financial Information Service

Yi Peng, Li Xiaofeng / 212

Abstract: The application process on Internet information technology has brought dramatic changes in financial news services. This chapter focuses on the analysis of the new developing trend in the current Internet financial information service. First, combined with case studies of typical companies in the industry, we analyze and summarize the developing trend of financial news production, organization, competition and regulation. Additionally, we illustrate the changes of financial information business model from various aspects like paid information and publishing. Finally, combined with the regulation and development pattern of the industry, the article put forward several suggestions for recently advancing the governance of the industry.

Keywords: Internet; Financial Information; Developing Trend; Commercialization Trend; Governance; Supervision

Ⅳ   Subject Reports

B. 12   The Influence and Application of Finance Big Data on
         Financial Information Service   *Zuo Pengfei* / 233

Abstract: Big data is not only the most significant production material for the new round of global revolution, but also an important driving force for drastic changes in all walks of life. Big Data analyzes vast amounts of data with new data processing methods, which can tap the connections and rules revealed by the data and create more valuable products and services. There is a huge amount of data inventory and growing data traffic in the financial industry. Therefore, the financial industry lays a natural foundation for developing big data and financial information service is the best application for the cross integration of big data and financial industry. This chapter starts from introducing the concept, connotation, characteristics and types of financial big data, and analyzes the application status of financial big data in different financial institutions. Then we analyze the impact of financial big data on financial information service and summarize the current bottleneck in the application of financial big data in financial information service. Finally, some countermeasures to promote the application of financial big data in financial information service industry are put forward.

Keywords: Financial Big Data; Financial Information Service; Application Status

B. 13   The Influence and Application of AI on Financial Information

Service   *Zuo Pengfei* / 250

Abstract: The rise of artificial intelligence has brought drastic changes to almost all industries. At the present stage, the most remarkable application of artificial intelligence is to convert massive and complex data with non-direct value into information with direct value through technologies such as big data technology, machine learning and neural networks. Financial information service has generated and accumulated abundant data in the process of business development. Therefore, the application of artificial intelligence in the financial information service industry has natural advantages and the artificial intelligence has a comprehensive and profound effect on the development of financial information service. This chapter first briefly introduces the current development of intelligence and summarizes the basic characteristics and development stages of artificial intelligence. Then we analyze the influence that artificial intelligence imposes on the financial information service and summarize the major application types of AI in financial information service. Finally, the article point out the choke point in the application of AI in financial information service and propose in the full text analysis foundation.

Keywords: Artificial Intelligence; Financial Information Service; Application Status

B. 14   Reflection on Internet Financial Market and Risk Control

Suggestions Based Big Data   *Jiang Qingjun* / 270

Abstract: The risk control level of capital debt plays a vital role in the smooth operation of the whole financial market. This chapter first introduces the general development tendency of financial credit industry in China. Reviewing and rethinking the development of financial credit market in China, we point out the problems existing in the lending market, such as customer service group, financial product design, customer credit management and so on. Finally, based on the rapid development of Internet and big data technology, we summarize the new pattern of lending financial market and risk control strategy.

Keywords: Capital Loan; Financial Market; Big Data; Risk Control; Online Finance

V   Appendix

❖ 皮书起源 ❖

"皮书"起源于十七、十八世纪的英国，主要指官方或社会组织正式发表的重要文件或报告，多以"白皮书"命名。在中国，"皮书"这一概念被社会广泛接受，并被成功运作、发展成为一种全新的出版形态，则源于中国社会科学院社会科学文献出版社。

❖ 皮书定义 ❖

皮书是对中国与世界发展状况和热点问题进行年度监测，以专业的角度、专家的视野和实证研究方法，针对某一领域或区域现状与发展态势展开分析和预测，具备原创性、实证性、专业性、连续性、前沿性、时效性等特点的公开出版物，由一系列权威研究报告组成。

❖ 皮书作者 ❖

皮书系列的作者以中国社会科学院、著名高校、地方社会科学院的研究人员为主，多为国内一流研究机构的权威专家学者，他们的看法和观点代表了学界对中国与世界的现实和未来最高水平的解读与分析。

❖ 皮书荣誉 ❖

皮书系列已成为社会科学文献出版社的著名图书品牌和中国社会科学院的知名学术品牌。2016 年，皮书系列正式列入"十三五"国家重点出版规划项目；2013~2018 年，重点皮书列入中国社会科学院承担的国家哲学社会科学创新工程项目；2018 年，59 种院外皮书使用"中国社会科学院创新工程学术出版项目"标识。

中国皮书网

（网址：www.pishu.cn）

发布皮书研创资讯，传播皮书精彩内容
引领皮书出版潮流，打造皮书服务平台

栏目设置

关于皮书：何谓皮书、皮书分类、皮书大事记、皮书荣誉、

皮书出版第一人、皮书编辑部

最新资讯：通知公告、新闻动态、媒体聚焦、网站专题、视频直播、下载专区

皮书研创：皮书规范、皮书选题、皮书出版、皮书研究、研创团队

皮书评奖评价：指标体系、皮书评价、皮书评奖

互动专区：皮书说、社科数托邦、皮书微博、留言板

所获荣誉

2008 年、2011 年，中国皮书网均在全国新闻出版业网站荣誉评选中获得"最具商业价值网站"称号；

2012 年,获得"出版业网站百强"称号。

网库合一

2014 年，中国皮书网与皮书数据库端口合一，实现资源共享。

权威报告·一手数据·特色资源

皮书数据库
ANNUAL REPORT(YEARBOOK)
DATABASE

当代中国经济与社会发展高端智库平台

所获荣誉

- 2016年，入选"'十三五'国家重点电子出版物出版规划骨干工程"
- 2015年，荣获"搜索中国正能量 点赞2015""创新中国科技创新奖"
- 2013年，荣获"中国出版政府奖·网络出版物奖"提名奖
- 连续多年荣获中国数字出版博览会"数字出版·优秀品牌"奖

成为会员

通过网址www.pishu.com.cn访问皮书数据库网站或下载皮书数据库APP，进行手机号码验证或邮箱验证即可成为皮书数据库会员。

会员福利

- 使用手机号码首次注册的会员，账号自动充值100元体验金，可直接购买和查看数据库内容（仅限PC端）。
- 已注册用户购书后可免费获赠100元皮书数据库充值卡。刮开充值卡涂层获取充值密码，登录并进入"会员中心"—"在线充值"—"充值卡充值"，充值成功后即可购买和查看数据库内容（仅限PC端）。
- 会员福利最终解释权归社会科学文献出版社所有。

数据库服务热线：400-008-6695
数据库服务QQ：2475522410
数据库服务邮箱：database@ssap.cn
图书销售热线：010-59367070/7028
图书服务QQ：1265056568
图书服务邮箱：duzhe@ssap.cn

中国社会发展数据库（下设 12 个子库）

全面整合国内外中国社会发展研究成果，汇聚独家统计数据、深度分析报告，涉及社会、人口、政治、教育、法律等 12 个领域，为了解中国社会发展动态、跟踪社会核心热点、分析社会发展趋势提供一站式资源搜索和数据分析与挖掘服务。

中国经济发展数据库（下设 12 个子库）

基于"皮书系列"中涉及中国经济发展的研究资料构建，内容涵盖宏观经济、农业经济、工业经济、产业经济等 12 个重点经济领域，为实时掌控经济运行态势、把握经济发展规律、洞察经济形势、进行经济决策提供参考和依据。

中国行业发展数据库（下设 17 个子库）

以中国国民经济行业分类为依据，覆盖金融业、旅游、医疗卫生、交通运输、能源矿产等 100 多个行业，跟踪分析国民经济相关行业市场运行状况和政策导向，汇集行业发展前沿资讯，为投资、从业及各种经济决策提供理论基础和实践指导。

中国区域发展数据库（下设 6 个子库）

对中国特定区域内的经济、社会、文化等领域现状与发展情况进行深度分析和预测，研究层级至县及县以下行政区，涉及地区、区域经济体、城市、农村等不同维度。为地方经济社会宏观态势研究、发展经验研究、案例分析提供数据服务。

中国文化传媒数据库（下设 18 个子库）

汇聚文化传媒领域专家观点、热点资讯，梳理国内外中国文化发展相关学术研究成果、一手统计数据，涵盖文化产业、新闻传播、电影娱乐、文学艺术、群众文化等 18 个重点研究领域。为文化传媒研究提供相关数据、研究报告和综合分析服务。

世界经济与国际关系数据库（下设 6 个子库）

立足"皮书系列"世界经济、国际关系相关学术资源，整合世界经济、国际政治、世界文化与科技、全球性问题、国际组织与国际法、区域研究 6 大领域研究成果，为世界经济与国际关系研究提供全方位数据分析，为决策和形势研判提供参考。

法律声明

　　"皮书系列"（含蓝皮书、绿皮书、黄皮书）之品牌由社会科学文献出版社最早使用并持续至今，现已被中国图书市场所熟知。"皮书系列"的相关商标已在中华人民共和国国家工商行政管理总局商标局注册，如 LOGO（ ▧ ）、皮书、Pishu、经济蓝皮书、社会蓝皮书等。"皮书系列"图书的注册商标专用权及封面设计、版式设计的著作权均为社会科学文献出版社所有。未经社会科学文献出版社书面授权许可，任何使用与"皮书系列"图书注册商标、封面设计、版式设计相同或者近似的文字、图形或其组合的行为均系侵权行为。

　　经作者授权，本书的专有出版权及信息网络传播权等为社会科学文献出版社享有。未经社会科学文献出版社书面授权许可，任何就本书内容的复制、发行或以数字形式进行网络传播的行为均系侵权行为。

　　社会科学文献出版社将通过法律途径追究上述侵权行为的法律责任，维护自身合法权益。

　　欢迎社会各界人士对侵犯社会科学文献出版社上述权利的侵权行为进行举报。电话：010-59367121，电子邮箱：fawubu@ssap.cn。

社会科学文献出版社